本书是国家社会科学基金西部项目"新时代乡村治理体系的结构性变革与优化路径研究"（项目编号：23XKS029）、教育部人文社会科学青年项目"跨域生态环境治理中的府际合作机制研究"（项目编号：21YJC810010）的阶段性研究成果；是"西南交通大学规划教材"，受西南交通大学研究生教材经费建设项目（项目编号：SWJTU-JC2024-067）专项资助。

迈向乡村善治

——全面推进乡村振兴的实践观察

张露露 著

人 民 出 版 社

责任编辑：刘志宏

封面设计：汪　阳

图书在版编目（CIP）数据

迈向乡村善治 ： 全面推进乡村振兴的实践观察 ／ 张露露著 ．
北京 ： 人民出版社，2025. 6（2025. 8 重印）. -- ISBN 978 - 7
- 01 - 026870 - 5

Ⅰ . F320.3

中国国家版本馆 CIP 数据核字第 202493ZD37 号

迈向乡村善治

MAIXIANG XIANGCUN SHANZHI

——全面推进乡村振兴的实践观察

张露露　著

人 民 出 版 社 出版发行

（100706　北京市东城区隆福寺街 99 号）

北京中科印刷有限公司印刷　新华书店经销

2025 年 6 月第 1 版　2025 年 8 月北京第 2 次印刷

开本：710 毫米 ×1000 毫米 1/16　印张：18

字数：241 千字

ISBN 978 - 7 - 01 - 026870 - 5　定价：70.00 元

邮购地址 100706　北京市东城区隆福寺街 99 号

人民东方图书销售中心　电话（010）65250042　65289539

目　录

序
回望学术成长，寄望行稳致远

　　乡村治理是国家治理体系中最基本的治理单元，是国家治理体系的重要基石。实现乡村有效治理，对于巩固国家治理基础，提升国家治理体系和治理能力，更好地开创乡村治理新局面，具有十分重要的意义。改革开放 40 多年来，中国农村社会发生了一系列深刻变化，在取得巨大历史性进步的同时，又面临许多的新情况和新问题。这迫切需要进行系统深入的历史反思和理论研究，在当前大力推进乡村振兴战略的时代背景下也显得十分必要和紧迫。

　　《迈向乡村善治——全面推进乡村振兴的实践观察》一书，是张露露博士近十年来研究乡村治理的理论成果凝聚。从内容结构看，本书有着严密的内在逻辑。2018 年中共中央、国务院发布《关于实施乡村振兴战略的意见》指出，要"统筹谋划农村经济建设、政治建设、文化建设、社会建设、生态文明建设和党的建设，注重协同性、关联性，整体部署，协调推进"。由此看来，构建党建统领的农村"五位一体"总体布局成为新时代全面推进乡村振兴的战略格局和发展框架。正是根据这种理解，作者把党建引领乡村治理、农村基层群众自治、脱贫攻坚与乡村振兴、新乡贤参与乡村治理以及乡村生态环境治理作为五个重要的理论与实践观察点，来透视当前我国全面推进乡村振兴进程中的党建统领农村"五位一体"的总体布局。其中，党建引领乡村治理居于党领导的农村"五位一体"总体布局的核心，农村基层群众自治、脱贫攻坚与乡村振兴、新乡贤参与乡村治

1

理和乡村生态环境治理分别关涉农村经济建设、政治建设、文化建设、社会建设、生态文明建设五个方面，发挥党全面领导乡村社会的整体性治理效能，为全面推进乡村振兴和国家治理现代化奠定坚实基础。

从学术价值看，本书具有实践性、独特性和新颖性三个明显的特点。一是实践性。作者在近十年的乡村治理研究中始终坚持实践导向，运用实证研究方法，将实践观察融入理论观照，在历史分析中增强现实问题意识，侧重从实践维度考察乡村治理议题，综合采用访谈法、参与观察法、问卷调查法等实证研究法来展开分析论证。二是独特性。从历史政治学、田野政治学和政治人类学等研究视角探讨乡村治理问题，突破单一学科视角的局限，具有多学科交叉研究的独特性，并通过上述五个"小切口"来观察乡村治理变迁的"大视野"和乡村治理面临的"大问题"，增加理论研究的厚度、深度和广度。三是新颖性。作者通过多次深入乡村社会驻村调研获得"第一手材料"，努力为乡村善治增添新的研究素材。同时，根据案例研究的复现逻辑，基于典型性、客观性、真实性、实用性、可操作性、可推广性等标准，挖掘并遴选乡村治理案例，为乡村治理研究增加了一些新的样本数据。可见，本书系统研究了上述五个方面的重要问题以及贯穿其中的三个显著特点，使这本理论著作具有了较高的学术价值和很强的现实意义。

就在本书即将出版之际，张露露让我为她的第一本学术著作写序，我慨然应允，并且乐意为之。这不仅因为她是我曾经指导过的研究生，而且由于本书涉及的许多案例材料都取自四川，所以我也就颇有兴趣。近些年来，我非常高兴地看到，过去多年来培养的新一代乡村治理研究者已经茁壮成长，从而为这一研究队伍注入了大量新鲜血液，不断丰富了这一领域的研究成果，并日益展示出年轻一代学者良好的学术素养和崭新的时代特色。张露露便是其中较为突出的一位。她从我校读研开始到后来去南开大学读博，直至进入西南交通大学工作以来的十年间，一直在乡村治理研究这一领域不断成长、积累和奋力前行。从攻读硕士研究生开始，她就常常利用节假日和寒暑假，深入四川、河南、陕西、天津、湖北、重庆等地的偏远农村进行乡村调研，历时十年而坚持不懈。本书所使用的许多案例素材都是作者深入乡村社会调查过程中，对广大村民、村干部、乡镇干部和县级党政部门工作人员进行实地访谈和跟踪调研所得，涉及人员多、时间跨度大、地域范围广。作者也正是通过这些亲身调查来观察和剖析新时代乡村治理中的诸多热点重点难点问题，积极推动乡村治理研究的多角度分析和跨学科发展。

我在过去指导研究生过程中经常提醒学生，一个人的学术研究能否走得长远，并且有所建树，主要取决于两个方面：一是选准方向，二是坚持不懈。依此看来，张露露应当是我指导过的研究生中做得比较好的。她生长于河南农村家庭，自幼熟悉和了解农村社会生活，对乡亲父老具有深厚的朴素情感，因而走上学术道路后就立志于中国农村问题研究，想要用自己所学的专业理论知识造福于乡亲父老。而且，她又具有许多农村学生特有的吃苦耐劳、坚韧不拔的性格特征。在我曾指导过的百余位研究生当中，她大概是最勤奋的一个学生。她的同学中流传着这样的口碑：张露露在我校读研三年，就连别人的午休时间，她都经常在学校图书馆度过。也正因为有这样一股韧劲，所以她才能在乡村治理这一研究领域坚持不懈，一步步脚踏实地地一直走到今天，才能呈现出这样一部值得一读的学术著作。当然，如果以严格的学术标准来要求，张露露所做的这些理论研究，还难免带有稚嫩和粗浅的痕迹。不过，从一个人漫长的学术成长过程来看，如果每隔一段时期对自己的研究历程进行一番认真的回望和检视，这将有助于调整和校准自己的前进方向，并从中获得许多有益的经验和启示。而且，在当前我国全面推进乡村振兴战略的大背景下，乡村治理研究正在如火如荼地开展起来，俨然成为一门显学，这一领域的研究者无疑有着更为广阔的用武之地。因此，我相信，张露露一定会在乡村治理研究这一领域行稳致远，在未来的十年乃至更长的研究工作中，为我国的乡村振兴和乡村治理作出更多有益的学术贡献。

任中平

2023 年 11 月

于西华师范大学政治学研究所

导　论

一、研究缘起

乡村治理是国家治理的基石。进入新时代以来，我国国家治理的蓝图进一步铺展开来，党和国家也以前所未有的力度紧抓"三农"工作，对乡村治理作出了一系列新部署和新要求。党的十九大报告提出实施乡村振兴战略，健全自治、法治、德治相结合的乡村治理体系。党的二十大报告强调要健全基层党组织领导的基层群众自治机制。这些重大决策部署为建设中国特色的乡村治理体系提供了战略指导和根本遵循。在具体推进中，2018年中央一号文件《中共中央　国务院关于实施乡村振兴战略的意见》《乡村振兴战略规划（2018—2022年）》、2019年《关于加强和改进乡村治理的指导意见》和2021年《中共中央　国务院关于加强基层治理体系和治理能力现代化建设的意见》等文件对进一步完善乡村治理体系作出了明确要求。2021年《中华人民共和国乡村振兴促进法》的颁布实施为乡村治理和乡村振兴提供了专门性的法律依据。2023年国家乡村振兴局等七部门印发的《农民参与乡村建设指南（试行）》进一步要求要"充分调动广大农民群众参与乡村建设的积极性、主动性、创造性""全过程、全环节推动农民参与"。2024年中央一号文件强调要以"提升乡村治理水平为重点"来推动乡村全面振兴。这些制度安排为新时代新征程深入推进乡村治理体系和治理能力现代化指明了前进的方向。总体来看，乡村治理在当前我国国家治理中的基础性地位和多重性价值愈发凸显。

其一，乡村治理是巩固党的执政根基的实践场域。管党兴党，重在基础。农村基层党组织是党在农村全部工作和战斗力的基础。从基层社会实践看，乡村治理的有效性与农村基层党组织的领导和治理能力呈正相关关系。一方面，有效的乡村治理离不开农村基层党组织的全面领导和政治引领。农村基层党组织的政治引领可以确保乡村治理活动始终在正常有序的轨道上运行。同时，农村基层党组织通过发挥全面统筹、组织覆盖、资源调配和社会动员等方面的优势，为乡村治理提供更加充沛而优质的发展条件，由此推动乡村治理在更高的水平上稳步发展。另一方面，有效的乡村治理也能进一步巩固党的执政根基。乡村治理的重点是解决广大农村群众利益最直接、矛盾最突出、诉求最强烈的重点、难点和痛点问题，根本目的是维护、实现并增进广大农村群众的利益和福祉。因此，在党的领导下实现良善的乡村治理，是农村基层党组织赢得广大村民信任和支持的关键所在。党建引领乡村治理取得良好成效，由此为厚植党的执政根基奠定更广泛更牢固的群众基础。

其二，乡村治理是国家治理体系和治理能力现代化的基础环节。治国安邦，重在基层。以党建引领"三治融合"的乡村治理体系为例，从党建要素看，"坚持并加强党的全面领导"要求要把这一政党治理理念和逻辑传导至党组织肌体的每个神经末梢，这就要求农村基层党组织必须对"三农"一切工作进行全面的领导和有效的治理。从自治要素看，中国特色社会主义民主政治的建设和发展，需要将"人民当家作主"的理念深入到最广泛的社会领域中。村民自治作为实现村民当家作主的重要活动机制，必须发挥良好的民主治理效应。从法治要素看，全面依法治国的深入践行需要广大村民切实增强法律意识和水平，做到依法办事和依法维权。从德治要素看，全面以德治国内在要求将社会主义核心价值观等道德层面的要求深植广大村民的内心，由此发挥道德的育人化人功能，为乡村治理注入绵延持久的精神力量。因此，党建引领"三治融合"的乡村治理体系正是国家治理体系中的核心内容在乡村社会中的投射和根本落脚点。可见，乡村治理体系和治理能力现代化直接关系到国家治理体系和治理能力现代化的质量和进程。

其三，乡村治理有效是全面推进乡村振兴的基础。乡村振兴的核心要义是通过有效的治理来实现人的全面振兴和乡村社会的全面发展。乡村产业振兴、人才振兴、文化振兴、生态振兴和组织振兴五个方面是推进乡村振兴的基本路径。具体而言，通过脱贫攻坚和共同富裕，为乡村社会积累更多的经济财富，以快速推进产业振兴；通过组织优化，为乡村各项工作的顺利开展提供活动平台和工作抓手，以稳步推动组织振兴；通过新乡贤治村，为乡村社会聚集德才兼备的"一懂两爱"人才，以大力推进人才振兴；通过文化治理，营造家风良好、乡风文明、和谐共进的乡村社会发展氛围，助推文化振兴；通过生态环境治理，实现共同富裕与绿色环保、生态宜居的辩证统一，助推生态振兴。这五个方面都需要以持续提升治理效能为重点，从而为乡村振兴奠定更加稳固的发展基础。

其四，乡村治理是国家重大战略安排的扎根地和交汇点。例如，健康乡村治理是健康乡村建设的重要内容，也是健康中国战略在乡村地域中的具体呈现。平安乡村建设需要安全治理，是平安中国建设的内在要求。全面推进依法治国，需要进一步完善并推进法治乡村建设，由此提升法治中国的建设和发展水平。美丽中国建设也需要通过美丽乡村建设来具体推进。同时，在新时代新征程中，实现共同富裕内在要求要通过有效的乡村治理来持续巩固脱贫攻坚成果并为全面推进乡村振兴提供坚实的经济基础。在大数据时代，数字中国战略的实施同样需要在城乡发展不均衡特别是乡村发展不充分的社会条件下进一步推进数字乡村治理。可见，乡村治理所处的基础性位置，使其成为国家重大战略安排的落脚点和汇聚地，由此赋予乡村治理以重要的系统性意蕴和时代价值。

其五，乡村治理是为应对并解决乡村社会的自身问题而提出的。新时代新征程我国乡村治理面临的问题集中表现在以下五个方面：一是从治理环境看，农村社会的快速转型以及国家治理现代化进程为乡村治理提供了变革性的发展环境。乡村社会处在复杂变动的情境中，对乡村基层干部的快速反应和解决问题能力提出了新要求和新挑战。二是从治理条件看，在我国中西部部分农村地区，村民尤其是青壮年村民的大量外流使村庄处于"空心化"状态，村民在乡村治理中的主体性缺失在很大程度上瓦解着乡村治理的社会基础。特别是乡村精英人才不足，已经成为制约乡村治理和社会发展的关键因素。村民利益诉求日益复杂化和多样化，也使乡村治理兼顾不同主体需求的难度进一步加大。此外，乡村地区还普遍面临着公共基础设施和公共服务不足等问题。三是从治理体制看，行政和自治是乡村治理体制的两大要素。在当前社会治理重心下沉和国家海量资源下乡中，部分农村地区的村民自治行政化趋势愈发明显。自治行政化在很大程度上压制了乡村治理活力，导致乡村治理难度进一步加大。四是从治理体系看，党建引领"三治融合"的乡村治理体系架构已经成形，但部分乡村地区还存在着农村基层党组织的领导能力不足、自治水平低、法治意识和能力弱、德治力量不强的突出问题，使党建引领"三治融合"的整体功能难以充分发挥。五是从治理方式看，一些村干部习惯于采用传统的专断式、管控型的治理方式来处理乡村公共事务，缺乏现代治理理念和治理方式的运用。特别是在大数据和人工智能时代，一些中老年村干部因数字智能技术知识储备不足和应用能力不够，而落后于数字时代的乡村治理需求。总而言之，以上这些问题倒逼乡村治理自身必须实现突破性变革。

由上可知，乡村治理既是一场意义深远的自我变革，也在国家政策体系和制度安排中具有多重价值和系统性意蕴。因此，如何对全面推进乡村振兴中的乡村治理进行全面透视和细致观察便成为一个值得深入探讨的理论与实践课题。

二、核心概念界定

治理、善治、乡村治理和乡村善治是本书的四个核心概念。

（一）治理与善治

从发生学上看，治理（governance）概念源自古典拉丁文或古希腊语"引领导航"（steering）一词，原意是控制、引导和操纵，指的是在特定范围内行使权威。它隐含着一个政治进程，即在众多不同利益共同发挥作用的领域建立一致或取得认同，以便实施某项计划。①20 世纪 90 年代后，我国社会自治组织的发展壮大，促发学者们对政府与市场、政府与社会关系进行重新审视和思考。治理理论的兴起及其对现实问题的处理涉及政治、经济、社会、文化等诸多领域，进一步拓展了政府改革的视角。②

治理是一个内容丰富、包容性很强的概念。在治理的各种定义中，全球治理委员会的表述具有很大的代表性和权威性。该委员会于 1995 年对治理作出如下界定：治理是或公或私的个人和机构经营管理相同事务的诸多方式的总和。它是使相互冲突或不同的利益得以调和并且采取联合行动的持续的过程。它包括有权迫使人们服从的正式机构和规章制度，以及种

---

① 参见俞可平主编：《治理与善治》，社会科学文献出版社 2000 年版，第 16—17 页。
② 参见陈广胜：《走向善治：中国地方政府的模式创新》，浙江大学出版社 2007 年版，第 95 页。

种非正式安排。而凡此种种均由人民和机构或者同意，或者认为符合他们的利益而授予其权力。① 治理有四大特征：一是治理不是一套规则条例，也不是一种活动，而是一个过程；二是治理的建立不以支配为基础，而以调和为基础；三是治理同时涉及公、私部门；四是治理并不意味着一种正式制度，而确实有赖于持续的相互作用。②

为克服治理的失效，善治是一条可行路径。俞可平指出，善治就是使公共利益最大化的公共管理过程。善治的本质特征，就在于它是政府与公民对公共生活的合作管理，是政治国家与市民社会的一种新颖关系，是两者的最佳状态。其中，合法性、透明性、责任性、法治、回应是善治的五个基本要素。③ 本书在此基础上来解读乡村治理和乡村善治的基本内涵。

（二）乡村治理与乡村善治

关于乡村治理的定义，学者们从不同角度作出了解释。例如，徐勇指出，乡村治理是指通过解决乡村面临的问题，实现乡村的发展和稳定。④ 党国英认为，乡村治理是指乡村社会处理公共事务的传统和制度，包括选举政府首脑、监督政府工作和设置政府更迭的程序，也包括政府制定和执行政策的能力，以及居民对这些制度的服从状况。⑤ 郭正林指出，乡村治理是指性质不同的各种组织，包括乡镇的党委政府、"七站八所"、扶贫队、工青妇等政府及其附属机构，村里的党支部、村委会、团支部、妇女会、各种协会等村级组织，民间的红白喜事会、慈善救济会、

---

① 参见俞可平主编：《治理与善治》，社会科学文献出版社 2000 年版，第 270—271 页。

② 参见俞可平主编：《治理与善治》，社会科学文献出版社 2000 年版，第 270—271 页。

③ 参见俞可平：《治理和善治：一种新的政治分析框架》，《南京社会科学》2001 年第 9 期。

④ 参见张厚安、徐勇、项继权等：《中国农村村级治理——22 个村的调查与比较》，华中师范大学出版社 2000 年版，第 8—9 页。

⑤ 参见党国英：《论取消农业税背景下的乡村治理》，《税务研究》2005 年第 6 期。

宗亲会等民间群体及组织,通过一定的制度机制共同把乡下的公共事务管理好。① 王俊程和胡红霞认为,中国语境下的乡村治理是指政府与乡村社会之间的互动与协同过程,乡村社会在培育公民自治意识、规范政治有序参与和推动政府与社会实现有效沟通等诸多方面发挥着不可替代的作用。② 学者们基于此也提出了"乡村弹性化治理""乡村威权型治理""数字乡村治理"等学术概念。本书在现代治理理论的意义上理解乡村治理的概念,即乡村治理是多元主体在乡村社会中依照宪法、法律和村规民约的规定对乡村公共事务进行管理的过程,目的是在中国式现代化进程中在更高水平上构建经济发展、政治民主、乡风文明、社会和谐和生态优美的乡村社会,以稳步全面实现乡村振兴。

在此基础上,乡村善治可视为是以广大村民为主的各个利益相关者在党的领导下通过协同共治来实现乡村公共利益最大化的良好管理过程。乡村善治既是一种治理理念,也是一种治理过程、治理形态和治理目标。未来我国要迈向乡村善治,需要处理好以下关系:处理好城市与乡村的关系;处理好城镇化与逆城镇化的关系;处理好政府、市场、社会之间的关系;处理好党的领导与自治、法治、德治的关系;处理好国家、集体、农民的关系;处理好传统文化与现代文明的关系;处理好经济发展与生态环境的关系。③ 由此,通过乡村善治为全面实现乡村振兴和国家治理现代化奠定坚实稳固的治理基础,从而稳步推进中国式现代化向纵深发展。

---

① 参见郭正林:《乡村治理及其制度绩效评估:学理性案例分析》,《华中师范大学学报(人文社会科学版)》2004 年第 4 期。
② 参见王俊程、胡红霞:《中国乡村治理的理论阐释与现实建构》,《重庆社会科学》2018 年第 6 期。
③ 参见张英洪等:《善治乡村:乡村治理现代化研究》,中国农业出版社 2019 年版,第 1—24 页。

三、"乡村治理"研究的知识图谱与发展趋势

乡村治理是我国国家治理和乡村振兴的重要研究内容，已经积累了丰富而又宝贵的学术成果。在此采用文献计量法，以中国知网数据库为检索来源，运用 CiteSpace6.2 软件对相关论文进行科学计量分析并绘制知识图谱，以便更好地对我国乡村治理的发展历程和研究趋势进行总体把握，并由此进行文献综述和述评。

（一）数据来源与计量方法

本书以中国知网数据库为检索源来获取样本文献信息。具体的操作是：选择"高级检索"，检索"期刊"，检索表达式为：篇名 ="乡村治理"，来源类型选择"CSSCI"，共检索出 1229 篇论文。为提升样本的信度和效度，对这些期刊论文进行二次清洗，剔除无效或关联度较弱的数据，最终得到 1226 篇期刊论文，操作时间为 2023 年 10 月 24 日。为保证操作的严谨性和科学性，分别由 2 人进行数据的选取和筛选工作。随后，将这些论文按照要求的格式导入 CiteSpace6.2 软件，生成"乡村治理"研究的可视化知识图谱。接下来对乡村治理研究的高水平论文发表量年际变化和时间线图、作者与研究机构统计图表和乡村治理研究的关键词共现图谱进行具体描述。

（二）论文发表量年际变化和时间线图

自 1999 年以来，我国乡村治理研究的 CSSCI 论文年际发表量如图 0-1 所示。其中，从 1999 年到 2004 年，有关"乡村治理"的 CSSCI 期刊论文每年都在 10 篇以下，数量不多。从 2005 年到 2012 年，相关学术论文的发表量呈现波动上升的趋势，这 8 年间平均每年的 CSSCI 期刊论文发表量为 28 篇，到 2011 年出现第一个峰值，年发表量为 43 篇。自

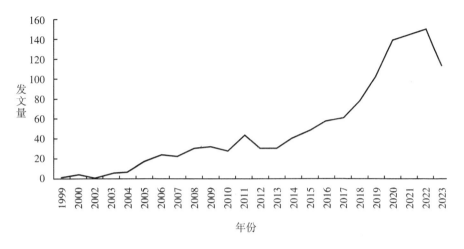

图 0-1 "乡村治理" CSSCI 期刊论文年际发表量变化

2012 年以来，"乡村治理"的研究成果出现新一轮的数量增加，到 2022 年达到最高年发表量为 151 篇，其中 2023 年截至 10 月 24 日已经发表 114 篇。

乡村治理研究的产生和发展与我国农村社会的发展需要和国家相关政策安排相伴而生。20 世纪 90 年代，我国"三农"问题凸显。以徐勇为代表的学者们提出乡村治理概念并用以指导和解决乡村社会的现实难题。2003 年，中共中央首次将"三农"问题写入政府工作报告，为乡村治理提供了新的研究背景。2010 年中央一号文件提出要"统筹城乡发展"，乡村治理研究也于 2011 年达到了峰值。2012 年以来，乡村治理因处在国家治理体系和治理能力现代化的基础性位置而被加以重新审视，也为乡村治理研究提供了新的学术增长点。2013 年以来，每年的中央一号文件都对乡村治理提出了明确要求。从"管理民主"迈向"治理有效"、乡村振兴战略的提出、构建党建引领"三治结合"的乡村治理体系等制度安排促进了乡村治理研究的蓬勃发展，一系列政策法律文件为乡村治理的持续深入发展增加了制度供给。我国也逐步形成"党委领导、政府负责、民主协商、社会协同、公众参与、法治保障、科技支撑"的现代乡村社会治理体制。数字智能技术的应用也为提高乡村治理的智能化、信息化、精准化和高效化水平提供了新动力。这些因素共同促成我国乡村治理研究进入了新的文献发表高峰期。

总的来看，我国乡村治理研究是现实问题和政策制度共同促成的结果。乡村治理高水平论文发表量年际变化展现出总体的学术演进过程，还需要结合具体的发展阶段来进行更加深入细致的观察。如图 0-2，乡村治理研究的时间线图呈现出它的阶段性研究特色和发展特征。

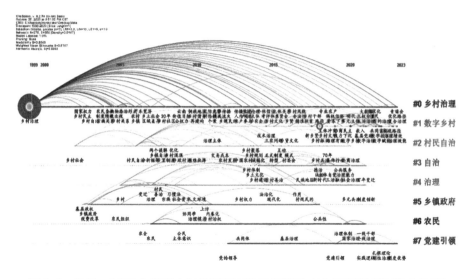

图 0-2　1999—2023 年我国乡村治理研究的时间线图（以 CSSCI 期刊论文为例）

本书以 5 年为时间切片来详细观察乡村治理研究的阶段性特征。自 1998 年提出乡村治理概念并于 1999 年开始出现篇名含"乡村治理"的 CSSCI 期刊论文以来，在 2000—2005 年间，学者们主要关注乡村社会中国家权力和乡村民主自治的发展和互动情况，聚焦于农民负担、农民组织、宗族关系和基层政权等议题，在学理上探讨并推动税费改革。在 2006—2010 年间，学界着重在区域差异和社会变迁的视野中探讨乡村治理问题，并且注重构建乡村治理研究的分析框架，例如"乡政村治"结构的提出等。乡土社会价值目标、社区公权力、公民主体意识、乡里制度、两个误解与优化等成为重点研究内容，宗族、农户、农民成为重点关注对象。同时，随着治理和善治理论的兴起，学者们主张通过乡镇自治、运用习惯法和社会资本以及开展协同治理等来应对乡村治理难题。在 2011—2015 年间，学界结合城镇化、现代化和"三农"问题，探讨乡村规划、乡村建设和发展等宏大议题，也关注乡村精英流失、乡村债务、村民上访和乡村发展内卷化等具体问题。从研究内容看，在乡村政治方面关注党的领导、乡村权力、乡村治权、乡村体制、治理主体和正式制度的具体情况。在经济方面关注涉农企业的发展、技术治理和交易成本等。在社会维度研究乡村聚落、农户参与、法治化、乡规民约和乡村共同体等内容，在文化和生态环境方面聚焦乡土文化、人伦关系、个体信任、生态伦理和考评体系等议题。在研究方法上以个案研究为主，这标志着与前一个时期相比研究更加具象化并走向深入。在 2016—2020 年间，学界在新时代的国家治理和社会治理框架中探讨乡村治理诸议题。"新中国成立 70 年"成为乡村治理研究的一个重要时间术语。学者们关注的议题与前一时期相比更加丰富，既强调主体层面的党建引领、村委会、乡村干部、主体自觉、主体关系、多元主体、集体行动和乡村共治，也主张采用自治法治德治"三治融合"、权力下沉、协商民主、协商治理、村规民约等方式，来完善基层治理特别是民族地区的乡村治理体制并提升乡村治理能力和公共服务，以提升合法性来达到治理有效和乡村善治。在乡村文化领域中，新乡贤成为一个新的理论热点，相关议题围绕乡贤、新乡贤、乡贤会和乡贤文化来展开。妈祖信俗、乡村文明、乡村风貌和乡村文化也是学者们重点关注的议题。在乡村经济领域中，精准扶贫、资本下乡、专业农户和电商是重点研究内容。从总体上看，这一时期的研究更加关注制度建设和乡村治理的模式、作用、公共性和路径优化等议题。在 2021—2023 年 10 月间，中国共产党成立 100 周年成为乡村治理研究的一个时间标志词，乡村治理的百年变迁成为一个重要研究内容。相关探讨继续在国家治理、社会治理、基层治理和国家化进程的框架下展开，在持续关注多元主体、三权分治、多元共治和协商治理等内容的同时，学者们也提炼概括出生活治理、简约治理、复合治理、一线治理、刚性治理等新的学术概念用以丰富乡村治理的理论认知，也关注明代和清代的乡村治理议题，进一步拓展了乡村治理研究的理论视野。此外，共同富裕和大数据时代成为乡村治理研究的学术增长点，数字技术、数字治理、数字赋能、数字乡村的相关研究成果开始大量出现。扎根理论的应用也为乡村治理研究提供了新的研究方法。从整体来看，这一时期的研究重点主要是从制度优势和制度创新、实践逻辑和实现路径等方面探讨乡村治理效能的提升路径。

由上可知，自 1999 年以来，我国乡村治理的八个最大的研究聚类集中在乡村治理、数字乡村、村民自治、自治、治理、乡镇政府、农民和党建引领。每个阶段的研究有不同的时代背景和议题，学者们关注的侧重点也有所差异。但总体来看，乡村治理研究的范围在不断拓展，研究议题也更加多样化。

（三）作者与研究机构统计图表

作者分布和机构分布是描述我国乡村治理研究现状的重要指标，可以反映出哪些学者和研究机构是当前我国该课题研究的"生力军"。从图 0-3 和表 0-1 可以直观地看出，在发表高水平论文中排列前五名的优秀作者是武汉大学贺雪峰（19 篇），中国社会科学院赵秀玲（11 篇），广东金融学院张春华（10 篇），清华大学高其才（9 篇），以及南开大学杜鹏和华中师范大学项继权（均为 8 篇）。

图 0-3　乡村治理研究 CSSCI 文献的作者统计图

表 0-1　"乡村治理"CSSCI 文献发表量前 30 名的作者

序号	作者	篇数	序号	作者	篇数	序号	作者	篇数
1	贺雪峰	19	11	陈寒非	6	21	吕德文	5
2	赵秀玲	11	12	王晓毅	6	22	李增元	5
3	张春华	10	13	丁波	6	23	张新文	5
4	高其才	9	14	许晓	6	24	于水	5
5	杜鹏	8	15	党国英	6	25	宋才发	5
6	项继权	8	16	陈锋	6	26	马华	5
7	桂华	7	17	周庆智	5	27	刘昂	5
8	徐勇	6	18	邓大才	5	28	温铁军	5
9	董江爱	6	19	杨嵘均	5	29	卢福营	4
10	肖唐镖	6	20	沈费伟	5	30	赵晓峰	4

资料来源：中国知网。

在研究机构中，如图 0-4 和表 0-2 所示，排列前五名的优秀科研单位是华中师范大学（83 篇），华中科技大学（42 篇），武汉大学（41 篇），中国人民大学（35 篇）以及南京大学（29 篇）。从合作情况来看，国内学者和研究机构之间的合作不明显，以独立工作并开展研究为主。这些作

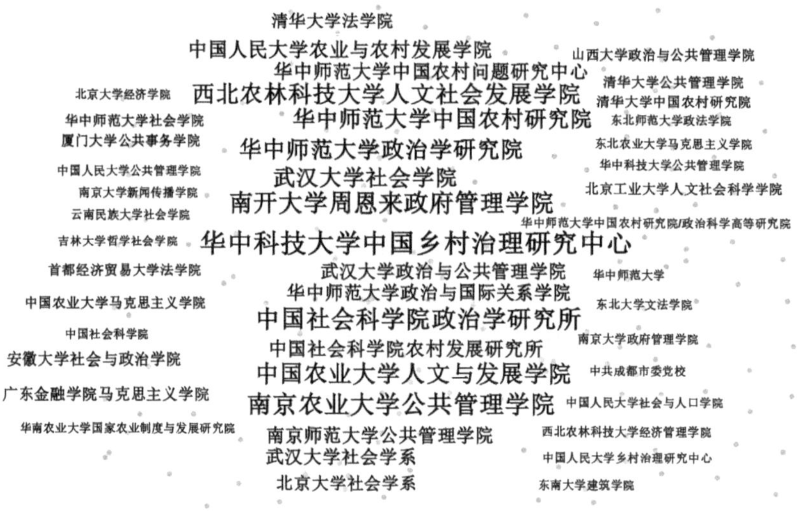

图 0-4　乡村治理研究 CSSCI 文献的机构统计图

表 0-2　"乡村治理"CSSCI 文献发表量前 20 名的机构

序号	机构	篇数	序号	机构	篇数
1	华中师范大学	83	11	中国社会科学院政治学研究所	23
2	华中科技大学	42	12	西南政法大学	20
3	武汉大学	41	13	南京师范大学	20
4	中国人民大学	35	14	吉林大学	15
5	南京大学	29	15	四川大学	15
6	西北农林科技大学	26	16	云南大学	15
7	南开大学	26	17	山西大学	13
8	清华大学	25	18	北京大学	13
9	南京农业大学	25	19	广东金融学院	12
10	中国农业大学	24	20	安徽大学	12

资料来源：中国知网。

者和研究机构在我国乡村治理研究领域中取得了优秀成绩并作出了突出贡献。

　　结合乡村治理的研究成果看，我国学者们所使用的学科视角也不尽相同。一是以徐勇、项继权和贺雪峰为代表的学者主要在政治学、社会学和管理学的学科视野中，探讨乡村治理的结构、价值、单元和体系等内容，结合深度田野调查资料搭建乡村治理研究的基本框架并提出新的学术概念和理论。相关的代表性学者还有华中师范大学唐鸣，南开大学杜鹏，广东金融学院张春华，山西大学董江爱等。二是以温铁军、高其才等为代表的学者从经济学和法学的学科视角探讨乡村治理相关议题。其中，温铁军从新经济社会学等视角探讨中国的乡村治理议题，高其才以实地调研资料为支撑出版的"乡土法杰"系列丛书展现出民族地区乡村法律精英参与乡村治理的多样化实践。此外，武汉大学叶娟丽、西北农林科技大学赵晓峰和首都经济贸易大学陈寒非也从经济学和法学的视角展开乡村治理的相关研究。三是以杨松涛、赖海榕、任中平为代表的学者从史学和比较政治学的研究视阈对乡村治理展开研究。河南大学杨松涛从史学角度对16—18世纪中国与英格兰乡村治理进行比较。在比较政治学研究中，中共中央编译局赖海榕探讨德国、匈牙利和印度经验对中国的启示，西华师范大学任中平和王菲以日本、韩国等为例，总结城市化进程中的乡村治理的经验与启示。此外，在国内乡村治理的研究中，采用比较研究法进行分析的学者还有中国人民大学全志辉、南开大学张露露和西南政法大学杨莉等。总之，学者们从不同的学科视野，遵循理论与实践相结合的研究路径对我国乡村治理进行了积极探索，为我国持续开展相关研究积累了丰厚的学术积淀。

　　此外，在学术研究中，高被引文献是具有较大影响力、受到广泛关注和引用的文献，是衡量学者们知识创新能力的一个重要指标。在乡村治理研究中，如表0-3所示，影响力较大的是徐勇老师的三篇论文，包括《县政、乡派、村治：乡村治理的结构性转换》《挣脱土地束缚之后的乡村困境及应对——农村人口流动与乡村治理的一项相关性分析》和《乡村治理结构改革的走向——强村、精乡、简县》，被引频次分别为1146次、450次和340次。其次是贺雪峰的五篇论文，分别是《乡村治理研究的三大主题》《论乡村治理内卷化——以河南省K镇调查为例》《中国乡村治理：结构与类型》《农民行动逻辑与乡村治理的区域差异》和《村干部的动力机制与角色类型——兼谈乡村治理研究中的若干相关话题》，被引频次分别为711次、558次、530次、351次和285次。其他还有党国英的《我国乡村治理改革回顾与展望》，被引次数为557次；郭正林的《乡村治理及其制度绩效评估：学理性案例分析》，被引次数为550次；陈锋的《分利秩序与基层治理内卷化 资源输入背景下的乡村治理逻辑》，被引频次为529次，以及蔡文成的《基层党组织与乡村治理现代化：基于乡村振兴战略的分析》，被引频次为446次等。这些高被引文献的作者们用其丰富的理论学识和创造性思维，为乡村治理研究增添了宝贵的思想财富，为乡村治理研究的整体发展作出了突出的学术贡献。

表0-3 "乡村治理"CSSCI文献发表量前20名的高被引文献

序号	作者	标题	刊名	频次
1	徐勇	县政、乡派、村治： 乡村治理的结构性转换	江苏社会科学	1146
2	贺雪峰	乡村治理研究的三大主题	社会科学战线	711
3	贺雪峰	论乡村治理内卷化 ——以河南省K镇调查为例	开放时代	558
4	党国英	我国乡村治理改革回顾与展望	社会科学战线	557
5	郭正林	乡村治理及其制度绩效评估： 学理性案例分析	华中师范大学学报 （人文社会科学版）	550
6	贺雪峰、 董磊明	中国乡村治理：结构与类型	经济社会体制比较	530
7	陈锋	分利秩序与基层治理内卷化 资源输入背景下的乡村治理逻辑	社会	529

续表

序号	作者	标题	刊名	频次
8	徐勇	挣脱土地束缚之后的乡村困境及应对 ——农村人口流动与乡村治理的一项相关性分析	华中师范大学学报 （人文社会科学版）	450
9	蔡文成	基层党组织与乡村治理现代化： 基于乡村振兴战略的分析	理论与改革	446
10	陈寒非、 高其才	乡规民约在乡村治理中的积极 作用实证研究	清华法学	398
11	沈费伟、 刘祖云	发达国家乡村治理的典型模式与经验借鉴	农业经济问题	352
12	贺雪峰	农民行动逻辑与乡村治理的区域差异	开放时代	351
13	徐勇	乡村治理结构改革的走向 ——强村、精乡、简县	战略与管理	340
14	邓大才	走向善治之路：自治、法治与德治的选择 与组合——以乡村治理体系为研究对象	社会科学研究	326
15	李金哲	困境与路径：以新乡贤推进当代乡村治理	求实	303
16	颜德如	以新乡贤推进当代中国乡村治理	理论探讨	294
17	赵树凯	乡村治理：组织和冲突	战略与管理	292
18	贺雪峰、 阿古智子	村干部的动力机制与角色类型 ——兼谈乡村治理研究中的若干相关话题	学习与探索	285
19	张艳娥	关于乡村治理主体几个相关问题的分析	农村经济	272
20	肖唐镖	近十年我国乡村治理的观察与反思	华中师范大学学报 （人文社会科学版）	269

资料来源：中国知网。

（四）乡村治理研究的关键词共现图谱

高频关键词是使用频次最高、应用最广泛的专业术语。如表 0-4 所示，位居前 20 名的高频关键词有乡村治理、乡村振兴、村民自治、乡村治理体系、乡村治理现代化等。如图 0-5 所示，乡村治理研究关键词的共现图谱更加清晰直观地反映出学者们的关注焦点和热点议题。这些高频关键词不仅是党和国家"三农"工作中的重点工作，也是学者们研究中所使用的关键词汇。可见，学者们致力于以理论创新来指导中国乡村治理的实践发展。

表 0–4 “乡村治理”CSSCI 文献发表量前 20 名的关键词

序号	关键词	频次	序号	关键词	频次
1	乡村治理	993	11	基层治理	40
2	乡村振兴	164	12	乡村振兴战略	34
3	村民自治	121	13	新乡贤	32
4	乡村治理体系	111	14	基层党组织	27
5	乡村治理现代化	91	15	中国共产党	27
6	乡村治理模式	57	16	治理主体	27
7	乡村治理结构	49	17	乡村社会治理	26
8	村干部	41	18	党建引领	26
9	乡村社会	41	19	村民自治制度	24
10	乡村治理研究	41	20	数字乡村	24

资料来源：中国知网。

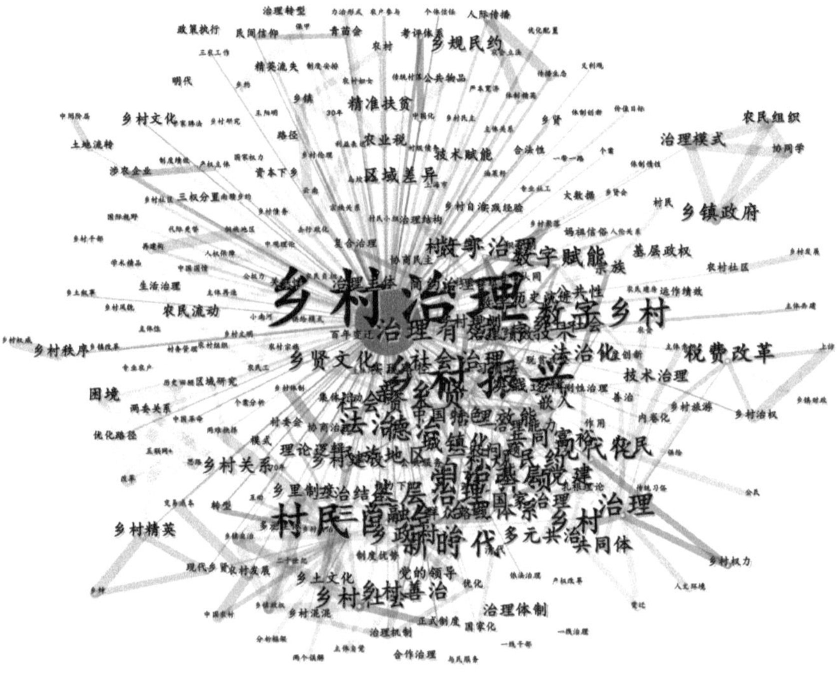

图 0–5 乡村治理研究 CSSCI 文献的关键词共现图谱

具体而言，这些研究涉及乡村治理的方方面面。一是从宏观研究背景看，国家治理现代化、基层治理、乡村振兴战略、数字乡村建设为学者们探讨乡村治理议题提供了时代背景和研究情境。二是从乡村治理本身看，乡村治理的体系、结构、模式和现代化是学界关注的重点内容。三是从乡村治理的参与力量看，基层党组织、党建引领是乡村治理的领导力量，村民自治及其制度建设是乡村治理的主体性力量，以新乡贤、合作社为代表的各类主体是乡村治理的社会力量。四是从乡村治理的方式和形态看，法治、德治、村规民约、合作治理、技术治理等是乡村治理的基本方式和治理模式。总的来看，学者们的研究视角和侧重点有所不同，进一步拓展并深化了乡村治理的研究内容。这些研究总体上是在党建引领乡村治理的框架内展开的，结合国家治理体系和治理能力现代化、乡村振兴战略等重大决策部署和"三农"问题的实际情况，来寻求乡村治理绩效提升并最终走向乡村善治的实施路径。

（五）乡村治理研究的文献综述与述评

根据 CiteSpace6.2 软件所呈现的乡村治理研究知识图谱，能够对学界关于乡村治理研究的热点主题和研究力量等进行总体把握。从经典文献的梳理、高被引文献和关键词的重点分析来看，我国当前乡村治理的热点议题主要集中在乡村治理的基本内涵、乡村治理的模式研究、乡村治理的问题与对策三个方面。

1."乡村治理"的基本内涵

学者们主要从乡村治理的时代背景、乡村治理的概念界定、乡村治理的结构和体系三个部分来整体描述乡村治理的基本内涵。

首先，从乡村治理的研究背景看，学者们结合我国的政策体系和制度安排来进行探讨。其一，乡村治理是国家治理的基础性环节，因此乡村治理体系和治理能力现代化水平直接关系到我国国家治理体系和治理能力现代化的实现程度。基于此，刘守英和熊雪锋从国家治理的视角，对我国乡村治理的制度和秩序演变历程进行分析，并提出必须形成与乡村转型相适应的乡村治理制度安排以提高国家直接治理的绩效。① 其二，乡村治理是中国共产党关于全过程人民民主这一重大理论创新的实践场域。全过程人民民主为乡村治理提供了新的理论支撑。高洪贵和宋宁指出，全过程人民民主以其特有的制度优势，在政治参与、制度机制、平台载体、监督实效等方面作用于乡村治理，既体现了实现人民民主的本质要求，又有效地提升了乡村治理的效能。② 其三，在全面推进乡村振兴中探讨乡村治理议题。张新文和张国磊认为，在城乡发展不平衡和农村发展不充分的局面下，应通过乡村治理转型来推动乡村振兴。③

其次，从乡村治理的概念内涵看，除了直接给乡村治理下定义以外④，学者们也从不同的视角对乡村治理内涵进行学理阐释。例如，陈军亚和肖静指出，从政权建设的视角看，"乡村治理"是"乡政村治"的基层政权组织架构在政权治理功能上的发展与延续。⑤ 王晓毅和杨蓉蓉认为，中国乡村治理是目标驱动的变迁过程，乡村治理不仅赋予村民更多民主参与权力，而且村民的满意度是乡村治理的评价标准，这从根本上保障了村民在乡村治理中的主体地位。⑥ 张润泽和杨华认为乡村治理有一定的社会

① 参见刘守英、熊雪锋：《中国乡村治理的制度与秩序演变——一个国家治理视角的回顾与评论》，《农业经济问题》2018 年第 9 期。
② 参见高洪贵、宋宁：《全过程人民民主赋能乡村治理的可能与可为》，《行政论坛》2023 第 5 期。
③ 参见张新文、张国磊：《社会主要矛盾转化、乡村治理转型与乡村振兴》，《西北农林科技大学学报（社会科学版）》2018 年第 3 期。
④ 详情请参见本书第 6—7 页。
⑤ 参见陈军亚、肖静：《从"乡政村治"到"乡村治理"：政权建设视角下的农村基层政治变迁——对"乡政村治"框架的再认识》，《理论月刊》2022 年第 6 期。
⑥ 参见王晓毅、杨蓉蓉：《目标驱动的乡村治理现代化：概念与过程》，《南京农业大学学报（社会科学版）》2023 年第 2 期。

情绪基础和背景，村庄主要社会群体的社会情绪即是乡村治理的社会情绪基础。① 叶娟丽和徐琴总结性地指出，乡村治理研究领域涌现出一系列本土化学术概念。按照农民、家户、村庄、乡村社会至国家政治这样的逻辑顺序进行梳理，可以列举出"社会化小农""韧性小农""家户制度""村社理性""后乡土中国""祖赋人权"和"东方自由主义"等七个典型标识性概念，并且初步构建起中国乡村治理研究本土化概念的内容图谱。②

最后，乡村治理的结构和体系，也是学者们探讨乡村治理的核心议题。一是乡村治理的结构研究。除了张厚安先生提出的"乡政村治"以及徐勇教授提出的"县政、乡派、村治"的主张外，学者们也从不同侧面探讨我国的乡村治理结构。例如，贺雪峰和董磊明通过对构成乡村治理基本结构三方面的要素，即村庄基本秩序状况及其维系机制、村干部的角色与动力机制以及乡村关系状况的考察，区分出四种可能的乡村治理类型：原生秩序型、次生秩序型、乡村合谋型和无序型。③ 原超指出，新"经纪机制"是中国乡村治理结构的新变化，它是由乡贤理事会通过由宗族认同、资源支配和体制合法性构成的"复合型权威"嵌入从而建立起一套地方调节机制，再塑了乡村治理结构。④ 施从美和宋虎指出，"缠闹政治"要求构建以单中心与多维度的立体关系网络、互补性与有效性并存的全面资源供给保障以及基于社会正义的认同性价值基础为主要特征的枢纽型乡村治理结构。⑤ 邱泽奇等认为，数字化的乡村治理结构已经不同以往，既不是

---

① 参见张润泽、杨华：《转型期乡村治理的社会情绪基础：概念、类型及困境》，《湖南师范大学社会科学学报》2006 年第 4 期。

② 参见叶娟丽、徐琴：《中国乡村治理研究本土化概念考》，《理论与改革》2021 年第 6 期。

③ 参见贺雪峰、董磊明：《中国乡村治理：结构与类型》，《经济社会体制比较》2005 年第 3 期。

④ 参见原超：《新"经纪机制"：中国乡村治理结构的新变化——基于泉州市 A 村乡贤理事会的运作实践》，《公共管理学报》2019 年第 2 期。

⑤ 参见施从美、宋虎：《"缠闹政治"：征地拆迁中官民互动与博弈的现实图景——兼论枢纽型乡村治理结构的构建》，《江汉论坛》2014 年第 4 期。

国家治理结构的简单延续，也不是传统双轨治理或混合结构的复生，无论从乡村治理权力结构还是参与结构看，数字化实践都带来了乡村治理结构的数治。① 另外也有部分学者探讨乡村治理结构的变迁和现代化。二是乡村治理体系研究。学者们主要是以自治、法治与德治的"三治融合"乡村治理体系为研究对象展开研究。邓大才认为三种治理方式在一定的条件下各自可以实现善治，两两组合、三者组合也可以实现善治，在实践中不应该追求"最优善治""最佳善治"，而应该追求"最适宜的善治"。② 何阳和孙萍指出，需要正视中国农村具有显著差异的事实，坚守完善自治主轴线，利用法治和德治共同促进自治的原则来推进"三治合一"乡村治理体系建设。③ 王志涛和张婷指出，组织学习机制的建立能够促进村民身份认同与村庄三产融合的协同，并使乡村治理体系得到进一步改善。④ 王琦认为，构建新时代乡村治理体系，关键在于因时因事实现行政衔接自治，在化解两者内在张力的同时，调和行政的效率追求与自治的民主价值。⑤ 此外，也有学者从"三治融合"乡村治理体系中的法治进路、村规民约和技术赋能等具体方面入手进行研究。

2. 乡村治理的模式研究

学者们探讨乡村治理模式主要从历史维度、现实维度和国际视角来进行研究，提供了丰富多样的观察视角和实践形态。

---

① 参见邱泽奇、李由君、徐婉婷：《数字化与乡村治理结构变迁》，《西安交通大学学报（社会科学版）》2022 年第 2 期。

② 参见邓大才：《走向善治之路：自治、法治与德治的选择与组合——以乡村治理体系为研究对象》，《社会科学研究》2018 年第 4 期。

③ 参见何阳、孙萍：《"三治合一"乡村治理体系建设的逻辑理路》，《西南民族大学学报（人文社科版）》2018 年第 6 期。

④ 参见王志涛、张婷：《组织学习、身份认同与新型乡村治理体系构建——河南省一个乡村的案例研究》，《管理案例研究与评论》2022 年第 3 期。

⑤ 参见王琦：《行政衔接自治：构建新时代乡村治理体系的实践表达及逻辑审视——基于农村集体产权制度改革的分析》，《学海》2022 年第 6 期。

　　一是历史维度方面的探讨。周云冉和王广义将中国共产党成立百年以来不同时期的乡村治理模式概括为：新民主主义革命时期的"政权下乡"模式、中华人民共和国成立初期的"乡治"模式、人民公社时期的"政社合一"模式和改革开放以来的"乡政村治"模式。① 冯石岗和杨赛认为新中国成立以来，乡村治理模式经历了人民公社、"乡政村治""和谐新农村"等三次变迁。② 甘信奎认为改革开放以来中国乡村治理模式历经了县政乡治模式、人民公社体制、乡政村治格局三次大的变迁，并且从"乡政村治"向"县政乡社"模式转换是一种必然趋势。③ 蔺雪春对中国 20 世纪 80 年代实施村民自治以来的乡村治理模式问题进行研究，认为总体上存在"理想村民自治"和"批判村民自治"两种乡村治理模式。④ 汪荣从整体上对我国乡村治理模式的历史演进及其发展路径进行探究，认为当前的村治模式是对传统村治模式反思的结果，自实施以来取得了显著的成效。⑤此外，也有学者对唐代和民国时期以及中国古代的乡村治理模式进行研究。

　　二是现实维度的考察。大多数学者都基于现实维度来探讨乡村治理模式。刘金海认为进入 21 世纪以来，我国乡村原来的村级治理单元被突破或重构，村民小组自治、片区治理等一些新乡村治理模式出现，使得乡村治理模式更加多样化。⑥ 南刚志认为我国乡村民主自治的领域应当适时扩

① 参见周云冉、王广义：《中国共产党百年乡村治理模式的发展历程及构建经验》，《学术探索》2021 年第 12 期。
② 参见冯石岗、杨赛：《新中国成立以来我国乡村治理模式的变迁及发展趋势》，《行政论坛》2014 年第 2 期。
③ 参见甘信奎：《改革开放三十年中国乡村治理模式变迁回顾与展望》，《前沿》2008 年第 10 期。
④ 参见蔺雪春：《当代中国村民自治以来的乡村治理模式研究述评》，《中国农村观察》2006 年第 1 期。
⑤ 参见汪荣：《我国乡村治理模式的历史演进及其发展路径浅探》，《理论月刊》2013 年第 7 期。
⑥ 参见刘金海：《乡村治理模式的发展与创新》，《中国农村观察》2016 年第 6 期。

大到乡一级,把"乡政村治"模式提升为"乡村民主自治"模式。① 阎占定指出农民合作经济组织与乡村治理结合,逐渐形成了一种新的乡村治理模式,即嵌入农民合作经济组织的乡村治理模式。② 蒋锐和刘鑫认为,国家政权与乡村社会力量是影响乡村治理模式的两个变量,两者只有巧妙融合才能实现乡村社会的有效治理,与嵌入汲取型的乡村治理模式相比,整合服务型的乡村治理模式更能有效提升乡村治理绩效。③ 王文龙从结构功能主义视角出发,认为采用"乡村自治 + 综合农协"的乡村治理模式,有助于实现乡村振兴的目标。④

三是国际视角下的研究。王培刚和庞荣考察了美国阿拉斯加州具有多元文化与充权色彩的乡村治理方案、加拿大纽布朗斯维克省充满实验性质的"新乡村地区治理模式"以及欧盟研究中心对欧洲乡村治理经验的比较,对我国乡村治理模式提出了一些对策建议。⑤ 王战指出,欧盟从外生型向内生型的乡村治理模式变化可被概述为从"等级制主导的干预"向"合作为主"的变化,自下而上的治理模式是欧盟乡村发展模式转型的核心之一。⑥ 这些成果拓宽了我国乡村治理模式的研究视野。

3. 乡村治理的问题与对策研究

乡村治理存在的诸多问题是引发学者们关注和探讨并由此找出解决对

---

① 参见南刚志:《中国乡村治理模式的创新:从"乡政村治"到"乡村民主自治"》,《中国行政管理》2011 年第 5 期。

② 参见阎占定:《嵌入农民合作经济组织的新型乡村治理模式及实践分析》,《中南民族大学学报（人文社会科学版)》2015 年第 1 期。

③ 参见蒋锐、刘鑫:《中国乡村治理模式的转型:从嵌入汲取型到整合服务型》,《当代世界社会主义问题》2021 年第 2 期。

④ 参见王文龙:《结构功能主义视角下乡村治理模式嬗变与中国乡村治理政策选择》,《现代经济探讨》2019 年第 10 期。

⑤ 参见王培刚、庞荣:《国际乡村治理模式视野下的中国乡村治理问题研究》,《中国软科学》2005 年第 6 期。

⑥ 参见王战:《欧盟乡村治理模式与理念的转型》,《人民论坛》2022 年第 10 期。

策的起点。学者们围绕着这些问题从不同角度和不同侧重点进行研究，代表性的观点有：杨春娟指出，我国村庄"空心化"趋势明显，日益成为乡村治理特别是村级治理的首要难题。谢元和张鸿雁指出，乡村治理主要存在投入不足，治理方式难以适应时代发展要求；集体意识弱化，村民正向参与不足；群众意识淡薄，村干部行政化现象突出；缺乏对村干部权力的监督，群众身边的不正之风和腐败问题不同程度地存在；体制内精英队伍建设略显滞后，村级治理人力资源水平较低等问题。① 李梅认为，随着城市化的迅速发展和乡村地区的衰落，村民自治面临着治理主体缺失、自治缺乏经济基础等困境。脆弱的乡村治理无法应对国家资源大量投入带来的利益格局的变化。村级组织原有的"行政化"趋势不断强化，逐渐形成"强行政、弱自治"的局面，村级治理行政化无法应对乡村社会发展所带来的各种挑战，从长远看不利于形成乡村治理的内生性秩序。② 杨志玲和周露指出，数字技术嵌入乡村治理的过程中，与传统乡村治理模式未能自然达成耦合，导致治理效能无法充分释放，数字乡村治理面临着数字供给与需求分离、先天资源禀赋不足、治理主体缺位与忽视情感治理等治理困境。③ 刘凡熙认为，目前中国乡村仍面临发展不平衡、自治水平不高、文化发展较为滞后等现实困境，乡村自治、法治、德治结合的治理体系效能发挥不足，部分地区采用孤立、碎片化的乡村治理思维，是乡村治理面临的现实困境。④ 陈蒙指出，民族地区乡村治理兼具乡村治理和民族事务治理的双重属性，对推进国家治理现代化具有重要意义。新中国成立以来，

---

① 参见谢元、张鸿雁：《行动者网络理论视角下的乡村治理困境与路径研究——转译与公共性的生成》，《南京社会科学》2018 年第 3 期。

② 参见李梅：《新时期乡村治理困境与村级治理"行政化"》，《学术界》2021 年第 2 期。

③ 参见杨志玲、周露：《中国数字乡村治理的制度设计、实践困境与优化路径》，《经济与管理》2023 年第 5 期。

④ 参见刘凡熙：《深入推进乡村治理现代化的现实困境及对策建议》，《哈尔滨工业大学学报（社会科学版）》2023 年第 5 期。

民族地区乡村治理取得了历史性成就，但由于多种因素制约，也存在一定的短板与不足，不能完全适应推进国家治理体系和治理能力现代化的现实需要。① 程传兴和廖富洲认为，我国乡村治理实践存在着基层党组织领导能力不足、自治法治德治"三治融合"机制不完善、乡村治理效能不高等主要问题，迫切需要健全县乡村三级协同治理组织体系、为乡村振兴奠定坚实基础。②

总的来看，乡村治理难题是一个治理方面的综合性和系统性问题，所呈现出的是治理主体、治理体系、治理结构、治理条件等多种因素共同影响下所产生的治理有效性问题。围绕着乡村治理存在的诸多突出问题，学者们也提出了一系列的应对思路和解决路径。

一是在整体思路上，陈万莎和陈明明认为，党建引领乡村治理体系现代化转型的路径在于，将党组织建设作为基层党政体制与村民自治中的一种治理机制，利用党组织建设的灵活性和党员身份的复合性，通过党组织建设创新，推动治理理念、治理结构和治理主体的现代化转型。③ 齐卫平等强调指出，基层党组织必须通过理顺与农村各种社会组织的关系来实现党的领导力；乡村现代治理必须解决好城镇化中的农村社区化和农村社区化中的农民市民化两个关键问题；乡村治理要走美丽乡村建设与农村现代化相统一的道路；乡村治理要把协商民主和选举民主有机结合起来，解决好民主的质量、动力与方向诸问题。④ 杜鹏指出，当前的乡村体制改革需

---

① 参见陈蒙：《新时代民族地区乡村治理现代化瓶颈及对策》，《中南民族大学学报（人文社会科学版）》2020 年第 5 期。

② 参见程传兴、廖富洲：《完善"三治融合"乡村治理体系的对策研究》，《中州学刊》2023 年第 8 期。

③ 参见陈万莎、陈明明：《党建引领乡村治理体系现代化转型的实践路径——以烟台市党建示范区为例》，《探索》2023 年第 4 期。

④ 参见齐卫平、刘益飞、郝宇青、罗兴佐、张劲松、上官酒瑞：《乡村治理：问题与对策（笔谈）》，《华东师范大学学报（哲学社会科学版）》2016 年第 1 期。

着眼于乡村治理的整体结构，审慎推进乡村治理结构的行政化，维系政治逻辑与行政逻辑的均衡，以优化乡村治理结构，提高其应对复杂问题的能力。① 陈宇轩和章顺认为，乡村系统集成改革通过吸纳式参与、智慧化赋能、嵌入式协同，塑造乡村的多元化治理结构，形成乡村数字化治理平台，融合乡村的多层次治理效能，是中国制度场景下乡村治理体系优化的一种尝试。②

二是在具体问题上，王文彬认为，自治贵在促进乡村主体自觉行动，法治重在乡村地区下沉现代法律规则，德治则必然要求重新发挥优秀乡土文化的感召作用，而后以多元化的合作治理推进乡村善治，未来既要加速激发乡村治理主体自觉，重新培育乡土社会的行动规则，也要再建新型乡村文化体系，推进更加完善的乡村合作治理。③ 张鸿等认为，为实现冲突均衡、解决数字治理多主体冲突问题，助力乡村振兴战略和国家治理体系与治理能力现代化，建议做到"四个坚持"：坚持政策引领，实现政府善治；坚持以人为本，深化全民参与；坚持政企合作，推动技术赋能；坚持统筹兼顾，构建治理共同体。④ 陈锋指出，为应对基层组织在资源流变背景下形成的分利秩序，国家政权建设应当将基层治理的"治道"这一"软件基础设施"的建设提上日程，并以"治道"为基础通过政治社会化和人心秩序的重建，进而达成"道"与"术"的契合，形成有灵魂、有规则的乡村秩序。⑤ 张露露认为，针对我国农村基层协商民主存在制度创新与既

---

① 参见杜鹏：《乡村治理结构的调控机制与优化路径》，《中国农村观察》2019 年第 4 期。
② 参见陈宇轩、章顺：《数字乡村治理的系统集成改革及其风险规避》，《浙江社会科学》2023 年第 5 期。
③ 参见王文彬：《自觉、规则与文化：构建"三治融合"的乡村治理体系》，《社会主义研究》2019 年第 1 期。
④ 参见张鸿、王思琦、张媛：《数字乡村治理多主体冲突问题研究》，《西北农林科技大学学报（社会科学版）》2023 年第 1 期。
⑤ 参见陈锋：《治术变革与治道重建：资源流变背景下乡村治理困境及出路》，《学海》2017 年第 4 期。

有法律制度衔接不够、协商议事低效、协商主体代表性不足以及持续发展动力不强等突出问题需要在修订完善相关法律、明晰协商议事规则、推动网络协商、培育协商文化等方面作出努力，提升协商民主在乡村治理中的运行效果，由此以民主促治理，进一步激发乡村治理效能。①

三是在数字化治理情境中，邬家峰指出，网络技术赋能乡村治理，有助于破除"治理主体缺场"、公共场域萎缩、公共精神消解等"共同体困境"，推动乡村治理共同体的网络化再造和乡村治理的数字化转型。② 袁宇阳强调，推进乡村数字治理是提升乡村治理效率的重要路径，针对数字乡村治理的困境，应该有序推进数字治理、普及乡村数字教育，改善乡村数字治理考核体系，促进乡村本土治理文化内容融入数字治理，多途径增进乡村数字治理中的"基层—农民"关系，以此塑造良好的嵌入性环境，真正实现有效乡村数字治理。③

由上可知，破解乡村治理难题是个综合发力、系统解决的过程。学者们主张要坚持党建引领乡村治理的思想路径，从健全自治、法治、德治相结合的制度路径入手进行优化，紧抓乡村经济、政治、文化、社会和生态环境治理中的突出问题进行有针对性的施策，并在大数据时代借助互联网、人工智能技术等手段和方式来推动数字乡村治理，从而进一步提升乡村治理的有效性。

总体而言，从目前学界的研究成果来看，我国学者们集中探讨乡村治理的基本内涵、体系和模式、存在的问题和对策建议等，为进一步研究新时代新征程中的乡村治理和乡村善治诸议题积累了丰厚的学术积淀。但总

---

① 参见张露露：《乡村治理中协商民主的实践形式：比较、问题与对策——基于我国东中西部地区四个典型案例的分析》，《中州学刊》2019 年第 4 期。
② 参见邬家峰：《乡村治理共同体的网络化重构与乡村治理的数字化转型》，《江苏社会科学》2022 年第 3 期。
③ 参见袁宇阳：《嵌入性视角下乡村数字治理的多重困境及其破解路径》，《云南民族大学学报（哲学社会科学版）》2023 年第 4 期。

体性的理论分析框架有所不足，相关学术著作有待扩充。鉴于此，本书在坚持理论与实践相结合的基础上，更加注重学术研究的实践取向和调查方法的运用，结合近十年的田野调研资料和实践观察，根据党建统领的农村"五位一体"总体布局构建全书的理论分析框架，来探讨新时代新征程迈向乡村善治中的乡村治理议题，以期助力全面推进乡村振兴和国家治理现代化目标的顺利实现。

四、研究方法与分析框架

（一）研究方法

本书在遵循理论与实践相结合的原则下更加突出实证调查的研究取向，主要采用参与观察法、访谈法、案例研究法和比较研究法四种研究方法来展开研究。由于每种研究方法都有其优点和缺点，所以需要综合发挥四种研究方法的优势互补作用来进行具体研究。

1. 参与观察法

参与观察法是由英国功能主义大师马林诺夫斯基所创立的，被誉为"人类学田野工作的一次'革命'"。这种方法要求研究者亲自进入某一区域，深入到研究对象的生活场景中，充分运用自己的视觉、听觉、嗅觉等能力感知环境中发生的一切，对当地人的日常生活和思想境界进行全方位的直接观察。在此基础上进行资料收集和数据记录，来展示特定时空范围内人们普遍的社会需求和社会构成等内容。因此，参与观察法是一种直接参与的研究方法。它最初是人类学常用的一种研究方法，现在已经广泛应用于诸多学科的领域中，优势在于"没有先入之见"，能捕捉到大量细节信息，因而有助于获得真实细腻的现实图像。在国内相关研究中，有学者把它划分为全过程参与、阶段参与和局部参与三类。① 也有学者把它划分为主导性参与和从属性参与。② 按此划分方法，本书的参与观察以主导性参与和全过程参与为主。通过运用参与观察法，作者在驻村调研中对调研村庄的村庄治理、社会结构、外部环境、风土人情和文化习俗等内容都有了亲身的观察和感悟，为案例研究提供了直观的体验和感性的认知。

2. 访谈法

访谈法是指研究者通过与被访者的交谈，了解相关社会事实、人物心理和行为表现的一种研究方法。它因研究问题的性质、目的或对象的不同而具有不同的形式。访谈法运用面广，能够简单而叙述地收集多方面的工作分析资料，因而深受人们的青睐。本书在田野调查中的访谈对象主要包括调研地的村民、村干部、乡镇干部和县级干部等群体。根据访谈进程的标准化程度，访谈法可分为结构访谈和非结构访谈，本书主要采用非结构访谈法，按照"设计访谈提纲、恰当进行提问、准确捕捉信息、及时收集资料、适当作出回应"的步骤来开展具体的访谈工作。在具体的访谈中，采用随机访谈和引荐访谈两种方式，第一种是"偶遇"式，主要是通过走村串户，与闲暇的村民进行沟通交流。第二种是"引荐"式，即通过熟人介绍相关的亲历者和知情人，提前联系并登门拜访，来进行专门的重点访谈。通过与他们的交谈，观察他们的表情并感知他们的心理活动，来收集相关资料并判断资料来源的可信度，由此通过对他们的调研来对较深层次的内容有更加详细的了解。在此基础上，根据被询问者的答复搜集客观的、不带偏见的"第一手"调研材料，为相关研究提供充足的经验资料储备。在资料使用中，注重使用多种证据来源并形成证据链的资料，以提升研究的信度和效度。

---

① 参见陈伟东：《社区自治：自组织网络与制度设置》，中国社会科学出版社 2004 年版，第 41 页。

② 参见罗兴佐：《治水：国家介入与农民合作》，湖北人民出版社 2006 年版，第 19 页。

3. 案例研究法

关于案例研究法的定义，可以从双重意义上来加以界定：一是案例研究是一种实证研究，包括深入研究现实生活环境中正在发生的现象（即"案例"）；尤其是待研究的对象与其所处环境背景之间的界限并不十分明晰。二是作为一种方法的案例研究，案例研究变量数量多，需要通过多种渠道收集资料并将资料汇合在一起进行交叉分析，需要事先提出理论假设以指导资料的收集和分析。① 案例研究有助于从"好的故事"走向"好的理论"，在具体分析中可以采用单案例研究法和多案例研究法。其中单案例研究法即个案研究法，适合对单一的研究对象进行深入而具体的研究。多案例研究法遵循理论抽样原则和复现逻辑，通过多个案例之间的相互印证，能够更准确地描述客观事实，在此基础上为理论建构提供与单案例研究法相比更坚实的资料基础。本书根据研究的需要，在具体分析中灵活采用单案例研究法或多案例研究法。

4. 比较研究法

比较研究法也称对比分析法，就是对物与物之间和人与人之间的相似性或相异程度进行研究与判断的方法。比较研究法可以理解为是根据一定的标准，对两个或两个以上有联系的事物进行考察，寻找其异同，探求普遍规律与特殊规律的方法。比较研究法根据不同的比较维度可以划分为不同的比较方法，比如按属性的数量可分为单项比较和综合比较，按时空的区别可分为横向比较与纵向比较，按比较的性质可分成定性比较与定量比较，按目标的指向可分成求同比较和求异比较，按比较的范围可分为宏观比较和微观比较。本书根据研究需要采用多案例之间的比较研究法来进行分析，在分析思路上，根据研究对象来设定比较的维度，将不同的客观事

---

① 参见［美］罗伯特·K.殷:《案例研究：设计与方法》，周海涛、史少杰译，重庆大学出版社 2017 年版，第 21—22 页。

实放置在同一比较维度下进行相同点或差异性比较，以达到深入认识事物的本质和规律并作出正确评价的研究目标。

（二）分析框架

在新时代新征程中，以经济建设、政治建设、文化建设、社会建设和生态文明建设"五位一体"总体布局来建设中国特色社会主义，是中国共产党对"实现什么样的发展、怎样发展"这一重大战略问题的科学回答，既体现了党对于中国特色社会主义的认识达到了新境界，也标志着党领导人民治理国家进入了新的历史发展阶段。乡村治理是国家治理的基础，这内在要求要将党和国家层面的"五位一体"总体布局全面贯彻落实到乡村社会治理的全过程中。同时，2018年，中共中央、国务院发布的《关于实施乡村振兴战略的意见》指出，要"统筹谋划农村经济建设、政治建设、文化建设、社会建设、生态文明建设和党的建设，注重协同性、关联性，整体部署，协调推进"。由此可见，构建党建统领的农村"五位一体"总体布局为新时代新征程全面推进乡村振兴提供了治理格局和发展框架，也为本书的框架设计和逻辑构建提供了基本遵循和重要依据（见图0-6）。

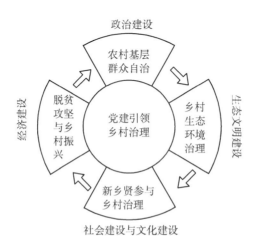

图 0-6 本书分析框架与逻辑思路

　　一是从分析框架来看，本书把党建引领乡村治理、农村基层群众自治、脱贫攻坚与乡村振兴、新乡贤参与乡村治理和乡村生态环境治理作为五个重要的理论与实践观察点，来透视中国式现代化进程中党建统领农村"五位一体"总体布局的建设情况。其中，由于新乡贤既是乡村社会建设的一部分，也是新乡贤文化的文化建设部分，因此把新乡贤参与乡村治理作为文化建设和社会建设两部分的共同内容来加以考察。二是从内在逻辑看，党建引领乡村治理居于党领导的农村"五位一体"总体布局的核心，农村基层群众自治、脱贫攻坚与乡村振兴、新乡贤参与乡村治理和乡村生态环境治理分别关涉农村政治建设、经济建设、社会建设与文化建设、生态文明建设五个方面。这五个章节之间是统领与被统领、整合与被整合的内在逻辑关系，以相互之间的统合性、协同性和联动性，发挥党全面领导乡村社会的整体性治理效能，为全面推进乡村振兴和国家治理现代化奠定安稳坚实的善治基础。

　　据此，本书分别从以下五章内容来具体阐释：

　　第一章是党建引领乡村治理。首先，从理论维度和历史维度对党建引领乡村治理的研究范式、发展历程和形态变迁进行系统考察。其次，深入阐述党建引领乡村治理的概念内涵和产生背景，分析当前我国党建引领乡村治理面临的突出问题。再次，采用田野调查法和多案例研究法，从全国乡村治理创新案例库中选择江苏省南通市如东县的"'融合党建'引领乡村治理"等六个典型案例作为观察对象，总结这些实践创新做法取得的主要成效。最后，从政治引领、思想引领、组织引领和制度引领四个向度提出未来党建引领乡村治理的发展路径。

　　第二章是农村基层群众自治。以"村民自治"这一农村基层群众自治制度为观察点，首先，探讨村民自治的历史演进、"重选举而轻治理""重治理而轻选举"的两种理论误区，以及新时代新征程要推动民主选举与民主治理的均衡发展的必然趋势。其次，基于四川省两个村庄的田野调查资料探讨宗族治村和协商自治两种村民自治实践形式。再次，采用多案例比较研究法，结合广东揭阳和清远的实践探索分析村民自治的机制创新及其比较。并且，以我国浙江临海、河南邓州、四川成都和广西贵港四个地区的成功做法为例，探讨乡村协商自治创新机制的经验和成效。最后，探讨大数据时代和全过程人民民主理论视阈下村民自治的发展形态及优化路径。

第三章是脱贫攻坚与乡村振兴。首先，从理论维度探讨新时代农村基层党建与脱贫攻坚的互动与协同发展，包括两者之间的关系演进、互动形式、优势互补和协同推进四个方面的内容。其次，以陕西省铜川市耀州区"八星励志"促脱贫工作法为实践观察点，在个体行为理论的视阈下探讨精神脱贫的做法和路径。再次，在授权赋能理论视阈下，探讨四川省成都市青杠树村"党政部门授权＋乡村旅游增能"实践探索的经验、问题与优化策略，为进一步推动脱贫攻坚与乡村振兴相衔接提供经验和启示。最后，将健康乡村治理作为脱贫攻坚与乡村振兴的关键突破口进行考察，探讨健康乡村治理的逻辑遵循、结构要素和价值指向。

第四章是新乡贤参与乡村治理。首先，界定新乡贤的内涵，与传统乡绅进行比较并分析新乡贤参与乡村治理的积极作用。其次，结合田野调查资料和典型案例总结探讨"党建吸聚新乡贤"、广东省云浮市的"乡贤理事会"和重庆市永川区的"乡贤评理堂"的新乡贤参与乡村治理的三种基本实践形式。再次，以乡土法杰为例，探讨法治型新乡贤助推"三治融合"的人才机制和实施路径。最后，从明晰多元主体关系、完善乡贤返乡机制、健全制度规范体系和实现稳步持续发展四个方面提出新时代新乡贤参与乡村治理的完善策略。

第五章是乡村生态环境治理。首先，探讨乡村生态环境治理的基本内涵、发展历程和多重价值。其次，从历史延续性视角，结合传统中国的"官引民办"的生态环境治理经验以及现代中国"官引官办＋公众参与"

的生态环境治理做法，考察我国生态环境治理的形态变迁及其对乡村生态振兴具有的有益启示。再次，以浙江"美丽乡村建设"实践和"美丽四川·宜居乡村"建设实践为案例观察点，探讨两省美丽乡村建设对乡村生态环境治理的启示意义。最后，从复归村民主体、促进多元共治、完善村规民约和加强数智赋能四个方面，提出全面推进乡村振兴中乡村生态环境治理的优化路径。

第一章　党建引领乡村治理

党建引领乡村治理是新时代新征程党领导人民治理国家的一个重要议题与实践课题。在当前的政策体系和治理现实中，党建引领乡村治理已经成为推动乡村治理现代化并全面推进乡村振兴的基本路径。它既是对党管农村工作这一党的优良传统的赓续传承，也是对以往农村基层党组织领导乡村治理的形态改造和创新升级。党建引领乡村治理既要求农村基层党组织建强自身，为持续深化农村改革提供坚实的基础和可靠的保障，也要求在广袤的乡村地域中必须将党的领导贯穿至乡村治理全过程，从而稳步实现乡村振兴。本章围绕"党建引领乡村治理"这一核心议题，首先，从理论维度和历史维度对党建引领乡村治理的研究范式、发展历程和形态飞跃进行系统考察。其次，阐述党建引领乡村治理的概念内涵和产生背景，并分析当前我国党建引领乡村治理面临的突出问题。再次，采用田野调查法和多案例研究法，从全国乡村治理创新案例库中选择六个典型案例作为观察对象，总结这些实践创新做法取得的主要成效。最后，从政治引领、思想引领、组织引领和制度引领四个向度具体分析未来党建引领乡村治理的发展路径，以期持续提升党建引领乡村治理的实践效能并助力全面推进乡村振兴。

第一节　党建引领乡村治理的研究范式、发展历程 与形态变迁

党建引领乡村治理作为新时代新征程实现乡村善治和乡村振兴的基本路径和治理形态，并不是凭空产生的，而是有其深厚的理论之基与历史之基。要深刻把握党建引领乡村治理的概念内涵和时代价值，需要首先从理论维度和历史维度对它的研究范式、发展历程和形态变迁进行具体分析，这也是后续从现实维度和实践维度对这一新型治理形态进行系统考察的逻辑前提。

（一）在乡村治理研究中"把政党带进来"

党建引领乡村治理在学术研究范畴上，既属于政党研究的基本内容，也属于乡村治理的研究范围。"党建引领乡村治理"的全称可解释为"农村基层党组织引领下的乡村治理"。从词语结构来看，它属于偏正结构，其中，"乡村治理"是核心词，"党建引领"起修饰和限制的作用。基于此，将党建引领乡村治理放置在乡村治理的研究范畴内加以考量。在学术研究中，学者们主要采用"国家与社会关系"和"政党、国家与社会关系"两种研究范式来探讨现代化进程中的乡村治理议题。

20 世纪 90 年代初，以邓正来为代表的学者把社会（市民社会）引入中国学术研究，后来逐渐形成了"国家—社会"的分析视角[1]。伴随着肯定、质疑和批判，"国家与社会关系"逐渐成为一种被学者们普遍认可的分析框架，用来探讨我国现代化发展中的国家治理和社会治理议题。乡村治理

---

[1]　参见邓正来：《国家与社会——中国市民社会研究》，四川人民出版社 1997 年版，第 107—148 页。

作为国家治理和社会治理的重要组成部分，由此被学者们纳入"国家—社会"的二元分析架构中加以研究。

在这种学术潮流中，部分学者开始把"国家与社会关系"作为一种理论视角和分析工具对乡村治理议题展开研究。其中，颇具代表性的观点有两类：一类是以张厚安、徐勇为代表的学者先后提出"乡政村治"①"县政、乡派、村治"② 等概念。在此基础上，任路进一步构建"国家化"与"地方性"的分析框架，用以探讨乡村治理的结构变迁 ③。总的来看，这类研究侧重于从静态视角探讨我国的乡村治理结构议题。另一类是以贺雪峰、周飞舟、周庆智为代表的学者，从国家与乡村社会关系互动的动态视角分析乡村治理议题。他们分别提出要构建"强国家，强乡村社会"的双强关系模式 ④、建立"从汲取型到悬浮型"的官民财政关系 ⑤ 以及新的"官民互嵌性权力结构体系"⑥ 等来重塑现代乡村治理秩序。

然而，"国家与社会关系"的分析范式也遭到了学者们的质疑和批判，主要有两种观点：一种观点认为，"国家—社会"分析范式源自西方话语体系，因而具有鲜明的"西方中心主义色彩"。如果将其简单移植或全盘吸收，将难以对中国本土的乡村治理实践因地制宜地进行研究，甚至会得出错误的判断和结论。运用该视角对中国乡村进行探讨，"必然意味着

---

① 参见张厚安：《乡政村治——中国特色的农村政治模式》，《政策》1996 年第 8 期。
② 参见徐勇：《县政、乡派、村治：乡村治理的结构性转换》，《江苏社会科学》2002 年第 2 期。
③ 参见任路：《国家化、地方性与村民自治》，中国社会科学出版社 2022 年版，第 23—24 页。
④ 参见贺雪峰：《国家与农村社会互动的路径选择——兼论国家与农村社会双强关系的构建》，《浙江社会科学》1999 年第 4 期。
⑤ 参见周飞舟：《从汲取型政权到"悬浮型"政权——税费改革对国家与农民关系之影响》，《社会学研究》2006 年第 3 期。
⑥ 周庆智：《官民共治：关于乡村治理秩序的一个概括》，《甘肃社会科学》2018 年第 2 期。

国家与社会的互相排斥，由此陷入非此即彼的认知困境"①。另一种观点认为，无论是"通过国家看社会"，还是"透过社会看国家"，都忽视了政党这一核心要素在国家治理体系和乡村治理架构中的地位和功能。总的来看，上述两种观点其实都主张要根据中国的具体情境和治理实践，对乡土经验进行清晰的表达和精准的分析。事实上，这两种批判质疑声有其合理性，特别是，我国的乡村治理实践中存在着多重复杂的领导关系，具体包括乡镇党委与村党组织，乡镇党委与乡镇政府，村党组织与村民自治组织、村级经济组织、村级社会组织及其他各类组织之间的关系，它们之间都是法定的领导与被领导关系。这些治理主体之间的职责权限非常明晰，如果仅用国家与社会关系分析乡村社会的实践问题，将难以厘清农村基层党组织和其他治理主体之间的关系，因此容易失之笼统，这客观需要将政党作为关键的分析维度纳入到研究范式中②。

对此，部分学者强调指出，在研究中国的社会问题时，不能忽视中国社会经验的特殊性，而简单套用西方的"国家—社会"理论视角③。研究中国的乡村治理问题，应将政党作为一个重要的因素纳入其中④。这就需要在乡村治理研究中"将政党带进来"⑤，即突破既有的"国家与社会"的二元分析结构，构建"政党—国家—社会"的三元分析框架。"把政党带进来"其实正是我国学者们对改革开放以来"国家—社会"关系分析视角

① 金玲、马良灿：《从"国家—社会"到"政党—国家—社会"：乡村治理研究的视角转换》，《党政研究》2021 年第 2 期。
② 金玲、马良灿：《从"国家—社会"到"政党—国家—社会"：乡村治理研究的视角转换》，《党政研究》2021 年第 2 期。
③ 参见王智：《中国共产党领导国家与社会的历史与逻辑——以"党—政府—社会"三元关系为中心》，《当代世界与社会主义》2012 年第 2 期。
④ 参见景跃进：《党、国家与社会：三者维度的关系——从基层实践看中国政治的特点》，《华中师范大学学报（人文社会科学版）》2005 年第 2 期。
⑤ 景跃进：《把政党带进来——国家与社会关系范畴的反思与重构》，《探索与争鸣》2019 年第 8 期。

进行的理论反思，以及对党的十八大以来全面从严治党成功实践作出的及时的理论反应。以林尚立、景跃进为代表的学者主张超越"国家—社会"二分法，要"充分考虑到党作为一种特殊的政治力量在国家生活、社会生活以及国家与社会关系中的重要作用"①，由此建构"政党—国家—社会"的三元分析框架来认识中国的国家治理和社会治理议题。关于如何"把政党带进来"，目前我国学者们基于党建引领社会治理的创新实践，已经归纳总结出诸如"政党组织社会"②"政党引领社会"③"政党链接社会"④"政党整合治理"⑤"政党整合社会"⑥ 等解释范式，为继续研究新时代新征程党建引领乡村治理议题奠定了良好的学术基础。

由上可知，在研究范式变迁的过程中，"政党—国家—社会"的三元分析法正在逐步超越原来的"国家—社会"二元分析法，成为我国当前国家治理研究和社会治理研究的一种更具包容性和解释力的分析范式。这也为持续深入探讨党建引领乡村治理议题提供了一个良好的理论分析视角。

（二）中国共产党领导乡村治理的发展历程

在"政党—国家—社会"的理论视阈下追踪历史可以发现，"党的坚

---

① 林尚立：《集权与分权：党、国家与社会权力关系及其变化》，陈明明主编：《革命后的政治与现代化》，上海辞书出版社 2002 年版，第 152—153 页。
② 叶敏：《政党组织社会：中国式社会治理创新之道》，《探索》2018 年第 4 期。
③ 田先红：《政党如何引领社会？——后单位时代的基层党组织与社会之间关系分析》，《开放时代》2020 年第 2 期。
④ 吴晓林：《党如何链接社会：城市社区党建的主体补位与社会建构》，《学术月刊》2020 年第 5 期。
⑤ 唐文玉：《政党整合治理：当代中国基层治理的模式诠释——兼论与总体性治理和多中心治理的比较》，《浙江社会科学》2020 年第 3 期。
⑥ 王杰：《政党整合社会：理解党建引领社会治理的重要维度》，《宜春学院学报》2021 年第 5 期。

强领导—国家政权建设—乡村社会治理"是贯穿于中国共产党领导乡村治理百余年发展历程的一条逻辑主线。历史制度主义和历史政治学都关注社会政治现象中的历史之维，主张通过时间性因素和情境性因素的分析来揭开政治发展过程的"黑箱"①。根据具体情境和时间节点可以把党领导乡村治理的历史进程划分为以下四个阶段：

1. 新民主主义革命时期党领导的乡村自治形态（1921 年 7 月—1949 年 9 月）

中国共产党自成立之初就尝试改变帝制中国"皇权不下县，县下惟宗族"的乡村自治形态，积极开启"政权下乡"的实践探索，构建党领导乡村自治的新的组织形态和制度体系。1923 年 6 月，中共三大通过的《中国共产党党纲草案》指出要"实行都市和乡村自治"，同年 8 月，党的历史上的第一个乡村党支部"中共安平县台城特别支部"成立，确立了由支部书记、组织委员和宣传委员共同构成的组织形式。1925 年 1 月，中共四大通过的《中国共产党第二次修正章程》将党的基本组织确定为支部，并对支部的设置、职责和活动方式等作出规定，初步形成了党的支部制度。同时，中共四大对于农民运动之议决案指出，应在农民之中宣传选举代表农民的机关"乡村自治会"。这事实上已经形成党领导乡村自治的思想雏形。1931 年 11 月，《中华苏维埃共和国宪法大纲》颁布并指出"凡上述苏维埃公民在十六岁以上皆享有苏维埃选举权和被选举权，直接选派代表参加各级工农兵会议（苏维埃）的大会，讨论和决定一切国家的地方的政治事务"②。1935 年 5 月，陕甘宁边区选举条例规定："凡居住陕甘宁

---

① 参见彭琪、刘伟：《政治学中的历史之辨——历史制度主义与历史政治学的比较》，《文史哲》2022 年第 2 期。

② 《中华苏维埃共和国宪法大纲》，人民网，2021 年 3 月 3 日，见 https://www.hnsjw.gov.cn/sitesources/hnsjct/page_pc/ztjj/gqbnhdgclswy/dswx/article2981ce10ef8f4ddf89b-bc326d25522f5.html。

边区区域的人民，在选举之日，年满十六岁的，无男女、宗教、民族、财产、文化的区别，都有选举权和被选举权"①。这些制度安排在农村地区中进一步扩大了党领导乡村自治的社会基础。1940年3月，中共中央发布《抗日根据地的政权问题》，实行"三三制"。晋察冀边区在党的领导下实施"三三制"的村政建设②，并组建了村民大会、村民代表会和村公所的村政权组织形式。③1945年，《陕甘宁边区乡（市）政权组织条例（草案）》颁布，提出要根据民主自治和民主集中制原则来健全边区联合政府的基层组织。1947年9月，中共中央通过的《中国土地法大纲》第五条规定："乡村农民大会及其选出的委员会，乡村无地少地的农民所组织的贫农团大会及其选出的委员会，区、县、省等级农民代表大会及其选出的委员会为改革土地制度的合法执行机关。"这些制度探索和社会实践推动了党领导的乡村自治的制度化和规范化发展。

2. 社会主义革命和建设时期党领导的政社合一形态（1949年10月—1978年11月）

新中国成立后，党通过土地改革运动和农业合作化运动改善了广大农村的社会发展条件，为村民提高民主意识和政治参与能力奠定了经济基础。关于乡村基层组织建设，政务院于1950年颁布了《乡（行政村）人民代表会议组织通则》和《乡（行政村）人民政府组织通则》，开始在城乡基层普遍建立区、乡（村）人民代表会议制度。1954年颁布的《中华人民共和国宪法》和《中华人民共和国地方各级人民代表大会和地方各级人民委员会组织法》，为乡镇政权确立合法地位提供了法律依据和制

---

① 《陕甘宁边区选举条例》，韩延龙、常兆儒编：《中国新民主主义革命时期根据地法制文献选编》第1卷，中国社会科学出版社1981年版，第194页。

② 参见张同乐：《晋察冀边区的"三三制"村政权建设》，《成都大学学报（社会科学版）》2022年第1期。

③ 参见梁丽辉、赵远、李静体：《抗战时期晋察冀边区村政权的性质及组织形式》，《学理论》2013年第32期。

度保障。1958 年，中央政治局正式通过了《关于建立农村人民公社问题的决议》，提出"人民公社是形势发展的必然趋势"。社的组织规模"一般以一乡一社、两千户左右较为合适"，有的地方"也可以由数乡并为一乡，组成一社，六、七千户左右"①。"三级所有，队为基础"的人民公社体制逐渐代替原有的乡、镇建制，成为乡村基层政权的建制形式。人民公社的全面建立标志着农村集体化运动的成功，实现了国家力量对农村社会的全面管理。这种高度集中控制的计划经济体制与身份制相结合，使农村社会呈现出"政社合一"的凝固化结构，国家的组织边界到达村社组织一级，村社组织的行政化使公社权力以前所未有的规模和深度直接渗入到乡村社会的各个角落。② 总的来看，这一时期党领导的政社合一治理形态，便于党对乡村社会进行高度的集中管理，提高了国家政权的稳定性和资源汲取能力，但这种治理形态也存在一定的局限性和隐患，亟待加以改革。

3.改革开放后党领导的村民自治形态(1978 年 12 月—2012 年 10 月)

改革开放后，现代化建设成为党和国家的工作重心。家庭联产承包责任制的推行，极大地提高了广大村民的劳动积极性，也改变了乡村社会的经济基础。人民公社体制的解体，进一步释放了乡村政治体制改革的制度空间。在这种新的政治经济条件下，1980 年，广西宜州市合寨村的村民们探索成立了全国第一个村民委员会，由此拉开了我国村民自治生长的序幕。1983 年，中共中央、国务院发布《关于实行政社分开建立乡政府的通知》，要求按照政社分开的原则按乡建立乡党委和乡政府，同时在村庄设立村民委员会，选举产生村委会主任、副主任和委员，制定村民委员会

---

① 中共中央文献研究室编：《建国以来重要文献选编》第 11 册，中央文献出版社 1995 年版，第 447 页。

② 参见［美］费正清、罗德里克·麦克法夸尔主编：《剑桥中华人民共和国史（1949—1965）》，王建朗等译，上海人民出版社 1990 年版，第 72 页。

工作简则。1987 年,《中华人民共和国村民委员会组织法(试行)》颁布,赋予了村民委员会以法律合法性,也为村民自治的蓬勃发展提供了重要的法律依据。全国各地普遍展开村民直选村委会干部的活动,村委会换届选举也被称为广大村民的"民主大训练","乡政村治"的治理格局逐步形成。①1999 年,《中国共产党农村基层组织工作条例》明确规定,党的农村基层组织是"乡镇、村各种组织和各项工作的领导核心",为党领导的乡政村治模式提供了重要的制度依据。进入 21 世纪以来,2002 年,党的十六大要求扩大基层民主,"健全村党组织领导的充满活力的村民自治"。2005 年,党的十六届五中全会将"管理民主"纳入社会主义新农村的建设要求。2006 年税费改革后,党领导的乡村治理进入支农惠农的发展阶段。2007 年,党的十七大提出要"扩大基层群众自治范围,完善民主管理制度"。特别是 2004 年至 2012 年,连续 9 个中央一号文件为新时期如何解决"三农"问题以及党如何领导村民自治指明了前进方向和具体路径。总之,这一时期我国的乡村社会普遍形成了党领导村民自治的治理格局。

4. 中国特色社会主义新时代以来的党建引领乡村治理形态(2012 年 11 月至今)

党的十八大以来,随着中国特色社会主义进入新时代,面对中国农村发展中存在的"空心化"、生态环境恶化和公共服务供给不足等问题,新时代更加强调党对乡村治理的引领和统合作用。党和国家高度重视农村基层党组织建设,强调要加快完善乡村治理机制,我国初步形成了党领导乡村治理的基本格局。2012 年,党的十八大报告指出要"更加注重健全民主制度、丰富民主形式,保证人民依法实行民主选举、民主决策、民主管理、民主监督"。2017 年党的十九大提出要实施乡村振兴战

---

① 参见张厚安:《乡政村治——中国特色的农村政治模式》,《政策》1996 年第 8 期。

略，健全自治、法治、德治相结合的乡村治理体系。2018 年中共中央审议通过的《中国共产党农村基层组织工作条例》专门设置"乡村治理"部分，为新时代党领导乡村治理提供了更加有力的制度支撑。2019 年中共中央发布实施《中国共产党农村工作条例》《关于加强和改进乡村治理的指导意见》，强调要坚持和加强党对农村工作的全面领导，推进乡村治理体系和治理能力现代化。2024 年中央一号文件强调要"加强党对'三农'工作的全面领导"。总的来看，党和国家的一系列战略部署和方针政策共同促成了党建引领乡村治理形态的形成。这一新形态要求在乡村社会实践中要着力整治软弱涣散党组织、推动村支书主任"一肩挑"并以多元共治为抓手，通过发挥农村基层党组织的政治引领和社会整合作用来形成共建、共治、共享的乡村治理共同体，从而稳步持续地全面推进乡村振兴。

（三）新时代新征程党领导乡村治理的形态飞跃

如前所述，建党百余年来，中国共产党领导的乡村治理先后存在着乡村自治、政社合一、村民自治和新时代新征程的多元共治型乡村治理四种形态。从历史演进过程看，每一种形态都是对前一种形态的改造和更替，这是党的自我革命的过程，也是党领导下的乡村治理从量变到质变的蝶变过程。这一发展变迁也使党领导的乡村治理形态呈现出明显的渐进式制度变迁特征。如果说前三种形态是党领导乡村治理的初级和中级形态，那么当前党领导下的以乡村善治为导向的乡村治理形态则是更高级的治理形态，是对以往治理形态的革新和飞跃。在比较的视野下，每一种形态的特征会显现得更加鲜明（见表 1-1）。

表 1-1　中国共产党领导乡村治理的发展历程与领导形态

时间	时期	领导体制	核心问题	领导特点	治理形态
1921 年 7 月—1949 年 9 月	新民主主义革命时期	民主政权、农民组织	动员农民参加革命	动员吸纳	党领导的乡村自治
1949 年 10 月—1978 年 11 月	社会主义革命和建设时期	三级所有、队为基础	组织农民社会管理	全面管理	党领导的政社合一
1978 年 12 月—2012 年 10 月	改革开放后	乡政村治	赋权于民民主参与	民主治理	党领导的村民自治
2012 年 11 月至今	中国特色社会主义新时代	乡镇—行政村—村民小组	治理有效乡村振兴	多元共治	党建引领乡村治理

一方面，从领导特点看，在新民主主义革命时期，党对乡村社会的进入和干预主要是为了动员农民支持并参加革命，最终取得新民主主义革命的胜利，因此这一时期的领导特点集中表现为"动员和吸纳"。在社会主义革命和建设时期，党通过人民公社体制将分散的农民变成了集聚的农民。这种特征强化了农民的聚合状态及其对公社组织的认同，"不管是通过党支部还是生产队长，每个农民都直接感受到了国家的权力"[①]。对乡村社会和农民生产生活的全面管理成为党领导政社合一的鲜明特征。改革开放后，随着中国特色社会主义民主政治进程的加快，以海选姿态呈现于世的村委会选举，成为党在乡村社会中赋权于民的重要举措，广大村民依靠党和国家赋予的民主权利依法管理村庄公共事务。党的十八大以来，随着中国特色社会主义进入新时代，在治理有效的政策导向下，以农村基层党组织为核心，形成多元共治的乡村治理格局成为党领导乡村治理的重要特征。综上所述，从领导特点的变迁可以看出，党在不同的历史时期围绕不同的核心问题和乡村社会现实制定了不尽相同的领导方针并采取了差异化的施政策略。并且，与前三种领导方式相比，当前"多元共治"的治理取

[①]　陈吉元、胡必亮主编：《当代中国的村庄经济与村落文化》，山西经济出版社 1996 年版，第 212 页。

向和领导方式更强调在新时代要加强党对乡村社会的全面领导以及对乡村社会力量的组织动员，由此形成"纵向到底、横向到边"的多元主体共建、共治、共享的乡村治理格局。

另一方面，从治理形态看，在新民主主义革命时期，党致力于在农村地区通过建立民主政权，建立农民协会等组织形式来实现党领导下的乡村自治。在社会主义革命和建设时期，党采用"三级所有、队为基础"的组织形式推动党领导下的政社合一，将党的力量全面覆盖到乡村社会的方方面面，但也存在着社会发展活力不足等问题。改革开放后，党和国家通过赋权增能，调动了广大农村群众的生产积极性。随着"乡政村治"格局的显现，乡村社会也形成了党领导下的村民自治这一更有活力的治理形态。进入新时代以来，党建引领乡村治理形态逐步形成，这一形态更加强调农村基层党组织对"三农"工作的全面领导，在注重村民自治工作的同时也将德治和法治工作纳入乡村治理的现代化进程。总之，从治理形态变迁的视角看，当前的党建引领乡村治理形态既是在前三种治理形态的基础上发展演化而来的，但同时无论是从党和国家施政意图的广度、深度还是高度来讲，这种形态也比以往任何一种形态都更能适应乡村振兴和国家治理现代化的需要，因此是百余年来党领导乡村治理的形态新飞跃。

第二节　党建引领乡村治理的基本内涵、产生背景
　　　　与主要问题

在新时代新征程中，党建引领乡村治理的基本内涵与党的自身建设、乡村治理现代化和乡村振兴等内容密切相关。党建引领乡村治理是在坚持和加强党的全面领导、巩固党在农村的执政根基、乡村社会发生深刻变化以及全面推进乡村振兴的多重现实背景中产生的。这种治理形态作为一种"现在进

行时"，也存在着一些值得关注的现实问题，需要进一步加以应对和解决。

（一）党建引领乡村治理的基本内涵

要准确而又全面地理解党建引领乡村治理的基本内涵，需要从党建引领乡村治理的本源意义、概念谱系和内在互动关系三个方面来整体把握。

首先，党建引领乡村治理包含"党建引领"和"乡村治理"两个核心词。关于"党建引领"，代表性的解释有三种，第一种认为"党建引领"强调党通过发挥领导功能、整合功能和服务功能来提升地方治理效能。[①] 第二种认为党建引领是指"通过加强党的建设，提升党的治理能力，发挥一定的治理效能，以推动基层治理的有效性和现代化"[②]。第三种认为党建引领的内涵可以归纳为"指引方向、凝聚共识""动员力量、整合资源""协调关系、服务群众"三个方面。[③] 这三种解释都强调通过党组织各项功能的发挥来提升治理效能。关于"乡村治理"，目前学界的解释有很多，可以把乡村治理理解为乡村社会中的多元主体根据法律法规和村规民约的规定对乡村公共事务进行管理，以维护并增进村民合法权益并推进乡村善治的过程。由此，可以把党建引领乡村治理的概念界定为：在乡村振兴进程中，党领导乡村社会的多元参与主体，共同依照法律法规和地方性规范管理乡村公共事务，以提升乡村治理效能并增进多元主体利益福祉的过程。

其次，从概念谱系看，"党建引领乡村治理"与当前学界提出的"党领共治""党领群议""党领群治"以及"党委统领乡村善治"的学术概念有一定联系，但也存在细微的区别。其中，"党领共治"侧重于指运用党

---

① 参见张紧跟：《党建引领：地方治理的本土经验与理论贡献》，《探索》2021 年第 2 期。

② 陈万莎、陈明明：《党建引领乡村治理体系现代化转型的实践路径——以烟台市党建示范区为例》，《探索》2023 年第 4 期。

③ 参见李辉：《迈向党委统领的乡村善治：中国乡村治理范式的新飞跃》，《探索》2021 年第 5 期。

的政治优势和组织优势整合撬动社会资源，将社会力量吸纳进基层治理中来。①"党领群议"更多是指将政党视角带入群众议事和社区协商过程中，让党处于领导和引领位置，但不干预正常的协商行为的平等对话过程。②"党领群治"强调既要保证人民群众享有广泛真实的民主权利，又要维护党组织的权威。③这三个概念都从政党与群众的关系视角来探讨党建引领基层社会治理的基本形态，但它们分别侧重于从资源吸纳、协商对话、党的领导与人民当家作主的关系三个场域来具体分析。与之相比，党建引领乡村治理更聚焦于乡村社会领域，侧重于探讨多元主体在乡村治理过程中的关系运作和实践形态。此外，"党委统领乡村善治"的本质在于以治理结构的重塑实现治理价值的回归，核心特征在于以党委统领为主线，以多元治理结构为特征，以有效治理为目标。④这个概念强调发挥农村基层党组织的统揽、统领、统筹能力以实现善治，因此可视为是"党建引领乡村治理"所努力达到的更高阶段和更理想的状态。就目前来看，我国的乡村社会还普遍处在党建引领乡村治理的阶段，正朝着党委统领乡村善治的状态有序迈进。

最后，党建引领乡村治理包含着农村基层党建与乡村治理之间的互动关系。这种互动性具体体现在：首先，要以农村基层党建来引领乡村治理。新时代新征程中的乡村治理与以往的村民自治和传统社会的乡民自治等形态的最大不同，在于它更加强调乡村社会中多元主体之间的协同共促，并形成共建、共治和共享的乡村治理共同体。这就需要在治理主体中

---

① 参见郜爱红：《构建"党领共治"的基层治理体系》，《前线》2019年第6期。

② 参见张大维：《党领群议：协商系统中社区治理的引领式协商——以天长市"1+N+X"社区协商实验为例》，《中州学刊》2020年第10期。

③ 参见杨中艳：《党领群治：十八大以来农村社区协商的经验成效与路径优化》，《社会主义研究》2016年第4期。

④ 参见李辉：《迈向党委统领的乡村善治：中国乡村治理范式的新飞跃》，《探索》2021年第5期。

明确多元主体的地位并厘清各个活动主体的职责边界。在治理主体体系中，农村基层党组织作为夯实党的执政根基的基层单元，必须通过"坚强的领导"把包括村民自治组织和乡村地域中的其他各类组织凝聚起来。这样才能使乡村治理始终拥有并依靠一个坚强有力的领导者和组织者，进而对乡村公共事务进行决断并对乡村治理的未来发展方向进行把关。因此，乡村治理的效能提升和现代化发展都离不开农村基层党组织的有效引领。其次，要以乡村治理来建强农村基层党组织。乡村治理过程中多元主体共同参与的社会现实，迫使农村基层党组织必须更加明晰自身在乡村治理共同体中的地位和作用，由此进一步强化农村党员特别是党员领导干部的宗旨意识和履职能力，更好地发挥其政治引领和示范带动等功能。乡村治理所需要的现代化管理理念，也倒逼农村党员干部特别是中老年干部必须转变管理思维，及时地更新知识体系，做到与时俱进并采用治理手段而非管控手段来开展工作。乡村治理的效能提升，也要求农村基层党组织必须有效协调好多元主体之间的关系，增强工作的协调性、灵活性和统筹处理事务的能力。因此，乡村治理现代化对农村基层党组织提出了新要求和新挑战，有助于以外因驱动的方式提高农村基层党组织自身的建设水平和能力。综上可知，农村基层党组织与乡村治理的互动关系体现在，它通过发挥自身独特的政治优势来为乡村治理指明前进的方向，而乡村治理则以问题倒逼的形式推动农村基层党组织的自我革新和自我完善，两者紧密结合、协同发展，共同推动着全面推进乡村振兴的目标实现。

（二）党建引领乡村治理的产生背景

党建引领乡村治理是在多重复杂的现实背景中产生的，具体而言，党建引领乡村治理是坚持和加强党的全面领导的必然选择，是巩固党在农村的执政根基的内在需要，是对乡村社会发生深刻变化的及时应对，也是助力全面推进乡村振兴的应有之义。

1. 党建引领乡村治理是坚持和加强党的全面领导的必然选择

"三农"工作是党的工作的重中之重，由此，坚持和加强党对"三农"工作的领导和治理，以党建引领乡村治理就成为坚持和加强党的全面领导的重要内容。在马克思主义建党学说中，党的领导权问题始终是一个重大问题。列宁指出，"国家政权的一切政治经济工作都由工人阶级觉悟的先锋队共产党领导"[①]。党领导中国百余年的乡村治理发展历程以实践成效有力地证明，只有在党的坚强领导下，乡村治理才能得到稳序发展。因此，党建引领乡村治理既是对马克思主义建党学说理论精髓的具体彰显，也是对党领导乡村治理百余年成功经验的时代延续，更是新时代新征程坚持和加强党的全面领导的必然选择。农村基层党组织既是党的组织基础，也是党的农村各项工作的领导核心。在新的时代背景下，农村基层党组织既承载着领导乡村政治、经济、文化、社会和生态文明建设的时代重任，也要对涉及农村基层群众切身利益的方方面面问题进行有效解决。因此，要持续提高"三农"工作效能，就必须将"坚持和加强党的全面领导"这一执政原则作为根本遵循，并将其贯彻落实到农村的一切工作中去，由此才能适应新时代新征程党的建设和乡村治理的现实要求。由此可见，党建引领乡村治理是坚持和加强党的全面领导的必然选择。

2. 党建引领乡村治理是巩固党在农村的执政根基的内在需要

乡村社会是党领导人民治理国家的重要场域，也是筑牢党的执政根基的基础性地域。因此，从党建系统和国家治理体系综合来看，党建引领乡村治理就成为巩固党在农村的执政根基的内在需要和关键环节。"一切为了群众，一切依靠群众，从群众中来，到群众中去"，密切联系群众是党的最大政治优势和成功秘诀。党建引领乡村治理是党践行群众路线、密切联系群众的重要途径。一是从治理场域看，乡村社会是与广大农村基层群众日常生

---

① 《列宁选集》第 4 卷，人民出版社 2012 年版，第 624 页。

产和生活息息相关的活动场域,更是党群关系的最大接触面。在这个特殊的接触面做好党建引领乡村治理工作,能够更直观更有效地获得广泛的群众好评度和衍射性社会效应,由此提升党的执政合法性,进而持续巩固党的执政根基。二是从治理方式看,党建引领乡村治理,既通过农村基层党组织这一基层组织将党中央的重大决策部署宣传并落实到乡村地域中,也能及时地将群众的意愿和需求通过党的组织链条上达至党中央,由此以"上下互动"的方式通过党的组织系统实现并加强党与农村基层群众的密切联系,增强广大村民对主流意识形态的认同。三是从治理效果看,党建引领乡村治理致力于达至乡村善治,并通过有效的治理来更好地满足广大基层群众日益增长的美好生活需要。从有效性和合法性的辩证关系看,治理的有效性能进一步提升党在农村地区的执政合法性。总的来看,党建引领乡村治理作为党密切联系群众的重要形式,是巩固党在农村的执政根基的内在需要。

3. 党建引领乡村治理是对乡村社会发生深刻变化的及时应对

乡村社会在百年未有之大变局中发生着深刻的变化,城乡发展不平衡、农村发展不充分已成为我国广大农村基层群众实现美好生活需要的关键性制约因素。虽然近些年来党和国家通过社会治理重心下沉以及治理精细化等方式,不断提高了广大村民的获得感、幸福感和安全感,但在乡村社会发生深刻变化的现实情境中仍然存在一些突出的问题亟待解决。这些深刻的变化具体体现在:一是部分村庄人口持续大量外流。2020年第七次全国人口普查公报显示,全国人口中居住在乡村的有5.09亿人,占36.11%,与2010年第六次全国人口普查相比,乡村人口减少了1.64亿人,占比下降了14.21%。[①]农村人口特别是青壮年大量外流,不仅会在一定程度上瓦解乡村治理的社会基础,也导致农村党员队伍后备力量明显不

---

① 参见国家统计局:《第七次全国人口普查公报(第七号)》,2021年5月11日,见 http://www.stats.gov.cn/sj/zxfb/202302/t20230203_1901087.html。

足。二是部分村庄的经济发展相对缓慢。党的十八大以来，我国海量资源下乡，通过精准扶贫和脱贫攻坚等惠农支农政策和措施极大地提升了农村地区的经济发展水平。但根据笔者的调研情况看，村庄经济持续发展后劲不足仍是一些乡村地区面临的突出问题，由此造成村"两委"无力提供村庄公共服务，也无法有效地开展乡村治理活动。三是部分村庄存在利益矛盾加剧、传统文化衰退、生态问题突出等问题，对农村基层党组织的治理能力和乡村社会综合治理能力提出了新要求和新挑战。在这种复杂变动的乡村社会情境中，党建引领乡村治理正是回应乡村社会发生深刻变化并有效解决乡村社会各种治理难题的应然之举。

4.党建引领乡村治理是助力全面推进乡村振兴的应有之义

我国要全面建设社会主义现代化国家，最艰巨最繁重的任务仍然在农村。当前，人民日益增长的美好生活需要和不平衡不充分的发展之间的矛盾在农村地区表现得最为突出。因此，全面推进乡村振兴是全面建设社会主义现代化国家的关键领域和基础环节。党建引领乡村治理是贯穿于全面推进乡村振兴进程中的一条主线，涉及组织、人才、文化、生态和产业等方方面面的治理。具体来说，党建引领乡村治理，一是要以提升农村基层党支部的组织覆盖和组织力为抓手，带动并辐射乡村各类社会组织，推动乡村组织振兴。二是以吸纳并培育各类乡村人才为重点，不断提升农村党员队伍的政治素养和能力，引领"一懂两爱"等人才队伍积极建设乡村，为乡村振兴提供强有力的人才支撑。三是以红色文化、社会主义核心价值观、新乡贤文化、农耕文化和优秀传统文化为文化治理方式，发挥这些文化形态在凝聚人心、教化村民和淳化民风中的积极功能，推动乡村文化振兴。四是以乡村生态环境治理为抓手，改善农村基层群众的人居环境，实现生态宜居、乡风文明，为乡村生态振兴注入活力。五是以农村党支部领办合作社为重点，通过对乡村新兴服务业、乡村特色产业、乡村休闲旅游业和农产品加工等产业的有效管理，调动村民增收致富的积极性，发展壮大村集体经济，为乡村振兴夯实产业振兴基础。可见，党建引领乡村治理涉及乡村社会方方面面的管理，有助于扎实推进乡村产业、人才、文化、生态和组织振兴，因此是全面推进乡村振兴的应有之义。

（三）党建引领乡村治理存在的主要问题

党建引领乡村治理对于我国全面推进乡村振兴并实现国家治理现代化具有多重战略价值和实践意义。然而，作为党的历史上领导乡村治理的最新形式和更高形态，党建引领乡村治理这一模式仍处在不断发展变革中，还不够尽善尽美。囿于一些内外因素，我国部分地区的党建引领乡村治理还存在以下一些突出问题：

1. 农村基层党组织自身存在着软弱涣散问题

党的十八大以来，整治农村软弱涣散党组织是党在乡村社会中的一个工作重点，并通过开展专项整治、典型示范带动等一系列活动，产生了建强农村基层党组织的良好的规模效益和社会效应，从根本上扭转了农村基层党组织弱化、虚化和边缘化等情况，为党建引领乡村治理创造了良好的社会局面。然而在调研中发现，一些偏远地区的农村基层党组织依然存在跟不上形势发展需要、亟待建强的现象①，突出表现在：一是农村党员与党组织联系不够紧密；农村党员是党组织的活的灵魂，缺乏农村党员参与的农村基层党组织将会变为一个空壳并被虚置。只有党员生活在党组织中，农村基层党组织才能因党员置身其中并积极活动而焕发出生机和活力。然而，一些地区的农村党员与党支部还存在着"两张皮"的现象。观察当前的中国农村，70%以上的农民家庭都存在"以代际分工为基础的半工半耕"家计模式，即老年父母留村务农，年轻子女外出务工。②因不在

---

① 张露露、任中平：《当前农村基层党组织建设的困境与突破》，《理论导刊》2015 年第 11 期。

② 参见贺雪峰：《中国农村家庭代际分工分析》，《学习时报》2015 年 7 月 21 日。

村而游离于党组织之外的农村党员群体，既难以及时了解党组织的发展情况和村级重大事务的制定情况，也很难得到农村基层党组织的有效管理。二是农村党员队伍的素质和能力跟不上新的时代发展需要。新时代比任何一个时期都更需要发挥农村党员群体的先锋模范作用。但是一些党员缺乏必要的觉悟和正气，"党员没有党员的样子"。同时，一些干部不能胜任现职，"说话没人听、办事没人跟"；有的则是分不清"轻重缓急"，无法解决突出问题，导致村级事务管理混乱；还有个别党组织干部受制于宗族势力的掣肘，难以实现村级事务管理的常态化。另外，根据笔者在成都市 L 村的调研，2014 年、2018 年和 2023 年的调研数据都显示出村庄党员队伍的平均年龄为 55 岁左右，并且呈现出低学历的特征。这类党员虽然治村经验丰富，但其中一些人也存在着因循守旧、不思进取的思想状态，导致党员发挥先锋模范作用的能力弱化。总之，上述种种问题导致部分农村基层党组织还难以完全满足全面从严治党向农村基层深入延伸背景下的党建新需要。

2. 农村基层党组织领导乡村治理的能力不足

一些农村基层党组织在引领乡村治理的过程中，除了自身存在的问题外，还在领导乡村治理的过程中存在一些问题。通常来说，在党链接乡村社会中，党的领导能力集中体现为社会整合力和社会服务力两种能力。其中社会整合力是党领导乡村治理中建设使命型政党的内在要求，而社会服务力是党领导乡村治理中建设服务型政党的根本要求。然而，部分农村基层党组织的"两力不足"问题表现得尤为突出：一是社会整合力不足。农村基层党组织对乡村社会各类治理资源的整合力具体体现在对村民自治组织、村庄经济合作组织（如合作社）和社会组织（如乡贤理事会）等组织及其资源的调动和协调能力。公开数据显示，"一肩挑"在我国 2021 年新一轮的村"两委"集中换届选举中占比达 95.6%，基本实现了全面推行的目标。村支书和村主任"一肩挑"为应对以往村级党组织和村委会之间存在的体制性障碍提供了解决方案,加强了农村基层党组织对村民自治组织的领导。但与党对村民自治组织的领导力加强相比,当前部分村庄的党组织对农村"两新"组织(新经济组织和新社会组织)的领导力和整合力还相对薄弱。因此,如何在没有行政权力支撑的"两新"组织中全面铺开农村基层党建工作,并有效地调动和协调"两新"组织的人、财、物等资源服务于乡村社会建设,是农村基层党组织有效引领乡村治理所面临的新难题。二是服务意识和能力不足。2014 年,中共中央办公厅印发的《关于加强基层服务型党组织建设的意见》指出,"要以服务群众、做群众工作为主要任务,以改革创新为动力,以群众满意为根本标准"来建设基层服务型党组织并提出"六有"目标。但一些农村党组织在服务群众的过程中,还没有形成具有强服务意识、好服务作风、高服务水平的领导班子,没有形成"带头服务、带领服务和带动服务"的骨干队伍,缺乏便捷议事和功能实用的服务场所,缺乏贴近群众、形式多样的服务载体,也缺乏规范化和长效化的服务机制,一些地区农村基层党建所取得的服务业绩也还不能完全获得广大农村群众的认可和满意。这些问题共同制约着党建引领乡村治理的能力发挥。

3.农村群众在乡村治理中的参与度明显不足

当前,构建"自治、法治、德治"相融合的现代乡村治理体系是全面推进乡村振兴的重要内容,也是党建引领乡村治理面临的基本任务。但部分农村地区存在着"干部干、群众看"的群众参与度不足的突出问题,具体表现在:一是在自治领域中,广大村民是村民自治的关键主体,村民委员会是村民依法行使各项民主权利的自治组织。然而,有些村委会干部依然没有跳出简单的"管、控、压"的思维泥淖,习惯于运用行政命令和固有经验来处理新时代情境中的村民自治事务。特别是在"自治行政化"的现实情境中,一些村干部的行政化管理意识和方式进一步增强,在一定程度上使"村民自治"沦为"村干部自治"。同时,村民作为最关键的自治群体,也常因对村民自治的直接民主属性认识不清、民主参与意识和能力不足,以及因存在务工成本或身体不便等，难以在村民自治活动中实现完全的民主参与。二是在法治领域中，与法治权威相对应，社会性权威是指"乡村社会在长期共同的生产生活实践中形成的较为稳定且具有较强认同感的道德权威、习惯权威、能人权威、经济权威和资源权威等"①。部分村民习惯于依靠社会性权威来处理纠纷事务，自身的法治意识和能力不强，也导致他们在法治乡村建设中的参与度不足。特别是一些村民在农村公共资源分配中惯于运用"信闹不信法""谁闹谁有利"的逻辑和策略来谋取利益，既严重扰乱了乡村法治秩序，也加重了自身在乡村法治建设中的缺位。三是在德治领域中，在一些农村地区，随着传统乡村社会的远去和道德衰落，现代市场经济观念和价值的袭来，农村社会出现了道德断层和价值真空的失序现象。乡村社会利益格局重组和社会阶层分化对村民的精神世界产生了不容忽视的影响，使他们的道德水准和价值观念发生着悄然的变化。一些村民受金钱和物质利益的诱惑而形成的庸俗价值观，也直接冲击着乡村熟人社会的伦理道德。这些现象从侧面反映出社会主义核心价值观在部分村民的内心深处尚未扎根。这类村民在乡村德治中的主体缺位，也降低了乡村治理的效能。总之，部分村民在乡村自治、法治和德治建设中的主体参与不足以及诱发的各种乡村治理困境是当前党建引领乡村治理面临的突出问题。

4.党建引领乡村治理的制度体系还需要完善

制度具有根本性、全局性、稳定性和长期性的固有属性，党建引领乡村治理离不开一套完善的制度规范体系。一方面，从党组织的制度条件看，我国农村基层党组织的制度建设已经形成了以党章为核心，以各项法律法规和规范性文件为支撑的制度体系。其中，《中国共产党农村工作条例》《中国共产党农村基层组织工作条例》等文件也为党管农村工作提供了直接的制度依据。特别是2021年中共中央印发的《中国共产党组织工作条例》第十六

---

① 杨文义：《法治乡村建设问题研究》，《河南科技学院学报》2022年第7期。

条规定要"建立健全包括组织设置、组织生活、组织运行、组织管理、组织监督等在内的完整组织制度体系，完善党委（党组）落实全面从严治党主体责任的制度"。这对新时代新征程进一步完善党建引领乡村治理的制度体系提出了新要求。另一方面，就村民自治制度体系而言，我国也已经形成一套包括《中华人民共和国宪法》《中华人民共和国村民委员会组织法》和相关地方性法规及部门规章等法律法规、中国共产党的基层组织工作规则、以村规民约为代表的乡村社会非正式规则在内的相对完备的规则体系。①同时，《关于加强基层治理体系和治理能力现代化建设的意见》《关于加强和改进乡村治理的指导意见》也为乡村治理提供了直接的制度支撑。然而，党建引领乡村治理作为发展中的治理形态，既需要制度存量，也需要制度增量来为其持续发展提供制度保障。在大数据和人工智能时代，我国现有的制度体系还难以为党建引领乡村治理工作提供充足的文本依据和制度支撑。由此，如何在变革的社会发展中特别是大数据和人工智能时代的现实情境中，对党和乡村治理的制度系统进行适时调整和不断完善，成为党建如何更好引领乡村治理面临的新问题。这就需要在持续推动制度体系发展完善的基础上对我国党建引领乡村治理的实践探索进行及时的跟踪和调研，在此基础上归纳总结制度要素以推动党建引领乡村治理的制度创新和体系完善。

第三节　党建引领乡村治理的实践创新及其基本成效

党建引领乡村治理的实践创新是各地在灵活运用马克思主义政党理论和乡村治理理论的基础上，结合本地实际和治理特色而探索出的多样化的

---

① 参见王勇：《村民自治的规范与法理——兼论村民自治规范体系的完善》，《法制与社会发展》2022 年第 4 期。

实践形式。这些实践创新形式为研究党建引领乡村治理提供了丰富的观测标本。采用多案例研究法，在中央农办、农业农村部（国家乡村振兴局）公开发布的全国乡村治理典型案例库中遴选 6 个相关案例，探讨党建引领乡村治理的实践创新及其基本成效。

（一）党建引领乡村治理的案例选择

案例研究与定量研究相比更关注那些具有"公共性、可重现性、可预期性、整体性和历时性"[①] 的社会事实。与单案例研究相比，多案例研究法的优势在于更容易增加对经验世界的多样化理解，研究结论也更准确可靠，更具普遍性意义。[②] 因此，要更好地对我国当前丰富多样的党建引领乡村治理社会实践进行观察和分析，采用多案例研究法更为合适。

自 2019 年至 2023 年，中央农办、农业农村部（国家乡村振兴局）共遴选推介了 155 个全国乡村治理典型案例。这些案例各具特色、各有侧重，是乡村治理不同方面的典型样本，为各地解决乡村治理面临的难点和痛点问题提供了具有实用性、可操作性的经验借鉴和参考。并且，中央农办、农业农村部（国家乡村振兴局）培育和选择乡村治理的典型案例，目的也是为了能够充分发挥典型案例的引领和示范带动作用，鼓励各地深入研究乡村治理规律，探索乡村治理的路径和方法，进一步完善全国乡村治理体系并促进乡村治理能力建设。这些案例为本文的理论探讨提供了宝贵的观察样本，根据案例研究的复现逻辑以及研究主题的契合性，将典型性、客观性、真实性、实用性、可操作性、可推广性作为遴选案例的标准，选择以江苏南通"'融合党建'引领乡村治理"为代表的六个典型案例作为分析样本，在对这些典型案例进行观察和分析的基础上，总结党建

---

① 　张静：《案例分析的目标：从故事到知识》，《中国社会科学》2018 年第 8 期。

② 　参见黄振辉：《多案例与单案例研究的差异与进路安排——理论探讨与实例分析》，《管理案例研究与评论》2010 年第 2 期。

引领乡村治理实践创新的基本成效。

（二）党建引领乡村治理的实践创新：六个典型案例观察

遴选江苏省南通市如东县"'融合党建'引领乡村治理"等六个党建引领乡村治理的实践创新案例作为观察样本进行分析。这些案例遍布我国各地，所使用的名称与中央农办、农业农村部（国家乡村振兴局）公布的案例名称一致，相关资料也都公开可查。其经验和做法有（见表1-2）：

表 1-2　党建引领乡村治理的典型实践创新案例

地理位置	案例名称	典型实践创新		
		坚持问题导向	建强农村党建	加强社会动员
江苏省南通市如东县	"融合党建"引领乡村治理	如何构建共建、共治、共享的乡村治理新格局	社区"大党委"工作制 完善"四级"组织链条 "队伍融合"与"双网融合"	组建联促式党建联合体、创新"四式四定"便民服务模式、建立四大课堂平台
上海市金山区漕泾镇	"网格化党建+四张清单"打通基层治理"最后一公里"	解决基层工作中任务不明确、责任不清晰、效率不高等问题	党员议事会制度、子网格长接待日制度、网格长巡查制度等、建立考核评价机制	制订"四张清单"、组建六级网格先锋工作队伍
陕西省安康市汉阴县	以"三线两化一平台"密切党群干群关系	乡村干群联系薄弱、群众参与度低、农村发展内生动力不足等	建立"三联三管强核心"工作机制、建立"三线"联系机制	"两说一商"工作机制、实行"两化"管理服务、建立村级治理平台
福建省泉州市洛江区罗溪镇	构建党建"同心圆"	解决乡村治理和发展难题	"1+1+S"党建同心圆模式、设置圆桌会议六步程序	"党建+文艺惠民"、线上线下乡村论坛、建立"一懂两爱"人才库

续表

地理位置	案例名称	典型实践创新		
		坚持问题导向	建强农村党建	加强社会动员
四川省成都市郫都区战旗村	党建引领社会组织协同治理	如何持续提升党建引领乡村治理效能、培育本村社会组织等	创新基层党组织设置方式、推行"三问三亮"党建工作制、实施"群众点评、党员互评、组织总评"工作制度	构建"多元共治＋村民自治"工作格局、搭建"一核三站"综合服务体系、开展"高校＋支部＋农户"结对共建活动
重庆市渝北区	建强"民情茶室"助力乡村善治	更好地听民情问民需解民忧，调纠纷化矛盾办实事	实行党员干部"123"遍访制度、建立村级"一核三体"运行机制	设置"红黑榜"、"积分制"、评选"星级文明户"、设立综治信息平台服务端、"一站式"现场办公

1. 江苏省南通市如东县："融合党建"引领乡村治理

近年来，如东县聚焦党建引领乡村治理，创新"融合党建"模式，主要做法有：一是组织融汇，构建联合大党委并实行社区"大党委"工作制，推行区域化共建融合；以自然村为基础，完善"村（社区）党组织—网格党支部—微网格党小组—党员中心户"的组织链条，推动党建网格与治理网格的"双网融合"；采取"企业＋村居""机关＋村居""社区＋农村""园区＋企业＋村居"等形式组建联促式党建联合体，凝聚乡村治理"强合力"。二是队伍融合，突出村党组织书记专业化、新经济组织和新社会组织党务工作者专业化的"三化协同"，深化网格员队伍与村干部队伍的"双向培养"，实施党员队伍到村居"亮身份"、在工作中"亮承诺"的"双亮行动"，由此锻造乡村治理"主力军"。三是服务融入，创新"四式四定"便民服务模式，即"一站式"定点服务、"代理式"定人服务、"菜单式"定题服务和"主题式"定时服务，提升乡村治理"满意度"。四是民心融通，以"理论课堂""草根讲堂""文艺礼堂""网络课堂"四大平台集聚民心，以身边群众、党员和基层干部三类群体中的典型事迹化育民心，以社情疏导、民主协商和诉求回应三大机制温暖民心,以夯实乡村治理的"基本盘"。总的来看,该县致力于将党的政治优势、组织优势转化为乡村治理优势,已初步构建起共建、共治、共享的乡村治理新格局。

2. 上海市金山区漕泾镇:"网格化党建 + 四张清单"打通基层治理"最后一公里"

为解决基层工作中任务不明确、责任不清晰、效率不高等问题,漕泾镇实施"网格化党建 + 四张清单"工作机制,主要包括两个方面:一方面,完善网格体系,强化人员配备。按照"就近、灵活、有效"的原则,以村居为单位将全镇划分为 14 个党建总网格,以党小组为单位划分为 89 个党建子网格,通过精准划分网格实现"小网格大融合"。由镇领导、村(居)党组织书记、村(居)班子成员、党小组长、党员骨干和 416 名网格志愿者(包括在职党员、结对单位党员、新乡贤、埭长等)组建为六级网格先锋工作队伍。另一方面,制订"四张清单",规范网格管理。一是以"责任清单"明确"干什么"。结合重点工作,罗列网格工作的 21 项责任内容和要求,将责任细化到人、量化到岗。二是以"程序清单"明确"怎么干"。制定党内重要事项决策、党员学习教育、乡村治理三项重要流程。三是以"制度清单"推动"规范干"。包括党员议事会制度、子网格长接待日制度、网格长巡查制度、主题党日活动制度、学习教育培训制度、网格日常运行管理制度等工作制度,使组织生活有章可循。四是以"考核清单"评判"干得好"。结合年度目标管理考核,对原有考核体系进行修订完善,以工作实绩为中心,科学设置考核评价体系。目前,该镇通过这项创新机制已经形成闭环协同的基层网格化党建工作体系,打通了服务群众的"最后一公里"。

3. 陕西省安康市汉阴县:以"三线两化一平台"密切党群干群关系

为解决乡村干部联系服务群众力量薄弱、群众参与社会治理积极性不高、农村发展内生动力不足等问题,安康市于 2014 年在双乳镇双乳村开展试点，探索推行"三线两化一平台"（简称"321"）基层治理模式，主要做法有：一是建立"三线"联系机制，即以党员联系群众、人大代表联系选民、中心户长联系居民三条线为纽带，搭建服务群众桥梁。二是推行"两化"管理服务。实行管理网格化，全县共划分三级网格4876个，各网格长由"三线"人员担任，实现"人到格中去、事在网中办、服务全覆盖"，以织密联系群众网络。同时，推动服务精细化，依据家庭收入水平、家庭成员类别将村民划分为放心户、关心户、连心户，由"三线"人员分别实施绿色、黄色和红色管理。三是建强基层治理"一平台"，汇聚乡村振兴合力。首先，建立"三联三管强核心"工作机制，即县级领导联镇、部门联村、干部联户，纪委监委延伸触角管住村干部权力，村财审计管好项目资金，持续扫黑除恶管住违法行为，建强支部发挥领导作用。其次，依法制定村规民约，逐村制定，逐户签约，开展评议，监督落实，强化德治发挥示范作用。再次，大力发展经济组织和社会组织，筑牢党支部统一领导，村委会、监委会和各类组织分工协作、高效运转的基层治理"战斗堡垒"。最后，推行干部说法说政策、群众说事说心声、大事要事民主协商的"两说一商"工作机制，依托院落会、小组会、村民代表会、村民大会等形式构建民事民议、民事民办、民事民管的协商格局。该村通过创新基层工作的有效载体，汇聚起推动乡村振兴的集体行动。

4. 福建省泉州市洛江区罗溪镇：构建党建"同心圆"

为解决乡村治理和发展难题，罗溪镇党委自2016年以来探索形成"1个党支部+1个党群圆桌会处事制度＋多种社会力量"的"1+1+S"党建同心圆模式。主要做法有：一是党群一体，为末梢治理聚合力；依托村民小组会议成立党群圆桌会，构建行动共同体、利益共同体和命运共同体，将党员群众和多种社会力量紧密联系起来。二是目标一致，为乡村发展找出路。该镇立足历史遗迹和自然生态优势挖掘村域资源，党群圆桌会成员采用"线上＋线下"相结合的方式建立乡村论坛，在村域策划生成特色经济发展项目 13 个，通过财政资金、政策支持和群众自愿出资出地等方式共同推动村庄发展。三是队伍一心，为家园美好育情怀。以党员为主体，以群众为辅助，以统战为纽带，通过"三会一课"，"党建 + 文艺惠民"，建设乡情服务馆、党群同心馆站和红色乡贤参事会等多种形式，引导群众与镇党委同心同德推进乡村治理工作。四是协商一道，为民主决策立规矩。基层干部依托党群圆桌会直接倾听群众意见，并按照"党群提事、征求论事、圆桌议事、会议定事、集中办事、制度监事"的圆桌六步程序处理村民小组事务，通过微信公众号、座谈会、联络群等形式报备党群圆桌会工作情况。五是创业一同，为人民群众谋幸福。通过全村统一对外招商、聚合产业发展特色，从党群圆桌会成员中遴选建立"一懂两爱"农村人才库，为乡村振兴储备人才。总的来看，罗溪镇以党群圆桌会为抓手，致力于推进党群一体，有效激活了乡村治理的神经末梢。

5. 四川省成都市郫都区战旗村：党建引领社会组织协同治理

为持续提升党建引领乡村治理的效能，战旗村探索建立"党建引领社会组织协同治理"模式，主要做法有：一是聚焦"领"字，抓好党组织建设。秉承"组织建在产业上、党员聚在产业中，农民富在产业里"的理念，在企业中设置 4 个党支部。创新推行"三问三亮"党建工作机制，即全村党员对照"入党为什么？作为党员做了什么？作为合格党员示范带动了什么？"三个问题进行自我反思，在服务群众中"亮身份、亮承诺、亮实绩"。推行"群众点评、党员互评、组织总评"工作制度，不断提升党员修养和能力。二是聚焦"治"字，抓好治理有效。构建村"两委"、集体经济组织、农业合作社、专业协会多元共治的工作格局，创新"民事民议、民事民管、民事民办"制度，规范议决公示、社会评价等六个民主议事程序，搭建"一核三站"（党群服务中心、卫生服务站、便民服务站、金融服务站）综合服务体系，实现"一门式办理"和"一站式服务"。三是聚焦"文"

字，抓好乡风文明。每年利用暑期与高校共同开展"高校＋支部＋农户"结对共建活动，组织大学生开展"1位大学生＋1户农户"进村入户活动，推广"村＋社会组织＋社工＋志愿者"模式。制定《战旗·村规民约十条》，开展"好公婆、好儿媳、好邻居"、道德之星、文明之星评选活动。通过文化礼堂、农民讲习所定期开展培训活动和文化活动，以营造良好的乡土风气。值得一提的是，战旗村在党的领导下通过引进社会组织推动乡村治理，使自身培育的社会组织也得以快速成长。

6.重庆市渝北区：建强"民情茶室"助力乡村善治

为更好地听民情、问民需、解民忧以及调纠纷、化矛盾、办实事，重庆市渝北区创新设立"民情茶室"，主要做法有：一是建好"一间室"，有话愿来说。在群众家门口设置民情茶室，成立由镇主要领导、分管领导、驻村干部、村干部组成的民意小分队，轮流在"民情茶室"听取群众意见。推行党员干部"123"遍访制度，即镇领导班子成员每月至少遍访联系村（社区）辖的1个社，驻村组成员每月至少遍访所驻村辖的2个社，村（社区）干部每月至少遍访本辖区3个社，及时听取群众意见。二是用活"一张桌"，有话引导说。建立以村党组织为领导核心、党群议事会为议事载体、村民委员会为执行主体、村民监督小组会为监督主体的村级"一核三体"运行机制。推进法律顾问入驻"民情茶室"，利用法律大讲堂、手机短信、多媒体互动、法治公益节目、以案释法等形式，提升基层法律服务水平。开展"红黑榜""积分制""茶香品德"宣讲活动，以及评选"星级文明户""邻里和谐户""文明院落"等活动，来营造向善向美的良好氛围。三是喝好"一杯茶"，有话慢慢说。"民情茶室"成员主动上门，打消群众疑虑，着力从源头上化解矛盾，汇聚群众的智慧力量。此外，还设立综治信息平台服务端，利用"9+X+N"综治信息平台、"平安渝北"App等移动终端，实现信息的一网汇聚和统一集成，通过"一站式"现场办公来形成"群众聊天—干部办理—结果反馈"的闭环机制。从整体上看，渝北区的"民情茶室"提升了党组织领导的"三治融合"的治理效果。

（三）党建引领乡村治理创新案例的实践成效

在"政党—国家—社会"的理论视阈下，党的建设、国家治理与社会发展都承载着坚持以人民为中心的发展思想。新时代新征程党建引领乡村治理的实践创新，必须着眼于解决农村基层群众最关心、最直接、最现实的难点、痛点和堵点问题，以切实满足广大农村群众的美好生活需求。以江苏南通为代表的六个典型创新案例在现代化发展进程中都属于不断破解基层治理难题的增量改革，也都获得了良好的实践成效，并被党和国家遴选为值得推广和借鉴的标本案例。在对党建引领乡村治理的实践成效进行具体评估时，我们可以结合党建水平、社会动员和群众满意度三个方面进行分析。

1.提升了农村基层党组织的建设水平

农村基层党组织是党在农村全部工作和战斗力的基础。坚持党管农村工作，重视并加强农村基层党组织建设是党的优良传统，也是新时代新征程全面推进乡村振兴必须始终坚守的一条政治红线。在我国当前的制度体系中，《中国共产党农村基层组织工作条例》《关于加强和改进乡村治理的指导意见》《中国共产党农村工作条例》等文件对坚持和加强党对农村工作的集中统一领导作出了具体要求和方向指引。2021年中共中央、国务院《关于加强基层治理体系和治理能力现代化建设的意见》又强调指出，要"把基层党组织建设成为领导基层治理的坚强战斗堡垒，使党建引领基层治理的作用得到强化和巩固"。可见，全面推进并深入实施乡村振兴战略，必须坚持和加强党对农村工作的全面领导。而要坚持和加强党对乡村治理的全面领导，必须不断提高农村基层党组织自身的建设水平。综观江苏南通等六个典型实践案例不难发现，它们共同的着力点在于通过扩大组织覆盖和加强党员队伍建设两个关键环节来持续提高农村基层党组织的建设质量，为党建引领乡村治理的效能优化提供了基础和保障。

一是党组织覆盖面扩大。组织是党的力量的重要来源，也是党的肌体的"神经末梢"。扩大组织覆盖是实现党对"三农"工作全面领导的重要条件。在实践创新中，江苏省南通市如东县坚持"网格建到哪里，党组织就覆盖到哪里"的组织设置原则，以村居合并前的自然村为基础，以 1 个自然村为 1 个网格来构建"双网融合"的管理体系，并建立"村（社区）党组织—网格党支部—微网格党小组—党员中心户"四级组织链条，这种做法推动了党建网络与治理网络在组织架构和区域布局上的无缝对接。同时，四川省成都市郫都区战旗村将"组织建在产业上、党员聚在产业中"，在企业中设置党支部，也是扩大农村党组织覆盖面的有益举措。在我国当前的乡村治理实践中，在新型经济组织和新型社会组织（"两新"组织）中设置党支部，已经成为扩大基层党组织覆盖面并提升组织力的重要途径和创新方向，有助于进一步优化组织设置并健全农村基层党组织。扩大农村基层党组织的组织覆盖和工作覆盖，为持续提升党建引领乡村治理的效能提供了有力的组织保障。

二是党员队伍建设有力。党员是党的活动主体，也是党的肌体的细胞。党的先进性要依靠全体党员发挥先进模范作用来体现，因此在党建引领乡村治理的过程中，加强党员队伍建设的关键在于培养乡村治理的"先锋队"和"主力军"。江苏省南通市如东县以"队伍融合"为支撑，选优配强引领能力强、带富能力强的"双强书记"，结合网格员队伍建设与村干部队伍建设进行"双向培养"，并实施党员亮身份和亮承诺的"双亮行动"。这种创新做法既提升了农村党员队伍的整体素质，也将后备人才纳入培育过程中，通过"队伍融合"打造了"多员合一"的乡村治理骨干队伍。福建省泉州市洛江区罗溪镇在召开党群圆桌会中，注重从会议成员中遴选懂发展、善管理、能干事、会带队的乡村人才。这种方式有助于培养农村善治型人才，进一步扩充"一懂两爱"农村人才队伍，也为农村党员队伍的新陈代谢和发展壮大提供了充足的人才储备。可见，以人才振兴来提升农村党员队伍的整体素质和治理能力，有助于切实提高党建引领乡村治理的实践效能。

2. 加强了党对乡村社会的动员和整合

党建引领乡村治理在乡村社会层面集中体现为农村基层党组织通过引导和动员等方式，推动国家资源与社会资源的整合，形成乡村社会多元共治的治理格局，进而提升乡村治理现代化水平。从江苏南通等六个创新案例可知，农村基层党组织通过建立跨域联动治理机制和多元主体协同机制来强化党对乡村社会的动员和整合。其成功的关键在于从组织架构、制度安排、文化导向等具体方面入手，加快党建引领乡村治理共同体的构建进程，从而在党的领导下凝聚起乡村治理的强大合力。

一是在组织架构方面。江苏省如东县推行区域化共建融合，组织全县25个社区党组织与驻区单位、社会组织、新兴领域党组织成立"联合大党委"，并通过"企业＋村居""机关＋村居""社区＋农村""园区＋企业＋村居"等方式将党建嵌入到乡村各类组织中。这种做法的实质是通过成立跨行业、跨地域、跨产业的党建联合体，将社会力量吸纳到党建引领乡村治理的过程中，是一种组织联合机制。陕西省安康市汉阴县着力构建"村党组织、村民代表大会、村委会、村监委会、村级经济组织、社会组织"的"六位一体"的治理平台，加强党群干群关系，是一种组织整合机制。福建省罗溪镇党委探索构建"1 个党支部 +1 个党群圆桌会处事制度 + 多种社会力量"的"1+1+S"同心圆模式来广泛凝聚党员干部群众力量，本质上是一种组织吸纳机制。这些创新做法在处理政党与乡村组织的关系中，通过联动、整合和吸纳等方式，将社会力量聚合进乡村社会正式的组织体系中，从而使社会力量借助这些更具权威性的组织平台有效参与到乡村治理过程中。

　　二是在制度设置方面。上海市金山区漕泾镇在实行"网格化党建＋四张清单"的过程中，建立了包括党员议事会制度、子网格长接待日制度、网格长巡查制度、主题党日活动制度、学习教育培训制度、网格日常运行管理制度的六项工作的制度清单，这份制度清单使党内日常管理制度与网格日常运行管理制度相结合，并由此形成一套干群之间协调联动的制度体系。同时，陕西省安康市汉阴县创新"三线"联系群众工作制度，在"党员联系群众"中通过年初承诺、日常践诺、年终评诺，对农村党员全年实行积分制管理，搭建了党组织与基层群众的桥梁。例如，在"人大代表联系选民"中，汉阴县在各村建立人大代表工作室，将每周三定为"选民接待日"，每季度召开选民座谈会来收集民意。在"中心户长联系村民"中全县由群众推选中心户长，协助镇村做好信息收集等工作，畅通群众诉求渠道。这套制度规范有效地密切了党员与群众关系。此外，四川省成都市郫都区战旗村专门设置并严格执行《村社干部管理办法》和《村社干部联系群众办法》，为党员联系群众提供了重要的制度遵循。这些创新做法的共同点是从制度体系和工作体系着手，为党建引领乡村治理提供更加完善的制度保障。

　　三是在文化导向方面。福建罗溪镇创设"罗溪讲古"特色平台，开展场景式主题宣讲，并依托镇、村文化阵地以长廊、影像、微信和抖音等方式向群众广泛传播。这种做法通过"党建＋文艺惠民"的组合形式，把古今家国故事和社会主义核心价值观用群众喜闻乐见的传统艺术形式演绎出来，既传承了优良传统文化和非物质文化遗产，也推动了乡村德治发展进程。重庆市渝北区依托"民情茶室"阵地，积极开展"和谐家风润万家"活动，同时开展"星级文明户""邻里和谐户""文明院落"等评选活动，也是采用文化育人以引导并规范广大村民的个人行为的有益尝试。此外，部分地区也以党员为主体，用红色情怀涵养党性，借助多样化的文艺表现方式，来提高对农村群众的文化感染力。总的来看，农村基层党组织采用文化治理的方式和路径，以"以文化人、乡风润村"为治理导向，通过先进典型来教育人、引导人、带动人，能够切实有效发挥德治的教化作用，从而在乡村熟人社会中营造出见贤思齐、向善向美的良好氛围。

3. 增加了农村基层群众的生活满意度

农村基层党组织对乡村治理的有效引领，关键是要以人民群众为中心，不断满足农村基层群众日益增长的美好生活需要。在新时代新征程中，党和国家强调要增强问题意识，聚焦改革发展的深层次问题和基层党建实践中遇到的新问题，以有效应对并彻底解决广大群众面临的急难愁盼问题。这对党建有效引领乡村治理提出了新要求和新内容。江苏省南通市等地主要从坚持问题导向和完善服务机制两个方面入手来展开实践探索，通过有效解决基层群众面临的现实问题并提升农村基层党组织的服务能力，切实增加了农村基层群众的生活满意度。

一是有效解决了农村群众的急难愁盼问题。坚持问题导向已经成为党领导人民治理国家的重要思路和方法。只有发现问题才能有效地解决问题，从这个角度讲，查摆问题是党建引领乡村治理过程的起点。从实践创新看，各地积极开展创新探索都是为了更好地解决自身面临的实际问题，例如，江苏省南通市探索如何构建共建、共治、共享的乡村治理新格局，上海市金山区漕泾镇为解决基层工作中任务不明确、责任不清晰、效率不高等问题，陕西省安康市汉阴县着力破除乡村干群联系薄弱、群众参与度低、农村发展内生动力不足等难题，福建省泉州市洛江区罗溪镇聚焦如何更好地解决乡村治理和发展难题，四川省成都市郫都区战旗村探索如何持续提升党建引领乡村治理效能、培育本村社会组织，重庆市渝北区则是为了更好地听民情问民需解民忧，调纠纷化矛盾办实事。这些问题的侧重点虽然有所不同，但其共性都是发生在农村基层群众身边的痛点、难点和热点问题。基层党政部门将农村群众面临的急难愁盼问题作为改革创新的出发点，在此基础上有的放矢，综合施策，从而提高了基层问题解决的精准性，也有效提升了农村群众的生活满意度。

二是创新多样化的服务群众机制。在实践中，设置并完善服务机制为提升农村基层群众生活满意度提供了制度通道和实践平台，也为有效解决农村群众的"急难愁盼问题"提供了具体的工作抓手。例如，江苏省南通市以"服务融入"为抓手，创新包括"一站式"定点服务、"代理式"定人服务、"菜单式"定题服务和"主题式"定时服务在内的"四式四定"便民服务模式，以细"治"入微服务提升了群众的幸福指数和满意指数。四川省成都市郫都区战旗村以智慧管理服务提升公共服务水平，搭建"一核三站"综合服务体系，使村民足不出村即可办理社保等116项服务内容。重庆市渝北区紧跟大数据时代步伐，将"民情茶室"纳入全区智慧化、网格化管理系统，在"民情茶室"设立综治信息平台服务端，利用"9+X+N"综治信息平台、"平安渝北"App等移动终端，以"群众智慧＋数字智慧"的双智模式来持续提升服务群众能力。这些做法以服务群众为根本导向，积极利用大数据等多种技术手段来拓展农村基层公共服务的渠道和平台，因而有效满足了农村基层群众对美好生活的需要。

总之，以江苏南通为代表的六个典型创新案例是我国党建引领乡村治理的成功实践，这些有益的创新实践提升了农村基层党组织的建设水平，加强了党对乡村社会的动员和整合，也有效增加了农村基层群众的生活满意度。这些创新实践对我国持续创新党建引领乡村治理的重要启示意义体现在，要从农村基层党组织自身的建设水平入手，通过加强政治引领和社会动员整合，来有效提升乡村治理绩效并切实维护和实现广大农村群众的利益福祉。在具体的推进过程中，可以从组织覆盖、党员队伍建设两个方面来提升党的自我建设能力，从组织架构、制度设置和文化治理等方面来加强党对乡村社会的动员和整合，从问题导向和创新服务机制等方面来精准解决农村基层群众身边的痛点和难点等问题。在下一步工作中，从这些关键控制点入手，将会更有效地提升党建引领乡村治理的整体效能。

第四节 迈向乡村善治中党建引领乡村治理的发展路径

党的十九大报告指出，要"不断增强党的政治领导力、思想引领力、群众组织力、社会号召力，确保我们党永葆旺盛生命力和强大战斗力"。党的二十大报告进一步总结性地指出："走过百年奋斗历程的中国共产党在革命性锻造中更加坚强有力，党的政治领导力、思想引领力、群众组织力、社会号召力显著增强。"新时代新征程在乡村善治的目标引导下，党建引领乡村治理的发展完善，关键是要不断提高农村基层党组织对乡村治理的"引领"能力，这就需要以"四力"为抓手，通过政治引领、思想引领、组织引领和社会引领四个方面来整体推进，从而在更高水平上全面推进乡村善治。

（一）坚持政治引领，为迈向乡村善治指明前进方向

方向是影响党建引领乡村治理发展的全局性问题。方向正确，党建引领乡村治理则有序前进；方向偏移，党建引领乡村治理将收效甚微甚至误入歧途。在新时代新征程中，实现乡村治理现代化和乡村善治，是党建引领乡村治理的目标和发展方向。从党和国家整体规划的实现路径看，至少有三条同向同行的基本途径：一是建立健全党委领导、政府负责、民主协商、社会协同、公众参与、法治保障、科技支撑的现代乡村社会治理体系；二是建立健全党领导的"自治、法治、德治"相结合的乡村治理体系；三是社会治理重心下移，构建共建、共治和共享的乡村治

理共同体。这三条路径的共同目标是持续提升乡村治理效能以达至乡村善治，从而为全面推进乡村振兴和国家治理现代化奠定良好的发展基础。从政策属性来看，这些普惠于民的公共政策和制度安排具有公共物品的属性，具有消费的非竞争性、非排他性和效用的不可分割性，因此很难由村民个体来提供。对一个普通村民而言，他作为乡村公共事务的重要参与者，常常由于自身的知识储备和素养不足而难以跳出谋求个人私利的窠臼，很难从乡村社会的整体规划和长远发展角度对当前的乡村治理进行方向把控。事实上，现实情境中的部分村民常因能动性不足、乡土情结淡化、组织观念薄弱，也很难有效参与到乡村治理的活动中，也无法对整个村庄进行长远谋划。历史和实践已经告诉我们，百余年来中国乡村治理的发展变迁以及获得的重大成就，都离不开中国共产党的坚强领导。由制度经济学原理可知，"如果诱致性创新是新制度安排的唯一来源的话，那么一个社会中制度安排的供给将少于社会最优。国家干预可以补救持续的制度供给不足"①。因此，在国家治理体系中，只有由党对"三农"工作进行有效的干预和领导，并由党的农村基层组织具体承担政治引领和方向引导等功能，才能真正带领广大村民在未来的乡村治理现代化和乡村振兴进程中全面实现乡村善治。

政治之于政党，是统帅和灵魂。政治引领力是政治领导力的基本内容，强调要在治理过程中由党来把控方向性、原则性和根本性的问题。未来在乡村治理中要坚持并强化党的政治引领，就需要持续确保农村基层党组织对"三农"工作的领导核心地位，在乡村社会方方面面事务的治理中始终做到总揽全局并协调各方。这就需要在党建引领乡村治理的过程中做到两个方面：一方面，农村基层党组织在引领乡村治理中必须坚守政治

---

① ［美］罗纳德·H.科斯等：《财产权利与制度变迁——产权学派与新制度学派译文集》，刘守英等译，格致出版社、上海三联书店、上海人民出版社 2014 年版，第 275—276 页。

定位，增强"四个意识"、坚定"四个自信"、做到"两个维护"。农村基层党组织要时刻对照党的各项规章制度查摆自身的问题，努力杜绝并克服自身出现理想信念不坚定、政治目标不清晰以及软弱涣散战斗力不强等问题。对此，加强党员领导干部的管理和党员队伍建设，提高农村基层党组织对乡村治理的全面把控能力和引领能力是增强党的政治引领力的重中之重。另一方面，农村基层党组织要在链接乡村社会中切实发挥引领社会并协调各方的能力，为乡村社会中的各类组织确定发展方向并进行统筹治理。农村基层党组织需要将全国统一之规与本地实际情况有机结合起来，从乡村的政治、经济、文化、社会和生态环境等具体方面入手，通过自身政治优势、组织优势和资源优势的发挥，因地制宜地吸纳各类组织参与到乡村治理中来。同时，指导村民自治组织、乡村经济组织和乡村社会组织等各类组织的发育成长，统筹并协调各类组织的目标设置、资源调配和公共服务等事项，由此确保多元主体朝着乡村善治的目标共同持续努力。总之，在新时代新征程中要实现乡村善治，首先离不开农村基层党组织对乡村治理的政治引领，而农村基层党组织的政治引领则通过整体规划和协调把控为迈向乡村善治指明了前进的方向。

（二）坚持思想引领，为迈向乡村善治注入精神动能

思想是行动的先导，也深刻影响着行为主体的价值判断。用正确的思想武装头脑，才能为符合社会规范的个人行动提供更为深层的精神来源。坚持思想引领，对新时代新征程党建引领乡村治理提出的新要求具体体现在以下两个方面：

首先，要持续提升全体党员的思想道德水平。例如，在制度体系中，《中国共产党章程》第三条把"发扬社会主义新风尚，带头实践社会主义核心价值观和社会主义荣辱观，提倡共产主义道德，弘扬中华民族传统美德"作为党员的八项义务之一加以规定，这事实上已经将思想道德引领

作为党员发挥先锋模范作用的重要内容。同时，《中国共产党廉洁自律准则》和《中国共产党纪律处分条例》为全体党员划定了道德高线和纪律底线，将党员的道德自律和制度他律紧密结合起来，要求全体党员要树立崇高的道德目标并严守纪律底线。这就要求在党建引领乡村治理中，农村党员要以党的各项规章制度为根本遵循，努力提升自身的思想道德水平，自觉担负起共产主义道德、中华民族传统美德、社会主义核心价值观的弘扬者和示范带动者角色，由此为党建引领乡村治理注入源源不断的思想活水。

其次，要更加注重培育农村党员队伍的优良作风。优良作风是先进的思想道德水平在主体行为维度的外在体现。加强农村党员作风建设，需要在监督、问责、执纪三个关键点下功夫。一是以营造监督氛围来加强作风建设。基层纪检监察机关要准确把握新时代新征程全面从严治党的精神实质和工作要求，坚持抓早抓小，继续打好党风廉政建设和高压反腐的持久战，有效发挥各种监督方式的制约功能，以营造风清气正的党内政治生态。二是以强化严格执纪来加强作风建设。党的十八大以来，随着作风建设的不断发力，党内政治生态形势向好，一些作风顽疾得到了有效的整治。但是，在一些地区和部门依然存在着执纪"宽、松、软"等问题。对此，必须建立一支严格执纪、精准执纪、公正执纪、本领过硬的基层执纪队伍，促进优良党风在乡村社会的培育和传承。三是以强化从严问责来加强作风建设。坚持以零容忍的态度惩治农村腐败，纠正损害农村群众利益的不正之风，整体推进"不敢腐、不能腐、不想腐"的机制向农村社会深度延伸，以达到全面覆盖、常态长效的问责效果，由此在乡村社会中以优良党风带动家风、民风、社风持续向上向善。

根据上述整体思路，在党建引领乡村治理中要持续坚持思想引领，需要从以下两个具体方面做起：

一方面，要持续将党员的思想道德教育工作落到实处。这需要通过多样化的学习方式和实践方式，把理论教育、业务培训和实践锻炼有机结合起来。在基层党员干部培养中，要有意识地将重点培育的农村后备党员干部放在环境更复杂、条件更艰苦和任务更繁重的工作中，以更快提升他们的政治素质、思想道德素质、作风素质和业务实操能力。同时，在农村党员队伍中树立先进模范，查找后进典型，形成正向激励和负向鞭策的双重激励作用，在党员队伍中形成自觉提升道德修养、先锋模范带动的积极氛围。此外，在实践中可以借鉴推广四川省成都市郫都区战旗村创新的"三问三亮"工作法，让全体党员对照"入党为什么？作为党员做了什么？作为合格党员示范带动了什么？"的问题来时时进行扪心自问，以加强自律来提高党员的思想道德素养；在群众工作中以"亮身份、亮承诺、亮实绩"的方式倒逼党员不断提高思想品德修养和业务能力；最后通过"群众点评、党员互评、组织总评"的工作制度，推动党员的思想道德教育工作走向精细化和可量化，最终真正落实到每个农村党员的具体行动中。

另一方面，要持续提升农村党员作风建设的实效。除了形成监督、执纪、问责的长效工作机制以外，还需要注重挖掘并借鉴各地的创新做法，为提高党员作风建设实效提供更鲜活的经验素材和更有效的实施路径。例如，在村级监督问责中，浙江省金华市武义县后陈村在探索村务监督的过程中积累了宝贵的"后陈经验"。① 该村自 2004 年成立全国首个村务监督委员会以来，着力把权力关进制度的笼子里，通过强而有力的监督、执纪和问责，实现了连续 16 年 "干部行使公权力零违纪、村务事项零上访、工程建设零投诉、不合规支出零入账"。2020 年以来，随着 "一肩挑" 的大规模实施，后陈村就如何加强源头管理、提高监督效能等问题进行深化

---

① 2010 年，"后陈经验" 这一制度创新被写进《中华人民共和国村民委员会组织法》，2019 年又被写进《中国共产党农村基层组织工作条例》《中国共产党农村工作条例》。

探索，在村庄决策中严格落实村务联席会议的集体研究制度，在执行中依照制度流程进行全程监督。目前，后陈村所在的金华市又从加强党的领导、加强村监委建设、推动监督力量下沉、规范村级权力运行、拓宽群众监督渠道、建立健全执行机制等六个方面对"后陈经验"予以集成升级，进一步完善了党组织领导下的村级民主管理和监督机制。① 新时代"后陈经验"的核心是权力受到约束和监督，基础是村务全面公开，实质是群众有效监督，致力于以强而有效的公开监督推动形成党员良好作风和村庄良好风气的乡村治理局面。此外，甘肃省临潭县为破解"一肩挑"后能力不足、监管乏力和激情减退等问题，通过强化教育培训、强化监督管理和强化激励约束进一步规范村级权力运行机制，完善教育监督管理体系，也打造了一支想干事、能干事、会干事、不出事的"带头人"队伍。这些经验做法值得借鉴。总之，在新时代新征程中，只有通过多措并举不断提高农村党员队伍特别是领导干部的道德水准和作风水平，才能确保农村基层党组织在乡村治理中具有坚强的思想引领力，进而为迈向乡村善治积蓄稳定持久的精神动能。

（三）坚持组织引领，为迈向乡村善治筑牢坚实基础

重视基层组织建设是马克思主义政党的鲜明特征。从历史来看，1922年 7 月，中国共产党的第一部章程就强调基层组织的重要性，提出"各农村、各工厂、各铁路、各矿山、各兵营、各学校等机关及附近，凡有党员三人至五人均得成立一组，每组公推一人为组长，隶属地方支部"②。到改革开放前，我国绝大多数的行政村都建立了党支部。1986 年 2 月，中共中央组织部印发《关于调整和改进农村中党的基层组织设置的意见》指出

---

① 参见杨林聪：《历久弥新的"后陈经验"》，《金华日报》2021 年 4 月 3 日。
② 中共中央文献研究室、中央档案馆编：《建党以来重要文件选编（1921—1949）》第 1 册，中央文献出版社 2011 年版，第 164 页。

"乡（镇）办企业、跨村、跨乡、跨县的经济联合体、村办企业或行政村内的经济联合体有党员三人以上的可建立党支部或党小组，党员人数不足三人以上的可建立联合党支部"①，这对农村基层党组织的设置方式提出了更加灵活的要求。从统计数据看，行政村一级的基层党组织覆盖率在20世纪80年代后期出现了较大程度的提升，在1993年更是达到99.02%，之后一直稳定在99%以上的高位水平，到2010年全国范围内只有不到200个行政村未实现党组织覆盖。② 当前，党在广大农村地区已经基本形成"纵向延伸到底、横向覆盖到边"的党组织覆盖体系，是党持续提升群众组织力的基本载体，也为党建引领乡村治理提供了重要的组织保障。

党在乡村治理中的组织引领具体体现为以党的组织体系为抓手提升党在乡村社会中的影响力、号召力和凝聚力，由此推动乡村社会的共建、共治、共享。在新时代新征程中，要以组织覆盖和工作覆盖为重点来提升党在乡村治理中的组织引领能力。

一方面，要因地制宜地创新党的组织覆盖体系。在我国的乡村实践中有两种典型模式可供参考：一种是江西"分宜模式"，主要做法是对行政村党支部设置进行"上提"。在党员人数50人以上的行政村建立党总支，超过3名党员的村小组或单独或联合建立党支部，同时在产业（行业）、协会上建立党小组，由此将党建触角延伸到村小组和村庄社会组织中。③另一种是广西"宜州模式"，主要做法是在自然屯建立"党群理事会"，在有3名以上党员的自然屯，通过屯级村民大会选举1至2名德才兼备、群众威望高的农村党员代表以及4至5名群众骨干代表（如退伍军人、经济

---

① 中共中央组织部：《中国共产党组织工作辞典》，党建读物出版社2001年版，第558—559页。

② 参见徐明强、李戈：《组织覆盖与农村基层党组织建设的历史经验——基于中国共产党百年历程的考察》，《华中农业大学学报（社会科学版）》2021年第4期。

③ 参见张文耀、曾民君：《江西分宜：党建触角延伸到村小组》，《江西日报》2013年4月11日。

能人、老教师、退休干部、老模范等），共同组成屯级党群理事会，负责商议解决屯内的各项公共事务。^① 这两种方式都旨在通过党建单元下沉以及横向社会联合的形式，来扩大基层党组织在乡村地域中的组织覆盖以及持续加强基层党组织联系群众的能力。

另一方面，要灵活采用多种工作方式实现工作全覆盖。目前，我国各地已经探索出多种多样的"党建+"组合形态来开展具体的党建工作，例如"党建+合作社""党建+商会""党建+乡贤理事会""党建+商会+合作社"等组合形式。农村基层党组织把这些形式作为具体的工作抓手，对乡村社会的方方面面事务进行有效治理。此外，随着大数据和人工智能时代的来临，有部分地区也积极探索"互联网+党建""智慧党建""人工智能+党建"等工作方式。例如，在"人工智能+党建"模式中，人工智能可以通过"大数据+深度模型""党员数据精准画像引擎""深度学习系统"等方式汇聚党员基础数据、收集党员在学习中的发言及其他信息，提高基层党建工作的效能。^② 在实践中，河南省长垣市探索创新"党建+大数据+全科网格"的服务管理工作模式，着力构建一网遍布全域、一图感知全面、一键了解全局、一智联动全体的"四个一"智慧化网格治理体系，不断推进基层治理能力的现代化。未来随着人工智能、大数据、物联网等数智技术在乡村社会中的广泛应用，需要继续探索更加丰富多样的数字智能技术赋能农村基层党建的工作形式，以提升农村基层党建的组织引领力来助推乡村善治。

（四）坚持制度引领，为迈向乡村善治提供有力保障

党的十八大以来，党中央着眼于党的组织制度建设的体系化、法制化

---

① 参见徐明强、许汉泽：《村落复权、政党拓展与耦合调整》，《华南农业大学学报（社会科学版）》2018 年第 5 期。

② 参见翟晓舟：《"人工智能+党建"为党的建设助力赋能》，《学习时报》2019 年 9 月 9 日。

和长期化发展，提出了一系列制度治党的思想内容和制度安排，例如"权力进笼论"与制度反腐、思想建党和制度治党相结合、依规治党与党内法规体系建设以及新时代党的组织路线及其制度建设等，使制度治党迈向了新的发展阶段和更高的治理水平。在制度体系建设中，我国先后两次集中大规模清理党内法规和规范性文件，采用废止、宣布失效、继续有效等方式，对不合时宜的文件和条款进行清理淘汰，使"臃肿"的党内法规体系成功实现了快速"瘦身"。同时，根据现实需要对《中国共产党章程》等一批党内法规进行修订和完善，并颁布了《中国共产党农村工作条例》等一批全新的党内法规和规范性文件。目前，我国已经形成了以党章为核心、党的各项具体制度构成的多层次、立体化的党内法规制度体系，宛如一座"金字塔"。其中，《中国共产党章程》处于塔顶；第二层是党的基本制度；第三层是包括党的公示制度等各项具体的规章制度。[1] 关于制度治党，党的十九大报告指出"必须以党章为根本遵循，把党的政治建设摆在首位，思想建党和制度治党同向发力"。这要求在具体推进党建引领乡村治理工作的过程中，既要坚持思想引领，也要注重制度引领。

在党建引领乡村治理的过程中坚持制度引领，既是党中央制度治党思想在乡村地域中的贯彻落实，也因制度本身具有的根本性、全局性、稳定性和长期性等特性而为乡村治理提供了更加有力的制度保障。党建引领乡村治理的"制度引领"有两条具体的实施路径：

一是要以乡村党内法规引领其他社会规范，并发挥不同制度体系的协调联动功能。具体而言，在国家层面，我国已经形成党规党纪与法律法规相衔接、相配合的良好互动格局。这种制度联动的治理思维也可以运用到乡村地域中，由此，农村基层党组织在"制度引领"的过程中，也要将党

---

[1] 参见任中平、张露露：《制度、执行与环境：依规治党落实到位的过程分析》，《长白学刊》2016 年第 5 期。

的各项农村工作规范与国家法律法规的涉农条例紧密结合。这就要求在制度引领中，既要注重根据现实条件对党的有关农村工作的各类规章制度进行适时修订并及时颁发新的制度规范，也要注重在乡村地域中实现党的制度体系与国家法律体系相衔接，由此形成两套制度体系在党建引领乡村治理中的相互配合、有效衔接。此外，就两套制度体系而言，由于党内法规体系的作用对象是全体党员，而国家法律体系的实施对象是中国公民，因此党规党纪与法律法规相比要求更严，这种制度属性也能确保党内法规在乡村地域中对其他社会规范切实发挥制度引领和对照的功能。

二是要及时总结各地实践中的制度创新做法，进一步完善党的自我革命制度规范体系，更好发挥制度引领功能。例如在民主协商中，广西贵港市在探索农村"一组两会"（党小组、户主会、理事会）协商自治机制中，研究制定《"一组两会"协商自治章程》并建立《党小组工作制度》《户主会工作制度》《理事会工作制度》和《村民民主监督制度》四项配套制度。在民主监督中，浙江省金华市武义县在总结后陈村制定的《村务管理制度》和《村务监督制度》两项制度的基础上，又出台了县级的《村务监督制度》《村务监督工作十法》《武义县村务村级事务工作流程（试行）》等制度，并积极推动省级地方标准《村务监督工作规范》的正式发布，金华市于 2020 年又出台了《关于坚持和深化新时代"后陈经验"的若干意见》。此外，在数字智能技术赋能乡村治理中，浙江省象山县探索建立"村民说事"数字平台，制定出台《"村民说事"监督规范》《农村小微权力清单规范》《镇村法律顾问一体化服务规范》《村民诚信指数评价规范》等一系列标准化的实施规范。总的来看，这些实践探索都取得了丰硕的制度性建设成果，也是新时代新征程提高农村基层党组织制度引领能力的有益探索，有助于以制度引领持续全面推进乡村善治。

综上所述，在中国式现代化进程中，要持续完善党建引领乡村治理，需要以乡村善治为目标，从坚持政治引领、思想引领、组织引领和制度引领四个方面具体入手，为稳步迈向乡村善治进一步明确前进方向、注入精神动能、筑牢坚实基础并提供有力保障。这四个方面紧密联系，相互贯通，只有继续坚持并增强四个维度的引领功能，使之相辅相成，才能为迈向乡村善治提供更加坚强有力的领导力量。

第二章　农村基层群众自治

农村基层群众自治是我国基层群众自治制度的重要组成部分，其发展成效直接关乎中国特色社会主义民主政治的现代化进程。同时，在党领导的"自治、法治、德治"相结合的乡村治理体系中，自治是基础。根据党和国家的战略安排，无论是发展全过程人民民主，还是全面推进乡村振兴，一个关键的突破口即在于不断完善党领导的村民自治机制。本章以"村民自治"这一农村基层群众自治制度为观察点，首先探讨村民自治的历史演进、理论反思和发展趋势，其次基于四川省的田野调查对村民自治的实践形式进行分析，然后采用比较研究法对村民自治的实践形式展开多案例研究，最后探讨大数据时代和全过程人民民主理论视阈下村民自治的发展形态及优化路径。

第一节　村民自治的历史演进、理论反思与发展趋势

村民自治是观察我国农村基层群众自治的重要窗口，也是基层民主和基层治理的重要内容。自 1980 年广西宜州合寨村诞生全国第一个村委会开始，我国村民自治已经走过了 40 多年的风雨历程。集党的领导和人民首创精神于一体的村民自治不断发展演进，极大地促进了广大农村地区的经济发展和社会进步，在新征程中又承载着夯实全过程人民民主和乡村振

兴之基的时代重任。本节从历史演进、理论反思和发展趋势三个方面对村民自治的发展情况进行整体把握。①

（一）村民自治的历史演进

列宁指出，"发展是按所谓螺旋式，而不是按直线式进行的；发展是飞跃式的、剧变式的、革命的"②。村民自治作为改革开放后党领导基层群众进行的伟大创造，其发展历程也不是一帆风顺的，而是在曲折中不断发展演进的。四川省被誉为"中国基层民主的试验田"，以四川省为例来考察村民自治的发展历程。

1. 民主选举的蓬勃兴起与曲折演进

改革开放尤其是 20 世纪 90 年代末以来，由基层群众首创并得到党和国家认可的村民自治制度得到了长足的发展。总的来看，四川省的村民自治实践经历了先试点后推广、纵向延伸、横向拓展和发展步入瓶颈期四个历史时期。

（1）村民自治发展初期：由个别试点成功向全省推行

1987 年《中华人民共和国村民委员会组织法（试行）》通过后，四川的广大村民与其他各地的农村群众一样，一同踏上了民主自治之旅。在具体操作方面，四川省人大、省政府决定先选取试点，成功后再进行全面推广。于是，1988 年 3 月，四川省开始在内江市市中区椑木镇和自贡市荣县成佳镇进行试点。同年 4 月，四川在试点成功的基础上，又以各县为基点，分别选取若干或十几个村进行推广。其中，彭山县还被民政部授予了"全国村民自治示范县"的荣誉称号。到了 1991 年 5 月，四川开始在全省范围内全面启动村民自治，这样一来，通过这一个个"试点"的辐射作用，

---

① 本节内容可参见任中平、张露露：《新时代基层民主选举与民主治理的均衡发展——以四川省基层民主发展的路径演化为例》，《探索》2018 年第 6 期。

② 《列宁选集》第 2 卷，人民出版社 2012 年版，第 423 页。

带动了全省村民自治的蓬勃发展。

（2）村民自治纵向延伸：全国第一次乡长直选

在村民自治蓬勃发展的社会氛围中，在 1988 年至 1989 上半年这段时间内，四川省的一些地区，例如达县、南充等地区的部分县市还勇于创新，进行了"公推公选"①乡镇党政领导干部的实践探索，掀起了农村基层民主发展的新高潮。1998 年底，四川省遂宁市步云乡进行了全国第一次乡长直选。这是我国基层民主选举的一个成功案例，为农村基层民主探索出了新的发展空间。此外，在 2001 年底换届选举时，步云乡又重新对直选方案进行了设计，实现了它与现行法律的相互对接。然而，受制于诸多现实因素，这项改革实践到 2004 年底再次开展时，便悄然终止了，轰动一时的乡长直选最终成了"昙花一现"。

（3）村民自治横向扩展：公推直选村党支部书记

村民自治的快速发展，使广大农民提高了民主意识，锻炼了民主参与能力。这对同样需要直接面向广大村民的村支书的产生方式也提出了新的挑战。1998 年 3 月，四川省委总结了巴中地区党支部公推公选的实践经验，提出在全省范围内普遍对农村基层党组织负责人，尤其是对村支书的选举要实行公推公选和公推直选。1999 年 2 月，中共中央颁布实施的《中国共产党农村基层组织工作条例》，又为改革村党支部书记的选任方式提供了文本依据。成都市新都区在 2004 年率先完成了全区 299 个村支部书记的公推直选工作。据悉，该年四川全省通过公推直选方式产生的村党支部书记一共有 41387 个，占总数的 74%。到了 2005 年 8 月，省委组织部决

---

① 这里的"公推公选"与下文提到的"公推直选"，是对基层党组织负责人选任方式进行改革探索的两种具体模式，是将过去的党委直接提名和委任方式改为在党组织领导下，通过党员个人的自我推荐、党员群众的联名推荐、党组织的推荐产生候选人，然后再依法举行选举或组织任命。两者的区别主要在于，一般来说，"公推公选"是党员代表选举党委书记，而"公推直选"则是全体党员直接差额选举党委书记。因此，"公推直选"的民主化程度较之于"公推公选"更高一些，改革的力度也更大一些。

定，除民族地区以外，全省各乡（镇）、村和街道，以及社区的党组织负责人，原则上都要按公推直选的方式产生，这有力地推动了农村基层民主的横向发展。需要指出的是，21世纪初，在大范围进行"公推公选"村支部书记的浪潮中，四川省先后又在达县、南充、巴中、遂宁、眉山等地的一些乡镇进行了公推公选乡镇党委书记的改革，这是村民自治实践的辐射效应，也掀起了农村基层民主发展的新高潮。

（4）村民自治步入发展瓶颈期：难以深化甚至回归传统

进入21世纪以来，如前所述，四川由村民自治带动的基层民主选举热潮在体制外向上突破遭遇挫折之后，继而转向党内民主领域寻求新的发展。在2002年到2008年这一时期，在我国其他地区的基层党内民主选举探索中，比较有名的还有山东省乳山市的直接选举镇党代表和直接选举镇村两级基层党组织负责人等创新实践。但从全国各地的试点情况看，这一时期党内基层民主的制度创新主要集中在民主选举环节，其他环节的发展跟进不足，致使原有的试点难以继续深化下去，甚至出现了回归传统的迹象。

从整体看，村民自治也逐渐步入发展瓶颈期，究其原因：一是由于长达几千年的中国传统政治文化历来缺乏民主基因，在民主根基薄弱的广大农村地区开展"民主选举、民主协商、民主决策、民主管理和民主监督"的民主大训练，本身就是一个长期的过程。二是在急速推进现代化的进程中，国家基于对社会稳定的战略考量也注定基层民主的横向拓展和纵向延伸只能局限在一定的社会范围内。三是现有法律制度对基层民主发展的刚性约束也使基层民主的发展受到了制约，因而由村民自治向上延伸而出现的乡长直选只能是"昙花一现"。四是在村民自治的民主选举过程中出现的诸如贿选拉票、宗族势力的操纵等种种乱象，也破坏了民主选举的形象，降低了民主选举的质量。五是自20世纪90年代末以来，迅猛掀起的城镇化浪潮对乡村社会结构的强烈冲击，造成了我国中西部一些农村地区的"空心化"，使村民自治陷入了"无人选举"的荒凉境地。这些制约因素共同决定了村民自治只能在曲折中艰难前行，并迫切需要在新的社会条件下寻求新的发展路径。

2.民主治理的应运而生与创新探索

城镇化进程中农村社会结构的变化，是推动我国村民自治从民主选举走向民主治理①的基本动因。同时，从村民自治自身发展的内在逻辑来看，为了深化和巩固改革开放以来的既有成效并实现持续发展，也迫切要求村民自治的发展路径必须实现一个战略性转换，即从民主选举继续推进到民主治理。因此，自21世纪初以来，四川省村民自治实践的侧重点也开始从民主选举向民主治理实现战略性转换，并在实践中广泛开展了多种形式的乡村治理探索。

（1）村级治理：积极探索村民自治有效实现形式

四川省村级治理的实践创新有两种典型形式，一种是成都市全面构建新型村级治理机制，另一种是都江堰市创新农村社区基层社会治理模式。

其一，成都市全面构建新型村级治理机制。2008年，成都采纳了邛崃、彭州、都江堰等地农民群众首创的村民议事会，提出构建以村民议事会为突破点的新型村级治理机制，并于2009年在全市铺开。其主要做法有：一是将村民议事会分为村、组两级。组一级的议事会成员采用村民直接选举方式，村一级的议事会成员从村民小组议事会成员中选举产生，实行结构席位制。村民议事会在村民会议或村民代表会议的授权范围内行使权利，是村级常设的决策机构。二是村委会职能被调整为政府下移公共服务和社会管理的承接者，以及村民议事会和村民（代表）会议的执行者。三是优化民主决策机制、村务监督机制和集体经济组织经营管理机制等村

---

① "民主治理"是学界的一种惯用表述，是指在"五个民主"中除了民主选举之外的后续环节，具体包括民主协商、民主决策、民主管理和民主监督四个环节。由此，"五个民主"即包括民主选举和民主治理。

级自治运行机制。四是使村党组织的领导方式从决策者、执行者变成了领导者、监督者，从事无巨细管理转变为管方向、定规则、强监督。这种实践探索较好地解决了由村庄"空心化"带来的村民自治难落实的问题，意味着广大村民收回了原来赋予村委会的决策权，使广大村民在村庄公共事务中真正确立了主体地位。

其二，都江堰市创新农村社区基层社会治理模式。都江堰在农村社区实行院落自治，并形成了一套有效的基层治理体系。具体来说，一是按50—100户为单位划分院落网格。采用就近原则，依托集中居住区对散居院落进行统一管理。对整合后在10户以下的散居点，设置农户互助小组。二是突出群众主体地位。社区群众通过民主选举成立院落自治管理委员会，以农村环境综合治理为牵引，强化社区群众的主体地位，把群众组织起来参与农村集体公益事业。三是实行"院务公开"，对社区干部进行作风考评，对住户的卫生责任区的管理情况进行评比公示，由此增强了农村群众参与社区治理的责任感。四是运用"四自管理"机制，即在院落党小组的指导下按照"相邻组合"的原则建立院落自治管理委员会，制定院落自治章程，通过召集群众民主议事，实现院落居民自治。这种以村落、院落为基本自治单元的创新实践，打破了村、组的行政界限，实现了资源的最优组合，促进了村民自治的有效落实。

（2）协商治理：大胆创新基层协商民主制度体系

四川省比较典型的案例是彭州市构建基层社会协商对话制度体系。彭州市于2013年3月开始了基层协商民主的实践探索。它的做法主要有：其一，构建多层次的协商民主制度体系。它以市、镇、村为基础，搭建了"三级"联动平台。在市级和乡镇一级，分别依托市社会协商对话联席会议和乡镇协商会等社会协商对话平台，来处理基层社会中面临的突出问题。在村一级，以村民议事会为对话机制，增加其协商功能，强调会前、会中和会后协商，强调会后监督。其二，构建六项有序运行机制，即议题

征集机制、议题审查机制、成果应用机制、利益协调机制、信息交流机制
和考核评价机制。

该实践创新的意义体现在：一是弥补了现有协商制度在村与区县之
间存在的空白，从而构成了覆盖全部基层社会的民主协商对话制度体系。
二是满足了广大基层群众要求开展协商对话、参与各项公共事务的迫切愿
望。三是采用科学严密的程序规范，以基层协商对话平台为载体，将日益
增多的社会矛盾化解在基层，解决了社会治理重心下沉的问题，维护了基
层社会的和谐与稳定。

总之，这些丰富多样的民主治理机制和治理形式，在表达民意、保障
民生、维护和增进基层群众根本利益方面取得了很大实效，为我国村民自
治的纵深发展也注入了新的生机与活力。

（二）村民自治发展的理论反思："两种误区"

四川省村民自治建设和发展的历程及其路径演化，可视为是我国农村
基层群众自治发展的一个缩影。在多种因素的共同作用下，21 世纪初以
来党领导的农村基层群众自治的发展重心逐渐从"民主选举"转向了"民
主治理"。综观我国村民自治的整个发展进程，它曾相继出现过两种不良
倾向，导致民主选举与民主治理处于发展的失衡状态。

1. 重选举而轻治理

回顾改革开放以来我国村民自治的发展历程，它首先是在民主选举这
一基础性环节上取得了突破，从而使村民自治在全国广大农村得到了迅猛
发展。但由于民主自身的成长逻辑以及其他诸多条件所限，村民自治实践
在起初很长的一个时期内主要是重选举而轻治理，即把整个工作重点都放
在民主选举上面。在学术界，围绕着民主选举的相关研究成果也"汗牛充
栋"，学者们主要从县乡政权和经济发展水平对民主选举的影响、村庄选
举的绩效和制度建设等方面对民主选举展开分析。但不论是在实践中还是

在学术取向上，人们对民主协商、民主决策、民主管理和民主监督等后续环节的关注远不能与民主选举相匹配。人们对民主选举的印象如此深刻，以至于许多人都将村民自治直接等同于"民主选举"，把各项民主权利都归结于一纸选票上。这种重选举而轻治理的倾向实际上并不利于基层民主的持续发展。例如在一些农村地区，承载着村民各项民主权益的"选票"异化成了权力争夺的关键。手持选票的一些村民变成了卖方，而为了赢得竞选的村民成了买方，贿选拉票由此在村庄换届选举的政治舞台上频频上演，成了村民自治选举中最大的乱象。

2. 重治理而轻选举

进入 21 世纪以来，错综复杂的利益冲突和社会矛盾，使完善基层治理体系并提升基层治理能力显得尤为迫切，由民主选举转向民主治理也成为农村基层群众自治发展的必然趋势。协商治理因能更好地协调与整合诸多复杂的利益关系，而成为民主治理的一个新的发展增长点。以乡村治理为基本内容的实践探索也蓬勃发展起来，村民自治的"遇冷"与乡村治理的"发热"，从一个侧面反映出"重治理而轻选举"的研究取向和实践样态。尤其值得注意的是，正因为民主选举自身存在着"贿选"等痼疾，再加上一些人故意抬高治理而贬低选举，借口以往民主选举存在的某些问题于是便全盘否定它的意义和价值，从而形成了民主选举和民主治理之间的新的失衡，造成了另外一些不良的社会效应。例如在一些农村地区的治理过程中，一些村干部一味追求所谓的治理效率，单靠自上而下的行政命令来强推工作，缺乏民主精神和民主作风，导致官僚主义和形式主义横行。从根源上讲，这种只对上服从而不对下负责的行为，完全背离了"谁授权向谁负责"的政治学公理，他们忘记了自己的权力来源于村民的民主选举，应当为村民服务的根本，令基层群众深恶痛绝。因此，一味地追求治理的绩效而忽视选举的根本意义，也会造成乡村社会难以实现良善治理。

（三）新时代新征程要推动民主选举与民主治理的均衡发展

对我国农村基层群众自治的发展历程进行考察和反思，我们认为，民主选举和民主治理并不是对立关系，而是密不可分的，两者具有内在逻辑一致性。民主选举是民主治理的前提和基础，而民主治理是民主选举的深化和保障，民主选举和民主治理必须实现均衡发展。

1. 民主选举是民主治理的前提和基础

21世纪以来，我国村民自治的发展路径已经逐渐由"民主选举"向"民主治理"转换，但这并非意味着要硬生生地割裂两者的关系，也并非意味着要贬低或否定民主选举的意义和价值。这是因为，我国农村基层群众自治的核心内容并没有改变，要深入推动它的建设和发展必须以深化农村民主选举为首要环节。也就是说，民主选举的质量直接关乎民主协商、民主决策、民主管理和民主监督的运行效果。民主选举并不是民主治理的天然对立物，恰恰相反，它作为民主治理的前提和基础，是民主治理生长发育必不可少的现实条件，民主选举的质量直接决定着民主治理的实现程度。改革开放以来我国村民自治的实践经验充分表明，凡是农村基层民主选举搞得好的地方，往往带来当地农村经济和社会的全面发展。这是因为，由于严格实行了民主选举制度，通过竞选、民主投票、监督和罢免等环节所构成的竞争机制和制约机制，使一大批有文化、懂技术、富于开拓创造精神的农村青年人才脱颖而出，为农村经济和社会的快速发展提供了合格的带头人，从而极大地改善了村庄的治理状态。

2. 民主治理是民主选举的深化和保障

民主治理的应时而生和蓬勃发展本身即是对"重选举轻治理"这种民主失衡状态的一定矫正。但是，随着乡村治理绩效的日益显现，一些人对乡村治理的过度热捧和对民主选举的有意打压，又造成了"矫枉过正"即出现了"重治理而轻民主"的新的失衡状态。其重要原因就在于他们并没有真正意识到民主治理实质上是对民主选举的进一步深化和保障。也就是说，首先，民主治理不仅要建构于"民主选举"这一特定的基础之上，依据一套完善的选举制度实现官由民选，而且还要有民主协商、民主决策、民主管理和民主监督等一系列制度作为保障，才能真正实现广大群众的知情权、参与权、表达权和监督权。其次，后面"四个民主"的发展状况，也是决定基层民主的质量和水平的关键因素。只有在民主协商、民主决策、民主管理和民主监督等后续环节上把基层民主真正做好做实，才能真正使基层社会的治理能力逐渐得到提升，进而为实现更高水平的民主选举创造良好的社会条件。最后，民主治理的效能也是对民主选举质量的一种实践检验。例如，成功当选的村干部要想兑现竞选承诺或谋求连任，就必须在随后的协商、决策、管理和监督等民主治理环节中施展才能，并在实践中逐步提升对村庄集体事务的治理能力。因此，民主治理是民主选举的进一步深化和保障。

3.民主选举和民主治理必须实现均衡发展

民主选举和民主治理是发展和完善党领导的基层群众自治机制的基本方式，在村民自治实践中都发挥着重要作用，两者是无可替代、不可或缺的。一方面，离开了民主选举这一前提和基础，就不能选举出真正代表最广大群众根本利益的代言人，就极易使群众的公共利益为私利集团所攫取。特别是在当前社会矛盾交织叠加的新时代新征程中，乡村治理中存在着诸多问题，例如形式主义泛滥、下放资金被截留、干部"为官不为"等，内在要求必须发挥农村群众的主动性和积极性，提高民主选举的质量。因此，不论民主治理的效果如何好，一旦脱离了维护群众切身利益这一根本，任何民主治理都将难以达到良善结果。另一方面，离开了民主治理，民主选举的意义便大打折扣，或只能沦为一种民主形式。民主治理是民主选举的重要保障，只有实现良好的治理，为人民谋利益的承诺才能得以实现，为人民服务的宗旨才能得到体现。民主治理又是进一步深化民主选举的重要方式，用治理成效来检验村干部的实际治理能力，使以假承诺骗选票的企图不攻自破，倒逼民主选举过程的规范和完善，挤压贿选拉票的社会空间，使基层群众当家作主的权利得到真正实现。由此可见，两者各有长短利弊，需要相互补充、相互配合。只有将民主选举和民主治理有机结合起来，形成一个完整的村民自治运作过程，才更有利于党领导的农村基层群众自治的健康发展。因此，新时代新征程持续推进我国村民自治的发展和完善，必须努力实现民主选举与民主治理的均衡发展。

第二节 村民自治的实践形态：基于四川两地的田野调查

进入新时代以来，党和国家要求"探索村民自治的有效实现形式"，为村民自治在新的时代背景条件下实现深入发展提供了新契机。本节采用个案研究法和田野调查法，结合四川省阿坝藏族羌族自治州水村、成都市青白江区芦稿村两个典型案例，具体呈现并探讨村民自治存在的两种实践形态。

（一）水村与芦稿村的基本情况和田野调查概况

本书主要采用田野调查法对四川两个典型案例进行资料收集，第一个案例是四川省阿坝藏族羌族自治州水村，第二个案例是成都市青白江区芦稿村。

第一个案例是水村。它位于四川省阿坝藏族羌族自治州松潘县南部，海拔 2400 多米，临岷江，沿 213 国道。地貌以高原和高山峡谷为主，生态环境优良，立体气候明显。笔者对水村的调研，综合采用了访谈法、参与观察法和问卷调查法等方法，于 2014 年至 2017 年间先后三次入村调研并获取了大量的"第一手"资料，为研究的后续开展奠定了坚实的数据基础。据村主任介绍，该村持农业户口的村民有 756 人，持居民户口的有 123 人，外地无本村户口但在村里买房子的有 100 多人。因此，本村实际居住人口有 1000 多人。村民的主要经济来源有花椒和牦牛，川贝母、党参、黄芪、红豆杉等名贵药材以及菌类和蜂蜜。据悉，水村有 1000 多年的历史，逐渐形成了以羌族为主的"羌、藏、回、汉"多民族聚居村落格局。笔者的调查数据显示，全村姓氏繁杂，居前四位的分别是李、孙、王、许，分别占 17.2%、8.9%、7.6% 和 5.0%。按照村落与家族结合类型的划分①，水村属于复主姓村，即 50% 的村庄人口由两个以上的大家族共同构成。这种姓氏分布状态使水村呈现出"四大家族"并存的特征，也对村庄的治理格局产生了深刻的影响。

第二个案例是芦稿村，地处成都市青白江区姚渡镇东南部。该村由原芦稿和原大吉两个村于 2006 年合并而成，地形以浅丘为主，面积 7.1 平方公里，耕地面积 3819.8 亩，辖 28 个村民小组，3823 名村民，其中 73 名党员，12 个党小组。在调查中获悉，作为成都市首批十个社会主义新农村建设试点村之一，芦稿村于 2006 年在全市率先开展"民主议政日"活动，村里的重大事项交给村民代表大会讨论表决，实行村内大小事务由村民自己作主的办法。在此基础上，芦稿村于 2008 年在全区率先开展基层治理试点，成立了党总支，组建了村民议事会，并民主选举了 59 名村民议事会成员。村民议事会由村民代表大会选举产生，村民代表大会由村民大会选举产生，平均每 15 户产生一名议事会成员，村民议事会由村党组织书记担任召集人。入村调研资料显示，十多年来，芦稿村村民议事会一直坚持"民事民议、民权民用"的原则，发挥着维护并保障村民各项民主权利的重要功能。此外，入村调研与长期跟踪观察所获得的数据资料，为系统认知"村民议事会"这一村民自治实践形式也提供了饱和性的经验支撑。

---

① 参见王铭铭：《村落姓氏与权力——威海资料偶得》，《民俗研究》1999 年第 1 期。

（二）宗族治村：阿坝藏族羌族自治州水村的治理形态

村落是由一个个家族共同凑聚而成的微型邦国。家族成员以村落为生活基地，在血缘关系和亲缘关系中集聚而成为一个个命运共同体。他们的公共活动既使村落呈现出稳定、共识与和谐的一面，也使之表现出变动、强制与冲突的一面，由此深刻地影响着村落的社会稳定和发展变迁。笔者在对我国西南民族地区进行田野调研的过程中发现，在多民族聚居的水村 ①，各种社会关系共存并且错综复杂，其中宗族势力成为维系村庄稳定与发展的主导力量。尤其是当遭遇冲突时，不同家族的竞争态势和势力对比会愈发凸显，家族成员也会做出不尽相同的行为选择，使村民自治呈现出"宗族治村"的实践形态。

1.村干部的家族背景调查

在村庄的政治舞台上，村支书和村主任是村落公共权力的主要掌控者，因此他们是观察水村村治模式的一个良好透视角。在此，结合村书记主任"一肩挑"以前连续五任村干部的家族背景（见表2-1）来进行具体分析。

表 2-1　水村连续五任村干部的宗族背景

历任	村支书	村主任
第一任	李一（22 年）	李二（30 余年）
第二任	王大	
第三任	X（外派）	王一
第四任	孙强	王二
第五任	Y（外派）	王二

由表 2-1 可以看出，在连续五任的村庄换届选举中，共有 8 位候选人

---

① 为研究便利，该村的村名和人名采用化名。

成功当选。除了外派的 X 和 Y 两位之外，其余 6 位均源自本村。在村支书的任职中，李一由于各种历史和现实因素担任了 22 年的村支书。在村主任的任职情况中，李二担任了 30 多年的村主任，后面三任分别为王一和王二，其中王二连任两届。特殊的是，李一和李二是堂兄弟关系，王大与王一、王二为父子关系，其中王一是王二的兄长。村民中也广泛流传着"王李有权，许有钱，给孙家气得没办法"的说法，这是对长久以来大姓家族尤其是李、王两大家族共同执掌村落政治局面的一种真实写照。可见，水村复杂的家族关系缠绕交织在村落的公共权力之中，村干部换届选举已经成为大姓家族获取村落公共权力的重要渠道。这使水村的村落政治表现出明显的"宗族治理"特征，并对家族成员的行为表现产生着深刻的影响。

2. 强与弱："牦牛圈"事件中家族成员的行为表现

水村三面环山，高原牧场水草肥美，共有 20 多户牧民放养牦牛。该州为改善牧户设施条件、减轻牧民的劳动强度并提高防疫工作的精确性，计划投资 488 万元建设 61 个牦牛多功能巷道圈，每个牦牛圈示范建设项目可获得财政补贴资金 8 万元。水村获得了一个指标，但村民围绕牦牛圈的资源配置问题产生了分歧，进而引发了冲突。

"上边这个指标是给我们这些有牦牛的，王某没牦牛却把这个（钱）给占了，那就得给我们修。本来应该是修在后边沟里头，结果他们就要修到他们地里去，我们就不同意，因为我们的车子开不上去，装不了牦牛。然后就找王主任，找他差点打起来。因为争吵起来了嘛，结果他就把他的弟兄们全部叫出来，他兄弟们就出面了。我们惹不起，唉，为村里的事情他们就是这样。"（访谈编码：20160702M，受访人：牧民马某，来自小姓家族。）

马某的说法在其他牧民那里得到了印证："都知道是他们不对，不应该拿了这笔钱。唉，你意见很大你也没办法，你没文化，你要把他得罪了他就收拾你，因为他弟兄多嘛。"（访谈编码：20160703L）

在"牦牛圈"事件中，冲突的双方是以马某为代表的牧民和以王某为代表的王家人。事情的起因是牧民的牦牛圈修建资金被侵占，牧民在与村主任商讨的过程中发生了言语争吵，进而导致冲突局面的形成，并以牧民的维权失败而告终。在这个事件中，以马某为代表的牧民在维权过程中变成了弱势群体。王某是事情的引发者和获利人。王主任在整个事件中是化解冲突的关键，但他却从仲裁者变成了家族成员利益的袒护人，最终侵害了牧民们的切身利益。可见，在"牦牛圈"事件中，马某等牧民既缺乏村庄公共权力和权威资源，又来自小姓家族，使他们在村落中处于弱势地位。这是他们产生默认行为并无奈放弃合法利益的主要原因。相反，王某和王主任等大姓家族成员，一旦获取了公共权力就成了村落里的强势家族。这种强势地位助长了一些家族成员的违法乱纪行为，也使个别村干部在处理村庄事务中遭到了掣肘，从而造成了村落公共权力的家族化，侵害了其他村民的合法利益。

3.宗族治村：水村村民自治的实践形态

在水村这一多民族聚居的村落中，通过"牦牛圈"事件这一典型案例的深描，对家族成员的行为逻辑进行解析可知：水村是一种"宗族治村"的村庄治理模式。其中，家族力量、权力、权威是三种重要的村落政治资源，家族成员对这三种资源占有量的不同，是他们产生不同行为表现所遵循的基本逻辑。小姓家族成员在缺乏村落权力和权威的条件下会更加凸显自身的弱势地位，当遇上冲突时倾向于采用默认、退让或放弃等行为"消灾"。大姓家族与权力或权威的结合会使其成为强势家族。家族成员尤其是强势家族成员的良善行为，能够赢得村落道德权威，并发挥监督制约和利益表达功能，使村落公共权力沿着有序的轨道运行。相反，他们的痞化行为也会弱化自身村落权威，进而导致村落公共权力的私化或家族化。

水村的村治模式与当前我国农村地域存在的一些其他村治模式存在着明显的区别（见表2-2）。这些村治模式在主导因素、实质和基层民主实现程度上存在着诸多差异。宗族治村的特殊性在于它具有双面性，关键在于村治主体的治理行为是否良善。宗族治理其实是家治的延伸与拓展①，是家治突破家族的私人场域，延伸到村落公共空间的一种活动表现，也是我国传统的宗族治村形态在新的时代背景条件下的延续和发展。

表 2-2　水村村治模式与其他类型的差异

比较维度	水村	其他类型	
村治模式	宗族治村	贤能治村	富人治村
主导因素	家族势力	品德和才能	经济、财富
实质	权力家族化	精英表率	富人引领
民主氛围	一般	相对宽松	一般

（三）协商自治：成都市青白江区芦稿村的治理形态

为有效应对城镇化浪潮下村民大量外流的社会现实，芦稿村在实践中逐步探索出了以"村民议事会"为突破点的基层协商民主自治制度，这一创新做法为我们提供了一个村民协商自治的实践标本②。

1. 基本经验：积极打造协商自治的制度平台

芦稿村以"村民议事会"为突破点的基层协商民主自治制度，其改革亮点在于：一是通过定权和束权，构建基层协商民主的权力架构。通过"定权"来理顺党总支、村委会、村监委会、村议事会和村集体经济组织之间的关系，实现以党总支为核心，议事会决策、村委会执行、监委会监督，集体经济组织的独立运行。同时，依托村监委会，下设村务

---

① 任路：《"家"与"户"：中国国家纵横治理结构的社会基础——基于"深度中国调查"材料的认识》，《政治学研究》2018 年第 4 期。

② 张露露、任中平：《乡村治理中的基层协商民主：实践探索与问题分析——基于四川省成都市青白江区姚渡镇芦稿村"村民议事会"的观察》，《哈尔滨师范大学社会科学学报》2015 年第 6 期。在本章的第三节，将把芦稿村的创新做法与我国浙江临海、河南南阳和广西贵港的相关做法进行比较，以便从更加立体多面的视角审视该创新案例。

公开监督小组、理财小组、项目监督小组等功能监督小组来"束权"。通过列席村民议事会、村支两委相关工作会议，参与民主评议大会，以及设立意见箱、随机勘察、调查走访、查阅资料等形式对村民自治事务进行全过程监督。二是推出"民主议政日"，建立基层协商民主的制度平台。2006 年，芦稿村在成都市首推"民主议政日"，并规定每月 28 日为民主议政日。时任村党支部书记的曾某这样说："我们要把决定权、利益分配权、资产处置权交给村民，最大程度地争取到村民的理解和支持。""民主议政日"注重参与者之间的交流并形成合意，由此作出理性决策。三是采取"三级授权"（见图 2-1），确保基层协商民主的合法有效。作为村级治理的权力内核"决策权"，芦稿村采取三级授权的方式，即村民会议（最高决策机构）→村民代表大会（重要决策机构）→村民议事会（常设决策机构）→村民委员会（执行机构），分层逐级授权落实。同时，明确每一个层级的权限范围，并逐级签订授权书，确保决策权力有限、合法、合规，这种做法夯实了村民议事会的群众基础，保证了议事会权力来源的合法性。四是确立"村民议事六步法"，即通过"议题收集、议题审查、民主讨论、结果公示、执行监督、评议整改"来优

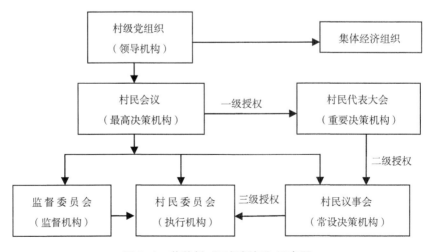

图 2-1　芦稿村"三级授权"示意图

化基层协商民主的运行程序。

2. 主要成效：有效保障了村民当家作主的民主权利

芦稿村以"村民议事会"为核心的协商自治创新探索，是解决"空心村"治理难题的有效策略。它通过这种"浓缩的会议"和配套性的制度安排，有效实现了村民当家作主并提升了乡村治理绩效，为打造"阳光芦稿、文明芦稿、和谐芦稿"增添了生机和活力。

一是民事民议、民权民用，切实保障了村民的当家作主权利。亨廷顿认为，国家政治稳定的核心就是能否动员农村民众在承认现存政治体系而非反对它的条件下参与政治。① 村民议事会作为民选组织，其宗旨就是保障广大村民的民主权利，维护农村根本利益并增进村民福祉。芦稿村议事会成员针对村民参与度不高等问题，在诸如土地拆迁、道路建设、水利工程建设、食用菌种植等村级重大发展事务的处理中，采取"投下玉米粒、表达我心愿"的民意表决方式。他们组织村民排成长队，让村民依秩序在自己所认同的项目下面投放一粒"玉米籽"，统计后，按照得到"玉米籽"的多少，最终确定村务发展规划，切实保障了每一个村民的民主表达权利。对村民普遍关心且争议较大的问题，则由村民议事会集体协商解决。这样，通过一颗小小的玉米粒，村民议事会既在全村村民心中播种下民主参与的种子，也有效实现了民事民议，民权民用。

二是公开协商、阳光透明，有效提升了乡村治理绩效。阳光是最好的防腐剂，任何腐败都难以抵抗公开的魔力。从权力本质来讲，村民议事会掌握的是一种公共权力，通过公开协商，让"多数人"来决定公共事务的议程，同时也尊重"少数人"的权利，拓宽了民主的广度，最终趋向协商

---

① 参见［美］塞缪尔·P.亨廷顿：《变化社会中的政治秩序》，王冠华等译，生活·读书·新知三联书店1989年版，第68页。

民主的最理想状态。例如，为争夺便民超市的经营权，村民们绞尽脑汁，频频向村上施压。议事会经过民意采集和协商讨论，最终确定采取公开招标的形式来进行，共有 8 名村民报名。在村务监督委员会的监督下，村会计公开宣读了经营协议内容，经举手表决后通过了协议。8 名竞标者按照竞标规则，以 1000 元起价，100 元追增的方式相互竞标，最终村监委会主任确定了中标价为 2700 元。会后，一名竞标人说："很公正，很透明，我确实不敢再加了。以后村上的这些事情就要这样子，这样大家才支持你们。"议事会通过公开协商，把干群之间的"隔心墙"变成了"连心桥"，有效提升了乡村治理绩效。

三是化解矛盾、凝聚共识，有力促进了农村地区的稳定和发展。作为协商自治平台的村民议事会，是村民们在利益多元化的基础上进行非竞争性的利益表达、博弈和协调的过程。针对部分村民分户后不赡养父母，屡屡引发家庭矛盾的实际情况，议事会成员经过普遍走访和协商讨论，最终确定：凡是需要分户的村民，其子女要签订一份《赡养父母承诺书》，对分户后也要赡养父母作出书面承诺，这种做法促进了家庭和村庄的稳定与和谐。实践表明：芦稿村以村民议事会为依托，通过协商民主凝聚了合力，有效地推动了乡村社会的稳定和发展。

3. 存在问题：村民议事会的效力难以充分发挥

芦稿村通过村民议事会有效提高了乡村治理绩效，但也存在一些现实问题：

首先，议事会成员在议事中难以完全做到客观、理性。一方面，一些议事会成员在民主决策中实行"感情决策"。他们习惯于按照人情远近的标准来衡量利益相关的大小，并将此作为作出重大决策的评判依据，这违背了民主决策的科学性原则。另一方面，个别议事会成员在集体议事中难以实现独立思考，经常人云亦云，盲目从众。可见，部分议事会成员因自我怀疑和不愿意被孤立，使他们在决策中偏离了"理性指导"这一协商议事原则，从而降低了议事决策的质量。

其次，议事主体间的实际不平等。平等参与是协商自治的原则和条件，但是在实践中，有两种因素会在一定程度上造成议事会成员之间的实际不平等。一是个别成员对精英权威的笃信。如果村支书的个人特质过于强势，就很容易打破议事会成员之间的平等地位，使集体议事沦为"一人议事"。此外，议事会中以退休干部为代表的乡村精英具有较强的村落权威，如果缺乏正确的引导，他们也可能在意见发表的过程中对其他议事会成员造成一定的压制。二是集权思想的移植。个别人专制思想的植入将导致议事主体关系由平等关系转向隶属关系。村民议事会一旦受到集权思维的约束，将会造成村级公共权力集中于一人或几人手中，很容易造成重大决策的专断性和随意性。因此，盲信精英权威、深植专制思想将会造成议事会成员之间的实际不平等。

最后，公共责任、公共利益的实现受到一定制约。村民议事会存在着"议而不决""代而不表""表而不代""会下乱表"等现象。例如，在芦稿村的一次土地调整过程中，经过3次会议讨论都没有作出最终决策，直到第4次会议召开，因为只有20%成员赞成，才最终作出放弃土地调整的决策。这些行为不仅会降低议事会的效率，也很难及时有效地保障并实现村庄的公共利益。可见，议事会成员作为"代言人"的权利和义务如果得不到充分体现，就会使他们的公共责任无法得到充分落实，进而使村庄公共利益无法得到快速有效地实现。

4.破解之策：优化议事会运行，实现可持续发展

针对上述问题，需要通过明晰角色、心理引导、思维突破、平等协商以及切实保障村庄公共利益等措施予以解决。

首先，明晰议事角色，规避集体盲从心理。议事会成员作为一个社会人，处于文化的权力网络中，"这一文化网络包括不断相互交错影响作用的等级组织和非正式相互关联网……构成了施展权力和权威的基

础"①。身处这一网络中的议事会成员要意识到议事会这一"正式组织"和家庭团体等非正式组织的根本差异，作为正式组织的村民议事会所商讨的议题，不是个人家庭私事，而是关乎整个行政村的稳定和发展、关乎每个村民切身利益的公共事务。同时，议事会成员要能清楚区分自身所扮演的"代议角色"和"人情角色"的本质不同，即要意识到自己所代表的是 15 户村民的公共利益，在重大决策制定时代表的是 60 多个村民的集体表决权而不仅仅是自己一人，从而有效规避个人好恶和人情关系的干预，实现理性协商议事。此外，要规避集体议事中的盲目从众心理。每个议事会成员要独立思考并勇于发表个人见解，具有甄别错误决策的议事能力。对此，需要通过培养理性精神、强化客观认知、增强议事自信心和营造轻松的协商环境等措施，增强议事会成员的独立人格特质并提高决策的科学化水平。

其次，突破集权思维，实现平等议事协商。一是平等协商是议事会成员参与议事活动的原则和条件。在协商民主中，"每个人都有发言权，每个人都可以在表达自身利益，或者倾听他人观点的协商过程中充分利用这种发言权。参与是具体的、现实的"②。因此，每个人都要在议事活动中真正平等地参与对话。二是加强创新培训，使议事会成员更易突破集权思维。例如，可以借鉴四川省成都市蒲江县的做法，采取分类培训、针对性培训、互动培训、小范围培训等创新培训方式对全县村民议事会成员进行轮训，有效提高村民议事会成员的议事能力③。三是合理借鉴罗伯特议事规则。这套规则通过确立明细的标准，对发言规则和发言时间作出科学规

---

① ［美］杜赞奇：《文化、权利与国家：1900—1942 年的华北农村》，王福明译，江苏人民出版社 2003 年版，第 3 页。

② 参见陈家刚：《协商民主：概念、要素与价值》，《中共天津市委党校学报》2005 年第 3 期。

③ 参见任中平：《成都市构建新型村级治理机制的经验与价值》，《党政研究》2014 年第 5 期。

定，使意见相左的双方轮流得到发言权。它能够有效避免发言"一锅粥"现象，能有效平衡多数人的意见和少数人的意见，规避个人的独断专行行为，从而实现平等协商。

最后，强化权责对等，切实保障公共利益。一是议事会成员要落实自身肩负的代议责任。这就需要在对自己的行为负责的基础上，要有能力对其他议事会成员的意见和建议作出积极的回应，比如有能力修正不合理建议，有理由说服别人听从合理的建议等。同时，面对意见分歧，议事会成员要冷静克制，真诚听取不同的意见，理性表达自己的诉求，注重听取弱者的声音，维护最弱势的群体的核心利益。二是切实保障村庄公共利益。在乡村治理中，围绕村庄公共利益而展开的协商活动，并不是讨价还价，也不是契约性的市场交易谈判，而是不同利益和不同主张的交汇和碰撞，进而寻找到利益的最大公约数并形成合意。这就要求议事会成员在担负代议责任的同时，也要灵活运用村民赋予自己的代议权利。特别是要对村庄公共利益具有较强的敏感性，主动为维护和实现村民的集体利益协调关系并表达见解，由此保障并增进村庄的公共利益。

第三节　村民自治机制创新的背景与多案例比较研究

理论来源于实践，制度在摸索中产生。村民自治的机制创新是在村民自治自身存在一些现实问题的背景下产生的，也是村民自治自我发展和制度完善的重要推动力。长期以来，我国部分农村地区普遍存在着村民自治运行低效的问题，也为村民自治的机制创新提供了背景和条件。从全国各地的实践探索看，村民自治的机制创新层出不穷，既为进一步推动村民自治的发展完善积累了宝贵的实践经验，也为深入研究提供了丰富多样的观察样本。在分析村民自治存在的问题症结的基础上，采用多案例研究法，先对广东揭阳和清远的相关经验展开双案例分析，然后结合我国东中西部地区的四个典型案例对村民协商自治的机制创新进行探讨。

（一）村民自治机制创新的背景

回顾历史，党领导的村民自治在 40 多年的发展历程中获得了良好的实践成效，也极大地促进了广大农村地区的经济发展和社会进步。但是，我国部分农村地区仍然存在着村民自治运行低效的问题，倒逼村民自治本身必须进行制度完善和机制创新。

1. 部分村民"形式有权，实际无权"

村民自治以《中华人民共和国村民委员会组织法》的形式确立，意味着国家以法律的形式有力保障广大村民直接行使民主的权利。选举权、知情权、参与权、表达权和监督权是村民享有的重要民主权利，却在部分村庄的实践中被"悬置"。一是从现实条件看，在一些农村特别是中西部"空心村"中，村民的社会流动使在外村民难以随时随地参与村庄公共事务。时空阻隔和数字智能技术使用障碍，是外出村民无法借助数字媒介和中间环节有效参与村庄自治实践的主要原因，由此导致此类村民的自治权利缺失甚至完全丧失。二是从自治权利本身的发展和配置看，在村民自治发展初期，存在着"重选举轻治理"的倾向，致使与选举权相比，村民享有的其他民主权利实现不够充分；然而当前部分农村却又存在着"重治理轻选举"的倾向，使得村民的选举权无法得到保障。同时，在"民主治理"环节也出现"重协商轻管理""重决策轻监督"等现象，难以将村民"悬置"的民主权利落到实处。对此，习近平总书记强调："我们要坚持和完善基层群众自治制度，发展基层民主，保障人民依法直接行使民主权利，切实防止出现人民形式上有权、实际上无权的现象。"①

2.直接民主"不直接"

直接民主是村民自治的制度设计理念。1987年彭真指出："在基层实行群众自治，群众的事情由群众自己依法去办，由群众自己直接行使民主权利"②，明确了村民自治的直接民主属性。然而，当前却存在着直接民主"不直接"现象：一是思想上的认知模糊。有观点认为，农村直接民主制并非全体村民在同一时空下直接参与村庄的所有公共事务，而是在村民选举村委会的基础上，采用抽签方式产生村民代表会议并选择村务监督委员会成员。③ 其错误之处在于既混淆了直接民主与间接民主，也对村民自治的直接民主属性认知不清。其实，前者正是体现村民自治直接民主理念的一种理想形式，只是囿于现实条件采用了村民代表会议等更易操作的方法。也有学者指出村民代表会议不是"代议制民主"，但持这种观点的学者并没有讲"村民代表会议是直接民主"。④ 思想是实践的先导，可见，模糊的甚至是错误的思想认知无法为村民自治践行直接民主理念提供正确明晰的指导，由此导致直接民主"不直接"。更重要的是，广大村民作为亲身践行村民自治制度的最关键主体，常因民主理论知识匮乏和民主经验不足，在实际生活中很难对村民自治的直接民主特性有完全清晰的认知。二是直接民主的参与渠道窄化梗阻。在一些地区，本应是"全体村民自治"的村民自治，却异化为"村委会自治""村民代表自治""精英自治""留守人员自治"等，从侧面反映出村民的直接参与不足等问题。从村庄调研情况看，村民的参与不足与缺乏方便、快捷、多样化的参与方式和渠道直接相关。

---

① 习近平：《在庆祝全国人民代表大会成立六十周年大会上的讲话》，《求是》2019年第18期。

② 彭真传编写组：《彭真传》第四卷，中央文献出版社2012年版，第1534页。

③ 参见闫飞飞：《乡村振兴视角下完善农村直接民主制度的设想与路径研究》，《中国行政管理》2022年第12期。

④ 唐鸣：《村民会议与直接民主》，《华中师范大学学报（人文社会科学版）》2009年第6期。

3.自治工作体系的规则供给不足

村民自治不是法外自治，而是依规自治。我国村民自治经过 40 多年的发展，已经形成了一套包括《中华人民共和国宪法》《中华人民共和国村民委员会组织法》在内的，由国家法律法规、党内法规和村规民约共同组成的制度体系，为村民自治的规范运行提供了良好的制度保障。因此，在大数据和人工智能时代，村民自治的规则供给亦应从这三个方面着手加以建构和完善。然而，我国现有的法律法规体系还无法为数智时代的村民自治提供充分有力的制度保障和法律支持。虽然 2022 年《村民委员会组织法（修订草案征求意见稿）》在第四章第二十九条新增"召开村民会议可以运用现代信息技术等辅助方式"，2023 年中央一号文件也提出完善"信息化支撑"的基层治理平台和"数字化"治理方式，2024 年中央一号文件强调要"持续实施数字乡村发展行动"。但在新时代新征程中更加系统完备、科学有效的村民自治制度规范仍然供给不足。特别是在各地不断创新数智赋能村民自治实践的新形势下，自治制度体系和工作体系明显滞后于"理论指导实践"的需求。这既需要推动村民自治的制度创新并形成制度联动效应，也需要对基层相关的实践创新进行及时归纳总结，以形成更加健全的村民自治制度体系，为完善党领导的基层群众自治提供更加充足的制度储备。

（二）村民自治的机制创新及其比较：以广东揭阳和清远为例

为应对城镇化发展中村民自治面临的村民参与不足、自治能力虚化等问题，广东积极探索村民自治的创新机制。从全国范围的基层创新来看，广东因其地处改革开放的前沿而呈现出自身的特殊性，经济的快速发展既创造出了巨大的社会财富，也加剧了利益矛盾的激化，造成了"广东烦恼"。广东也因其超常的治理压力而走在全国基层治理创新的前列，不断摸索出"云浮探索""清远经验"和"揭阳探索"等村民自治机制创新做法。我们选取颇具代表性的"揭阳探索"和"清远经验"并展开双案例比较研究，以总结广东村民自治的宝贵经验，助力我国农村基层群众自治的稳步发展。①

1. 主要做法

在"揭阳探索"中，揭阳以"一室两会"为工作抓手来推动村民自治机制创新。"一室两会"具体是指代表工作室、公益理事会和民主监事会。首先，代表工作室的"代表"是指村干部、村民代表、各级党代表、人大代表、政协委员以及驻村干部等代表群体，代表工作室是他们履行职责、联系群众、收集社情民意的工作平台。其次，公益理事会由村干部、老党员、老干部、外出乡贤、企业家等村里有威信的人士组成，他们发动社会力量筹资并组织实施建设，服务于村庄的公益事业；公益理事会通常设主理事1名、副主理事和理事若干名。他们的主要职责是协同村"两委"做好村庄公共事务，承办村"两委"委托的相关事项，发动社会力量办好民生福祉事务。最后，民主监事会担负监督村务、财务和村干部的履行职责情况等职能。民主监事会每年要向党员和村民代表联合会述职1次以上，并自觉接受全体党员和基层群众的监督。

与"揭阳探索"不同，清远的创新探索集中在村民理事会和自然村建制两个方面。清远的改革侧重点在于"自治下移、服务上浮、治管分离"。清远将"乡镇—行政村—村民小组"的治理结构调整为"乡镇（行政）—片区（服务）—村（自治）"的乡村治理架构，在乡镇以下根据面积、人口等划分若干个片区，把原行政村的村委会改造为片区社会综合服务站，并将其作为乡镇政府的派出机构，承担社会管理和基本公共服务职能。在片区以下，以1个或若干个村民小组或自然村为单位设立村委会。与此同时，农村基层党组织的设置也作相应的调整，即在片区党政公共服务站

---

① 任中平、张露露：《村民自治机制创新比较研究——以广东揭阳和清远的探索为例》，《五邑大学学报（社会科学版）》2016年第1期。

（原建制村）建立片区党总支，片区下辖的村（原村民小组或自然村）设立农村基层党支部。

2. 比较分析

"揭阳探索"和"清远经验"的改革模式都旨在实现村民自治从"为民作主"到"由民作主"的转变。在比较的视野下，它们的实践做法存在一些共性，但也存在一些明显的差异。

一是共性分析。两种创新模式的相同点体现在：首先，动力机制趋同。它们都是"问题导向型"改革。广东的内部发展极不均衡，经济的迅速发展激发了社会活力，也加剧了人际关系的错综复杂和利益矛盾冲突。在这种情境中，部分村民已难以通过正常的渠道来表达合理的利益诉求，也折射出基层治理的低效。至此，探索新型乡村治理机制已经成为村民维权和政府维稳的共同诉求，基层治理改革迫在眉睫。同时，由于新政的实施和发展，不仅需要政府的认可来获得合法性，也需要政府的指导和支持，政府的强力推动由此成为两种创新模式的动力来源。其次，治理资源相同。广东是侨乡，海内外侨胞是其独特的乡村资源，以侨胞为代表的乡村精英是揭阳和清远共同拥有的治理资本。揭阳的公益理事会和清远的村民理事会，都由老党员、老干部、外出乡贤、企业家等有威信的人员组成。他们发动社会力量筹资并用于乡村公益建设，例如，揭阳市揭西县棉湖镇湖西村的公益理事会积极筹资，协助村"两委"先后投入资金 400 多万元开展各项建设；清远市三江镇城西村的村民理事会成员积极组织乡贤参与城西新农村建设，兴建 6 间文化室、23 条农田排灌水渠等。他们协助村"两委"做好乡村公共事务，是乡村公益事业发展的"助推器"。最后，治理绩效趋同。揭阳以"一室两会"为切入点，通过建立"民主提事、民主议事、民主理事、民主监事"程序，完善了民主自治机制，更好地实现了广大村民的各项民主权利。清远"三个重心下移"摒弃了人民公社"政社合一"的体制弊端，为构建新型农业经营体系清除了体制障碍，也进一步激发了村民自治活力。可见，两地的实践探索都从地方实际出发，注重从群众身边的民生实事做起，把工作的出发点和落脚点放在"为群众服务"上。这些做法扩大了基层群众的参与度，提高了村民自治实效。

二是差异分析。两种创新模式的不同点体现在：首先，制度设计不同。揭阳的"一室两会"主要是为了解决乡村治理"横向到边"的问题。"一室两会"的制度设计是为了给群众创立一个民主"提事、议事、理事、监事"的活动平台，让村民都能参与到乡村公共事务中来，由此提升村民自治的能力和水平。与之不同，清远的自然村建制是要解决"纵向到底"的问题。它的实质是将现有行政村一级较为虚弱的自治权力，集中下沉至自然村一级以做实做强村民自治。这种制度设计缩小了村民自治单元，使村民在更小的"血缘地缘共同体"里更容易减少意见分歧并达成利益共识，有助于提高村民自治的成效。其次，运行机制不同。揭阳主要以"一室两会"为依托，在推行中进一步建立"民主提事、民主议事、民主理事、民主监事"运作程序。同时，注重把握四个环节，即村级代表工作室建设重在"整合"、公益理事会建设重在"引导"、村务监督委员会建设重在"完善"、村级"一室两会"的有效运作重在"衔接"。因此，揭阳的改革重点在于强化组织保障、明确目标任务并做好工作安排，在村民自治全过程中强化监督和检查。与之不同，清远的改革重点在于将村民自治的重心下沉到自然村，实行"自然村建制"，采用"乡镇（行政）—片区（服务）—村（自治）"的治理新架构。这种实践创新缩小了村民自治的单元和规模，推动了乡村社会领域中的行政与自治相分离，以最大限度地激发村民自治的活力和效力。

判断一项基层治理创新的好坏，需要有一套切实有效的衡量标准。华中师范大学课题组通过对农村基层组织建设的研究，总结出四个标准：一是始终坚持党的领导；二是始终坚持人民当家作主；三是始终坚持依法办事；四是始终坚持村民自治各项运作机制。① 依据这四条标准，我们认为，无论是揭阳的"公益理事会"和清远的"村民理事会"的存量改革，还是清远的自然村建制的增量改革，它们都旨在听民声、聚民意、集民力，为村民办实事、解难事、做好事，彻底解决服务群众的"最后一公里"问题。总的来看，两地结合本地特色，因地制宜地进行村民自治机制创新，虽然路径和方法不同，但是都本着为群众服务的根本宗旨，因此每一种探索都是值得肯定的。

（三）协商自治机制创新及其比较：以东中西部四个案例为例

在村民自治的发展进程中，协商民主因其在扩大民主参与、增进群众利益中所具有的独特优势而备受青睐，也为村民自治和乡村治理的发展提供了新契机。协商民主在我国乡村社会中的培育和发展，既得益于我国传统优秀文化的土壤厚培，也是村民自治纵深发展的内在需要和乡村治理效能提升的时代呼唤。在各地的实践创新中，浙江临海、河南邓州、四川成都和广西贵港四个地区的成功做法为创新乡村协商自治机制提供了可供借鉴的鲜活经验。

1. 经验与成效

改革开放尤其是 21 世纪以来，我国广大乡村成为纷繁多样的协商民主实践形式的生发沃土。全国各地从实际情况出发，逐渐探索出了以议事会、村民代表会、民主听证会等为载体的多样化协商民主实践形式。浙江临海、河南邓州、四川成都和广西贵港的农村基层协商自治实践就是其中的典型代表。

第一，浙江临海的基层民主协商议事制度。2014 年 4 月，为应对利益关系复杂背景下群众不理解基层政府工作等问题，临海市委在白水

---

① 参见华中师范大学课题组：《农村基层组织建设研究报告》，《中国民政》2014 年第 6 期。

洋镇、括苍镇、沿江镇三镇开展基层协商民主试点工作，主要做法有：一是搭建村、镇两级民主协商议事会平台。两级协商议事会在党的领导下实行委员会工作制，前者主要由村"两委"、村监会、团组织、村妇委会、村综治组织、老年协会等各组织成员以及该村老干部代表和在外代表人士组成。后者由村组织代表、基层知联会、基层商会等团体组织代表、社会各阶层、各界别代表人士、本地在外代表人士以及辖区内部分党代表、人大代表、政协委员、老干部代表和企事业单位代表组成。二是搭建"同心会客室"平台，主要采用民主日会客、节庆式聚客、议题式请客三种协商议事形式。三是搭建网络互动平台，通过博客、网络e政厅和QQ群等进行社情民意的互动。此外，临海市还重点把握决策性协商、调处性协商、执行性协商和监管性协商四类协商，配套建立民主提事机制、民主议事机制、民主监事机制和民主理事机制，以提升基层群众的满意度。

第二，河南邓州的"四议两公开"工作法。2005年，为解决村"两委"工作"两张皮"的问题，邓州市开始实行"四议两公开"制度，具体步骤为：一是村党支部会提议，即村党支部对所有村级重大事项的决策提出初步的意见和方案；二是村"两委"会商议，村党支部的议题经村"两委"成员论证后转入村民自治程序；三是党员大会审议，党员大会对村"两委"会的商议意见进行审议和表决；四是村民代表会议或村民大会决议，即在法律规定的范围内，村委会在村党组织的领导下主持召开村民代表会议或村民会议，对党员大会通过的事项进行讨论表决；五是决议公开，即所有决议通过的事项都在村级和村民小组的公共场所进行公示；六是实施结果公开，决议事项的实施结果及时向全村村民公布并听取群众的反馈意见。此外，邓州市还建立了党员联系群众制度、村民代表推选制度、村民代表联系户制度、责任追究制度、民主监督制度和档案管理制度六项配套措施，来保证"四议两公开"的顺利开展。

第三,四川成都的农村基层协商民主自治制度。2008 年,为解决"汶川大地震"灾后重建难题,邛崃、彭州、都江堰等地的村民创造了村民议事会,得到了成都市委的肯定并于 2009 年在全市推广。芦稿村在推行村民议事会的过程中,结合村庄"空心化"带来的自治"空转"难题,逐步探索出以"村民议事会"为载体的基层协商民主自治制度。其主要做法是:一是议事会制度分为村、组两个级别,先由全体村民直接选举产生村民小组议事会成员,再由村民小组议事会成员选举产生村民议事会成员。二是采用三级授权,使村民自治的决策权顺着村民会议、村民代表会议、村民议事会、村民委员会的次序运行。在村民自治事务中,村民会议拥有最高决策权,村民代表会议是重要决策机构,村民议事会是常设决策机构,村民委员会则主要负责执行和落实。三是创建"村民议事六步法",即加强沟通、科学决策、民主商讨、结果公示、强化监督以及综合评议整改。四是健全资料整理、审查核实、实施公开、反馈整改和归档保存的"五步"公开程序,并抓好党员关、感情关和公开关,来优化基层协商自治的实际效果。

第四,广西贵港的"一组两会"协商自治制度。2011 年,广西贵港为解决自然屯党组织和村民自治薄弱的问题,将 2010 年发源于所辖覃塘区大岭乡金沙村良岭屯的经验做法总结为"一组两会"(党小组、户主会、理事会)协商自治制度。它以自然屯为自治单元,党小组或党支部引领,户主会决议,理事会执行。党小组是"一组两会"的领导核心,由自然屯(生产队、村民小组)党员组成,共同协商推选一名组长。它负责收集群众意见、确定工作目标、向户主会提交议题,组织提供村庄公共服务等事务。户主会是议事决策机构。它由自然屯(生产队、村民小组)的户主或户主代表组成,并通过协商推选出会长 1 名,小组长若干名。它根据党小组的提议,由户主会会长召集会议,按照少数服从多数的原则对屯级公共事务进行协商决议,监督执行落实情况。理事会是执行实施机构,设会长 1 名,副会长 2—3 名,均由户主会协商推选产生,主要负责决议的执行落实，将结果予以公开并接受党小组和户主会的监督。

2.共性分析

通过归纳总结可以发现，浙江临海等四个典型案例在实践背景、制度建设和推动方式三个方面存在着明显的共性特征，具体体现在：

一是问题倒逼创新。从实践背景来看，浙江临海的实践探索是为了应对基层社会利益矛盾加剧，"政府买单群众不买账"的怪象。其他三个地区都不同程度地面临着村庄"空心化"问题，河南邓州着力解决村"两委"工作的不协调，四川成都主要应对村民自治流于空转，广西贵港力图解决自然屯党组织及村民自治薄弱的问题。也就是说，虽然四个地区分别位于我国的东部、中部和西部地区，它们遭遇难题的表象有所不同，但从根本上来说都陷入了乡村治理低效的现实困境。而民主是现代乡村治理的灵魂，离开了民主，乡村治理就不再是民主治理，也就更谈不上民主协商。四个地区正是在这种乡村治理困境中，走上了以协商促民主，以协商民主促民主治理的实践探索路径，因此它们都属于问题倒逼型实践创新。

二是制度供给完善。一套完善的制度规范是维系一种实践创新形式顺利运行的重要保障。四个地区的基层政府都很注重为协商自治实践创新创造良好的制度条件。它们的通常做法是"一个核心，多项配套"，即以一个机制为核心，围绕这个机制制定相关的章程和程序，再出台配套性措施，由此形成"制度链"或"制度群"来为新的实践机制提供强有力的制度保障。以广西贵港为例，其核心机制是"一组两会"，研究制定的《"一组两会"协商自治章程》详细规定了每个组织的职责定位和协商程序，在外围又健全实施《党小组工作制度》《户主会工作制度》《理事会工作制度》和《村民民主监督制度》四项配套制度，由此来确保"一组两会"的规范有效运行。实际上，制度供给完善的意义不仅在于它能够为某一种实践机制提供刚性保障，也体现在它增加了在现有制度空白领域进行探索的可能性，从而加快了制度创新的发展进程。

三是多元合力推动。一项成功的实践机制和制度安排通常是多元合力共同推动的结果。四个地区创新实践的推动方式可分为两种，一种是浙江临海和河南邓州的"党委首创 + 政社参与"，另一种是四川成都和广西贵港的"群众首创 + 党政推动"。前者按照主导部门发现问题、调研论证、试点先行、总结经验并逐步推行的步骤来推动实践创新机制的铺开，后者依照群众首创、党政部门发现、挖掘经验和做法，并逐步推广的顺序来实现新型实践机制的发展壮大。这两种推动方式虽然"源头"不同，但最终都实现了多股力量的"汇流涌动"。这也证明我国乡村协商自治的机制创新与当地的经济文化发展水平并无必然关联，关键在于尊重并激发基层群众和干部的创造精神。无论发起者是群众还是党政等主体，乡村协商自治的实践创新都必须有赖于党政部门和社会力量的共同推动才能有力地运转起来。

3. 差异比较

如前所述，虽然乡村协商民主的四种实践形式具备一些共同特质，但它们也存在着诸多差异，比如产生的时间和具体背景不同，牵头部门和推广范围不尽相同等，但这些不同与它们的"类型不同"相比是一种浅层意义上的区别。在类型划分上，学界当前相关的划分方法有两种：一种是功能划分法，有咨询式协商治理、自治式协商治理和共治式协商治理 ① 的三分法，也有决策性公民协商、听证性公民协商、咨询性公民协商和协调性公民协商 ② 的四分法，还有决策性协商治理、协调性协商治理、咨询性协商治理、听证性协商治理和评议性协商治理 ③ 的五分法。

---

① 参见徐明强：《基层协商治理的问题维度与制度供给——基于多案例的类型比较分析》，《理论月刊》2018 年第 5 期。

② 参见林尚立：《公民协商与中国基层民主发展》，《学术月刊》2007 年第 9 期。

③ 参见胡永保、杨弘：《中国农村基层协商治理的现实困境与优化策略》，《理论探讨》2013 年第 6 期。

另一种是制度划分法，按照制度基础划分为制度改良型、制度嵌入型、制度改良和制度嵌入混合型。① 这些划分方法有助于对不同的协商民主实践形式进行归类整理，并挖掘它们的内在作用机理。笔者在此采用权力结构划分法，即以行政村村"两委"权力结构为比较基点，以是否改变该权力结构以及改变的方式为判断依据，将这四种实践形式划分为维持型、融合型、嵌入型和下沉型，这也是它们之间的根本性差别所在。

在多维比较视野中（见表 2-3），每一种实践形式的特点显得愈发鲜明。它们存在着一些共性之处，但也表现出彼此间的诸多差异。

表 2-3　乡村治理中协商民主四种实践形式的多维比较

比较维度	浙江临海	河南邓州	四川成都	广西贵港
实践背景	利益矛盾加剧、政府工作不被理解	村"两委"工作"两张皮"	灾后重建难题、村庄"空心化"	自然屯党组织及村民自治薄弱
产生年份	2014	2005	2008	2011
牵头部门	市委统战部	市委	市委组织部	市委组织部
推动方式	党委首创政社参与	党委首创政社参与	群众首创党政推动	群众首创党政推动
核心机制	民主协商议事会	四议两公开	村民议事会	一组两会
类型划分	维持型	融合型	嵌入型	下沉型
推广范围	全市	全国选择性推广	全市	全市

一是维持型：浙江临海基层民主协商议事会。临海市创新基层民主协商制度的核心机制是民主协商议事会。在行政村一级，民主协商议事会主要由村"两委"及其下属各组织的成员、村庄老干部代表和外出代表人员组成。这意味着对于村"两委"成员来说，他们是一套人马，参与两个机制，既参与村级党组织和村委会活动，也参与新成立的民主协商议事会活

---

① 参见季丽新：《中国特色农村民主协商治理机制创新的典型案例分析》，《中国行政管理》2016 年第 11 期。

动。村级民主协商议事会既涵盖了村"两委"成员，又将村级下属的委员会、民间组织和村庄精英等纳入进来。这种制度创新的着力点在于使协商议事主体从村"两委"二元向乡村社会多元方向发展，它的最大意义是扩大了基层群众的协商参与度。临海设置的其他协商机制和平台，例如同心会客室、网络互动平台等也没有改变村庄既有的权力体系，都以保持既有村级党组织和村委会各自的权力架构为前提，因此它是一种"维持型"实践创新。

二是融合型：河南邓州"四议两公开"。邓州"四议两公开"的实质是探索一套使村"两委"协调融合的工作机制。村"两委"在实际工作中的种种不协调从根源上讲是由体制矛盾造成的，即两个组织的权力来源方向相反。"四议两公开"致力于解开两者的体制性"死结"，重新设计了村庄的协商议事流程，按照村党支部会提议、村"两委"会商议、党员大会审议、村民代表会议或村民会议决议的方式，来减少工作中党组织的领导权和村民自治权的摩擦和碰撞，实现并保障党员和群众的民主权利。它以崭新的机制和重设的程序，将村庄的决策、管理、落实和监督融为一体，把党的领导机制、村"两委"协调机制、党内基层民主机制和村民自治机制有机统一起来。这种做法改变了村庄以往的权力运作流程，促使村"两委"在工作中由"两条绳"拧成"一股绳"，因而是一种"融合型"的乡村协商民主实践探索。

三是嵌入型：四川成都"村民议事会"。"嵌入"的原意是指"把较小的东西卡进较大东西上面的凹处"①。这里引申表达为协商民主的实践创新机制"插入"到村"两委"既有的权力结构中去。四川成都的实践做法是在村民代表大会和村委会之间"嵌入"村民议事会，使授权方式从原来的村民会议、村民代表会议和村委会的两级授权，变为村民会议、村民代表

①《现代汉语词典》（第六版），商务印书馆 2012 年版，第 1039 页。

会议、村民议事会和村民委员会之间的三级授权。村民议事会作为常设决策组织，在授权范围内行使决策权、议事权和监督权。这种做法一方面实现了村委会决策权和执行权的分离，使村委会作为具体的执行组织来落实村级公共事务，从而使权力分配更加科学化、合理化。另一方面，不再拥有决策权的村委会，与村级党组织之间的体制性矛盾得以缓解，也使村级党组织由过去的事无巨细转变到了定方向和管大事上来。① 因此，村民议事会是一种"嵌入型"的协商议事机制创新。

四是下沉型：广西贵港"一组两会"。广西贵港的"一组两会"以自然屯为自治单元，使整个创新机制由行政村下移了一个层级。这种机制安排建立在村"两委"治理效度有限、自然屯之间利益诉求难平衡、村民分散会议难开的现实基础上。在自然屯成立党小组的做法，延伸了农村基层党组织的工作触角，把农村基层党组织的领导核心功能由村委一级下延到了村屯一级，增加了党支部的组织支撑点，强化了村党支部密切联系群众、直接服务群众的功能。自然屯的户主会作为议事决策组织，改变了我国当前普遍在行政村由村民大会和村民代表会议拥有决策权的做法，将议事决策的范围缩小到了自然屯。理事会是决议执行组织，与村委会相比，它也将村级公共事务的执行权下沉到了自然屯一级。因此，"一组两会"是行政村党的领导权、自治事务的提议权、决策权和执行权的整体下移，是一种"下沉型"的协商自治实践形式。

浙江临海等四个地区的乡村协商自治实践从机制设置和实现形式上来看既有共性，也有差异。但总的来看，它们都是对协商民主理论意涵的生动演绎。并且，它们在畅通村民的利益表达渠道、保障村民的民主权利、提高民主的决策质量和增进村民利益福祉等方面都获得了良好的

---

① 参见任中平：《成都市构建新型村级治理机制的经验与价值》，《党政研究》2014年第5期。

实践成效。可见，四个地区的乡村协商自治实践改革无疑是成功的。它们也为我国的村民自治机制创新和乡村治理效能提升提供了良好的经验借鉴。

第四节　全过程人民民主视阈下数智赋能村民自治的实践创新

在新时代新征程中，全过程人民民主的重大理论创新为村民自治注入了新的理念内涵，大数据和人工智能时代又为村民自治的发展创造了新条件和新契机。数智赋能村民自治由此成为完善基层党组织领导的农村基层群众自治机制的重要实践路径。这就需要在全过程人民民主的视阈下对数智赋能村民自治的实践创新进行系统分析。以浙江象山等四地的创新做法为案例观察点，来具体分析数智赋能村民自治的经验和成效、深层原因、过程机制和完善路径。

（一）数智赋能村民自治的创新经验及成效

在探索创新数智赋能村民自治的实践形式以破解村民自治运行难题的过程中，浙江象山、湖南衡阳、河北巨鹿和重庆酉阳的四个典型案例为我们提供了鲜活生动的样本素材。这里对它们的经验和成效加以分析。

1. 浙江象山：以"数"赋能，线上"村民说事"

为畅通村民议事参与渠道，象山县探索建立"村民说事"数字平台，主要做法有：一是聚焦流程再造，重构事务管理链条；围绕"说、议、办、评"四大环节，细化工作事项流程，建立"村民说事"数字化管理流程链条，同时构建"村民说事"环环相扣的线上递进式事务流程。二是聚焦应用开发，提升智能管理质效；加大数字应用开发，实现"村民说事"一键智达、村务决策一体联动、村级事务一网通办、村社管理一屏掌控、监督监管一览无余、评价反馈一触即可，推动村民自治过程的纵深发展。三是聚焦业务协同，实现数据管理联通；通过数字化改革，确立跨部门的创新运营机制，推动信息互联互通、数据共用共享，着力以"智治"提升村民自治实效。

2.湖南衡阳："人工智能＋屋场恳谈"

为解决村民难以全体同时参会等难题，衡阳市人民政府与湖南农业大学共建国家智能社会治理实验基地，在衡阳农村基层民主"屋场恳谈"首创地——衡南县三塘镇大广村采用 AI 手段探索智能社会治理的新路径：一是开设"人工智能＋屋场恳谈"应用系统，整合云计算、互联网、人工智能等技术手段，实现对屋场恳谈会全过程的数字化支撑。二是借助人工智能技术支持，举办线上线下相结合的"人工智能＋屋场恳谈"实验活动，开展实验组与对照组的社会实验。该活动包括民主征集、民主协商、民主决策、民主监督、民主评价 5 个环节，并开创"四题"新模式，即从"问题"切入，经过"议题"筛选和"难题"转换，变成能力提升的"主题"实现，以收集并解决村民面临的难题。三是采用视频直播、同步显示等形式保障村民的知情权和监督权，将协商议事的具体情况、协商共识和方法措施同步显示到手机 App 上；村民可以随时在手机上查看议题的进展情况，对协商议事过程和结果进行评价，加强事中事后监督。

3.河北巨鹿："巨好办"服务平台

为更好回应群众日益多样化的利益诉求，巨鹿县开发应用"巨好办"数字乡村综合治理平台，"五个模式"是其最鲜明的创新特色：一是设置"帮我办"应用模块，特殊群体及在外群众可以把所需办理的事项，通过平台推送至所在村（社区）组织，基层组织根据群众的授权委托，积极协调解决；二是通过"立即办"应用模块，网格员可以将在街头巷尾、田间地头发现的问题隐患和群众诉求一键上报、闭环处置；三是村民通过"立即办"

应用模块反映的问题，直接上传县调度指挥中心，24 小时不间断接诉处置；四是设立"居民服务请点我"应用模块，为村民提供家居和缴费等线上服务，方便村民的生产和生活；五是设立"码上监督""我要建议""我要投诉"等应用模块，方便群众行使监督权利。由此，巨鹿县建立起了全流程、闭环式、智能化问题处置机制。

4.重庆酉阳：搭建"数字乡村平台"

为充分激发村民的内生动力，酉阳县花田乡以科技赋能乡村自治，主要做法有：一是建立"线上＋线下"沟通机制，通过数字化平台实现在家村民的"实时沟通"和在外村民的"定时沟通"，推动大事共办、村务共商、民事民办。二是建设远程看家系统"天翼看家"实现"千里看家"，让外出群众实时查看家中情况，了解周围发展变化，实现"日不关门、夜不闭户"。三是建设群众信息反馈系统。设置"一键报警""我要办事""应急指挥"等功能，让群众将生活琐事、邻里纠纷、诉求困难等直接通过客户端向后台反映，后台信息处理员据此迅速启动服务和处置机制。四是建设政务公开线上平台，及时发布相应的惠民政策，让群众知道"该知道"和"想知道"的信息；"村务怎么样，网上就能看"，满足了外出务工村民对村务信息的知晓需求。

总体而言，浙江象山等四地的改革措施，在有效保障村民的各项民主权利、提升群众满意度和政务服务效率以及创新村民自治的制度规范等方面收效良好。浙江象山等四地的创新实践致力于寻找党领导下的数智赋能村民自治之道，正是对全过程人民民主的精神内核和村民自治制度理念的生动演绎。

（二）数智赋能村民自治取得成效的深层原因

浙江象山等四地实施数智赋能村民自治的创新实践之所以能取得良好成效，其原因可以从主体赋能、空间赋能、规则赋能和方式赋能四个方面进行分析。

1. 主体赋能：推动村民角色复位

村民是村民自治的主体，却因长期以来的主体缺位而被一定程度地"客体化"。这有两种情况：一种是村民的公共参与意识和能力不足而主动弃权；另一种是村民参与意识较高但因参与渠道不足而被迫"缺席"。针对这些情况，"村民说事""屋场恳谈"等线上平台的开发和应用，有助于激发村民民主参与的热情并拓展村民参事的网上渠道，以"数据多跑路"实现了"群众少跑腿"。在重庆偏远山村的调研中笔者发现，一些村民或村民代表之所以不愿参加村民会议或村民代表会议，主要原因在于存在误工成本或身体不便。线上村民议事平台的设置，则很好地应对了此类难题。村民在智能手机上通过"一键直达""一网通办""一屏掌控""一触即可"就能实际参与村庄公共事务的治理过程，参与成本更小，信息交流更方便快捷。线上应用系统充当了新的"村庄公共参与平台"，既拓宽了村民的参与渠道，也以敏捷治理的优点提高了村民参与自治事务的热情和能力。与传统召开议事会的方式相比，这种方式显然更能有效地扩大村民的主体参与度。因此，以数智化自治系统的开发和应用来推动村民的角色复归，是影响数字赋能村民自治取得成效的主体性因素。

2. 空间赋能：拓展村民参与场域

空间既是实体空间存在，也是个体与社会的关系存在，[①] 因此空间场域是影响村民自治运转效能的又一关键变量。村民自治诞生于传统的物理空间中，以往村民参与自治活动主要是在行政村范围内。随着城镇化进程的加快，村民的社会流动使村庄的社会关系延伸拓展到村域地理空间以外，这就对村民自治的实现方式提出了新的变革要求。如何实现流动村民

---

① 参见 [英] 格利高里、厄里编：《社会关系与空间结构》，谢礼圣、吕增奎等译，北京师范大学出版社 2011 年版，第 92 页。

在村民自治中的"返场"是防止村民自治衰落的关键。在实践中，重庆酉阳花田乡采用线上线下相结合的方式为外出村民建立"定时沟通"机制和建设远程看家系统，其优势在于使外出村民在家户和村庄两个层面都能超越时空局限，实现家庭私域和村庄公域的双重参与。由此，数智赋能体现为在物理空间以外建构新的数字空间，以有效回应村民的社会流动和自治式微问题。在村庄数字空间中，村民不再囿于户籍地和工作地相分离的时空束缚，运用电脑、手机和互联网就能实现在村庄自治活动中的共同"在场"，这正是数字智能技术具有的"跨时空链接""脱域性建构"功能的具体展现。可见，村民自治的物理空间和社会空间向数字空间拓展，提高了村民的民主参与度。

3.规则赋能：完善制度体系供给

村民自治需要规则的约束和规范。在引发热议的"紫南模式"中，曾经杂乱无章的村民代表会议之所以变得井然有序，原因就在于村"两委"制定了一整套议事规则来规范会议议事流程。[①] 在四个案例中，浙江象山的制度探索相对而言更为成熟，一是在制度体系层面，探索出台《"村民说事"监督规范》《农村小微权力清单规范》等多个文件形成数智赋能自治的制度链和制度群，为村民依规办事和村干部依规治理提供了权威性的文本依据；二是在工作体系层面，设置"说、议、办、评"4 个一级任务和 25 个二级任务，并建立 6 个工作环节和 12 个核心指标，由此构建起一套系统完备、目标清晰的工作体系，为村民自治事务的具体开展提供了可操作性指南。由于制度创新本质上是一种公共物品，具有非竞争性、非排他性和效用的不可分割性，所以很难由原子化的村民个体来提供，通常必须由国家和政府来提供。因此，由基层党政部门主导并持续完善规则供

---

① 参见林焕辉、段思午主编：《为什么是紫南？——乡村治理"紫南模式"70 问》，南方日报出版社 2021 年版，第 22—23 页。

给，是数智赋能村民自治取得成效的又一关键原因。

4.方式赋能：畅通直接民主渠道

村民自治是党和国家赋予村民的一项重要民主权利，承载着直接民主的理念。马克思在《哥达纲领批判》中明确地指出，民主就是"人民当权"。① 在基层实践中，村民自治作为全过程人民民主包含的直接民主内容的重要体现，是畅通广大村民直接行使民主权利的基本渠道。在四地的探索中，人工智能、大数据、互联网等技术手段的应用，使过去受制于时空等条件而无法召开的村民会议和村民代表会议，能够以网络直播、会议视频等方式"直接在场"召开。同时，引入机器问答和自动摘要为村民意见表达提供技术支撑，建立以扩展现实为中心的沉浸式体验增加村民参与的直接体验感等，都有助于打通以往处于淤塞状态的参与渠道，使村民直接参与自治的方式更加多样化。畅通直接民主渠道并健全民主参与方式，其衍生效应在于通过多次成功地参与村庄自治活动，既能加深村民等参与主体对村民自治直接民主属性的认知，也能逐步提高村民民主意识和参与技能。因此，以数字智能技术为直接民主参与方式赋能，有助于持续提升村民自治的运行实效。

（三）全过程人民民主视阈下数智赋能村民自治的过程机制

数智赋能村民自治是有效利用大数据、人工智能、区块链、互联网等数字智能技术的优势，赋予村民自治的所有主体和运作全过程以能力和能量的过程。这个过程并不是抽象的而是具体的，不是笼统的而是清晰的。浙江象山等四地的数智赋能村民自治，着力在村民自治的选举、协商、决策、管理和监督"五个民主"环节提质增效，具体体现并践行着全过程人民民主的价值和理念。每个环节都有相应的关键控制点，只有实现五个环

---

① 《马克思恩格斯选集》第 3 卷，人民出版社 2012 年版，第 371 页。

节的协调运行并控制好关键点，才能保障数智赋能村民自治全过程的高质量运行。

1. 数智赋能民主选举

民主选举是村民自治过程的首要环节。数智赋能村民选举，就体现在以技术手段增加村民直接选举的渠道和方式，提高村委会直选的竞争性和投票率。数智赋能民主选举的关键控制点在于构建并完善民意采集机制。民意采集既是听取村民不同意见表达的过程，也是村民意见集中汇聚的过程。在我国部分地区的村民选举中，一些村干部候选人"暗箱操作"甚至垄断选举，人为地隔断与广大村民的联结，造成自身严重脱离基层群众，降低了村民自治的选举质量。这警示我们在数智赋能村民自治中，要着重利用数字智能技术建立并完善民意表达机制、民意沟通机制和村民建议机制等民意采集机制，认真听取村民呼声、增加选举透明度以及提升选举公平性。如此，通过民意聚集把真正德才兼备、为民办事的人选出来担任村干部，为后续村庄公共活动的开展提供前提条件和重要保障。

2. 数智赋能民主协商

民主协商是多元主体形成合意的过程。数智赋能民主协商具体体现在"线上会议"或"线上会议＋现场会议"同时召开的场景中，外地村民、本地村民和其他利益相关者等多元主体在共享时空里共聚议事，围绕利益分歧展开充分的意见表达和沟通交流，由此化解矛盾、凝聚共识。在实践中，数智赋能民主协商的关键控制点在于协商主体的议事参与率和议事效率。就前者而言，要重点解决议事参与不足的问题。对此，可以运用数字智能技术，建立便携式议事平台和脱域性的议事机制，克服以往"参会难、人难齐"的突出问题，以提高村民等主体在民主协商环节的议事参与率。就后者而言，要着力解决"议而不决"问题。对此，在协商前，可运用大数据和云计算等技术，精准选择合适的议题并充分了解信息，为高效协商创造条件；在协商中，可采用大数据技术客观全面分析意见和建议，快速求得协商的"最大公约数",由此切实提高民主协商过程中的议事效率。

3. 数智赋能民主决策

民主决策是筛选方案并表决议案的过程。从人民实际需求出发,建立对人民诉求的回应机制,是民主决策的前提与保障。[①] 因此,在数智赋能民主决策环节,决策方案的选取和确定都要充分尊重并回应村民的意愿和诉求。这个环节不是"为民作主"甚至"替民作主",而是"由民作主",因此数智赋能民主决策的关键控制点在于充分回应民意。在具体操作中,可以运用人工智能等数智化应用系统,将村民提出的多项建议进行自动筛选,择取可行性、可操作性高的方案。在同一方案下,还可选择与本村村情差别不大且已实施类似方案的村庄,利用数字化系统进行比对和借鉴,选择更加科学合理的解决方案,由此提高民主决策的快捷性、科学性和专业化水平,在此基础上更有效地回应民意诉求。

4. 数智赋能民主管理

民主管理是将解决方案予以落实的过程。数智赋能民主管理,是采用信息技术和数字智能工具,加快决策方案执行并全面落实的过程。因此,及时执行和落实到位是数智赋能民主管理的关键控制点。在实施路径上,一是建立决策信息传播机制,确保方案及时落实。应用大数据等数字智能技术,发挥其降低信息的搜寻成本、复制成本、传输成本、追踪成本和验证成本[②] 等优势,能有效克服传统民主管理过程因信息流失、信息延误、信息偏差和信息不对称而可能导致的执行错位和执行不力等问题。二是建立重大决策在线执行机制。结合村庄的实际情况,探索建立一套智能管理、跨界交流、高效便捷的在线执行新模式,在执行中可借助二维码、手

---

① 参见李小雨:《全过程人民民主在城市社区治理中的探索——以上海社区基金会为例》,《党政研究》2022 年第 3 期。

② 参见王亚华、李星光:《数字技术赋能乡村治理的制度分析与理论启示》,《中国农村经济》2022 年第 8 期。

机 App 等数字智能工具，打破决策执行的时间和空间限制，确保决策方案特别是重大决策的快速传递和精准执行。

5.数智赋能民主监督

民主监督旨在确保乡村公共权力运作过程公开透明。数智赋能民主监督，是通过整合云计算、互联网等技术手段，将民主投票、协商议事、民主决策和执行落实等环节全程公开并同步显示的过程。全过程人民民主是公开透明的民主，以问责全覆盖推动治理中的履责。① 因此，全过程问责是数智赋能民主监督的关键控制点。在实践中，可以在借鉴传统成功经验如"后陈经验"的基础上进一步开展"智慧监督"，一是加强信息化手段运用，构建全覆盖的权力监督和执纪问责的大数据监督平台，打破以往的"信息孤岛"和"数据壁垒"；二是构建大数据监督预警模型，依托多种数据信息来源，精准发现隐蔽问题，提高数字监督发现问题的能力并及时问责；三是建立集信息公开、数据分析、信访举报、廉情预警等功能于一体的智慧监督云平台，通过设置"一村一码"等提高村民的即时问责能力。

（四）完善党领导的农村基层群众自治机制的实践路径

从发生学的角度看，我国以浙江象山等四地为代表的数智赋能村民自治实践，虽然初步取得了良好的预期效果，但整体上还处于探索创新阶段，例如湖南衡阳的"人工智能＋屋场恳谈"还处于实验期。综合这些案例样本的实践情况及其具有的政策扩散效应，未来我国应从治理理念、技术条件、自治主体和目标导向四个关键层面持续优化数智赋能村民自治的成效，由此更加完善党领导的农村基层群众自治机制。

1.治理理念：全过程人民民主的理念融入

民主是国家治理的重要手段。作为马克思主义民主理论与中国特色社

---

① 参见张贤明：《全过程民主的责任政治逻辑》，《探索与争鸣》2020 年第 12 期。

会主义民主政治实践相结合的最新成果，全过程人民民主是党领导人民治理国家的重要方式。浙江象山等地围绕"五个民主"而展开的创新探索，以良好的实践成效再次证明，坚持"人民当家作主"价值立场是对"西方民主竞争性博弈的价值撕裂"的真正超越。① 数智赋能村民自治的多样化创新形式，则是全过程人民民主这种"超越性"的具体展演，并集中体现为基层民主的广泛性、真实性和有效性。广泛性体现在从线下协商会到线上议事会，通过多元化的民主参与方式为党领导的村民自治奠定更加广泛的社会基础；真实性体现在借助数智技术从"离场"转向"返场""在场"亲自表达意见，使广大村民能最直接、最完整地表达真实的诉求；有效性体现在通过多样化渠道的建立，精准高效地解决广大村民遇到的痛点、堵点等实际困难。可见，只有蕴含着全过程人民民主理念的村民自治，才能切实将基层民主的制度优势有效转化为治理效能。未来要持续完善党领导的农村基层群众自治机制，就必须在村民自治的过程中全面融入全过程人民民主的价值理念。

2. 技术条件：拓展村民自治的数字空间

数智赋能村民自治离不开一系列必备的外部条件做支持和保障。在现实中，不同人群拥有和应用网络通信技术及数字化信息程度的不同导致了信息落差、贫富差距和知识隔离等两极分化的"数字鸿沟"现象。② 《中国互联网发展报告 2022》显示，我国仍有 25.6% 的人员没有接入互联网；从城乡网民规模来看，我国城镇网民规模为 7.58 亿，占网民整体的 72.1%；农村网民规模为 2.93 亿，仅占网民整体的 27.9%。在当前城乡一体化发展的背景下，要着力破除"数字鸿沟"问题，需要加大农村地区的

---

① 参见陈怀平：《全过程人民民主对西方民主的系统性超越》，《马克思主义研究》2022年第 5 期。

② Riggins, F. J. &Sanjeev, D.,"The Digital Divide:Current and Future Research Directions", *Journal of the Association for Information Systems*, Vol.6, No.12, 2005, pp.1–54.

数字基础设施建设，为村民的数字化参与提供必备的通信技术条件和信息沟通保障。在具体措施上，一是要加大财政支持力度。2023 年 5 月 4 日，国家财政部办公厅发布了《关于做好 2023 年农村综合性改革试点试验有关工作的通知》，将"创新数字乡村发展机制"纳入重点任务，旨在通过中央财政择优支持，有效带动地方政府加大投入，创新财政资金使用方式，因地制宜地探索财政支持数字乡村建设的有效路径和示范样板。这是提高乡村治理智能化、精细化和专业化水平的有益举措。数字时代的"财政下乡"，有助于逐步缩小城乡数字鸿沟。二是持续发展壮大村集体经济并加大乡村数字化建设力度，加快村庄内源式发展，为村民自治提供必要的技术、资金和人才保障。在此基础上，通过宽带接入、数字培训、社区数字中心、远程办公、视频会议等措施进一步拓展村民自治的数字空间。

3. 自治主体：提升数字化参与能力

数智赋能村民自治是广大村民一场新的大规模"民主训练"。自治主体不再局限于"生物人"，而是"数字人"。数字人是指在数字空间中具备数字化参与意愿和能力，并且能有效完成自治事务的村民。[1] 在乡土实践中培养"数字人"，一是要提高村民的数智化参与能力。例如，江苏省淮安市的外出乡贤和商人在 2021—2022 年间，有 1.75 万余人次以视频连线方式参与协商议事活动；截至 2023 年 6 月 6 日，安徽省广德市在推进"数据直达"的基层治理"智能化"实践中，建成"智慧门楼牌"等 11 个平台，使用人数超过 15.4 万人。这反映出基层群众具有"数字人"的特质和潜质，因此在乡村实践中要以"数字民主训练"促进村民的数智化参与。在村民自治中可以在村党群服务中心等便民服务点开展数字知识宣讲和培

---

[1]　参见何阳、汤志伟：《迈向技术型自治：数字乡村中村民自治的"三化"变革》，《宁夏社会科学》2021 年第 6 期。

训活动，开阔村民有关数字智能技术应用的知识视野，增加他们的技能储备和数字参与度。二是加快培育乡村数字领域人才。例如，2023 年 6 月，在湖南省委网信办、省商务厅等 6 家省直单位指导下，抖音公益主办的首期"乡村英才计划"在衡阳顺利开展。该计划是探索复合型数字化人才培养的创新模式，也是搭建乡村人才培育与发展平台的有益举措。在乡村数字人才培育中，要重点发掘并利用以新乡贤、自主创业青年为代表的村庄新兴力量，由此为村民自治和乡村振兴厚植数字人才基础。

4. 政策效应：数字赋能而非数字负担

数字智能技术的"双刃剑"特征，使其必须在最大化利益并最小化风险的条件下才能实现最优解。基层党政部门推行数智化自治，除了要规避技术本身的风险外，还要切实发挥"数字赋能"而非"数字负担"的政策效应。在调研中，一位乡镇干部不无隐忧地告诉笔者："数字化平台不能成为摆设，或仅是为应付上级检查而建立，而应该真正发挥它服务于民的功效。"因此，要防止数字乡村建设异化为"展示政治"① 或一场新的"政绩竞赛"。对此，一是要充分尊重村民的数字使用意愿。根据村民的个性特征和特殊需求，合理设置制度安排和工作方式，谨防"数字下乡"对老弱村民、残障村民等群体的过度干扰。二是在数字化政务推行中，谨防"一刀切"式地推行数字化自治，增加中老年村干部不必要的行政负担。村民自治的数字化活动，要为在数字空间破解"自治行政化"难题提供助力，而非进一步加重村民自治行政化。三是需要党在加强自身政治引领力的前提下，进一步健全乡村数字制度体系；在与村民自治相关的党纪党法、法律法规和村规民约中，增加"信息化、数字化、技术化建设"等条款，形成制度合力，为持续完善党领导的村民自治机制提供制度指导和规范。

---

① 参见李世敏、吴理财：《展示政治：理解政治的一种新视角》，《上海行政学院学报》2016 年第 2 期。

第三章 脱贫攻坚与乡村振兴

　　贫困治理是个世界难题。新中国成立以来，党领导的扶贫工作无论在广度还是深度上都取得了举世瞩目的成就。特别是党的十八大以来，党和国家通过海量资源下乡并持续推进深度扶贫工作，顺利实现了全面建成小康社会的宏伟目标，实现了全国 832 个贫困县全部摘帽，近 1 亿农村贫困人口脱贫，960 多万贫困人口易地搬迁。这是人类历史上规模最大的脱贫攻坚战，历史性地解决了绝对贫困问题，也为全球减贫事业作出了重大贡献。为持续巩固拓展脱贫攻坚成果，党和国家要求继续推进"脱贫攻坚与乡村振兴有效衔接"并设置五年过渡期，在国家战略上也将其纳入"十四五"规划并专门出台《关于实现巩固拓展脱贫攻坚成果同乡村振兴有效衔接的意见》，为新时代新征程脱贫攻坚与乡村振兴工作指明了前进方向和具体路径。本章围绕"脱贫攻坚与乡村振兴"这一核心议题，从新时代农村基层党建与脱贫攻坚的互动与协同发展、精神脱贫的耀州实践探索："八星励志"促脱贫、脱贫攻坚与乡村振兴相衔接的四川实践以及以健康乡村治理为突破口助推脱贫攻坚与乡村振兴四个小节来具体分析。

第一节　新时代农村基层党建与脱贫攻坚的互动与协同发展

　　党的二十大报告强调指出，要"巩固拓展脱贫攻坚成果，增强脱贫地区和脱贫群众内生发展动力"。在具体的实施策略上，党和国家要求要坚持充分发挥农村基层党组织的全面集中统一领导，健全常态化的驻村工作机制，建立统一高效的议事协调工作机制，以实现巩固拓展脱贫攻坚成果同乡村振兴有效衔接。这些施政方略蕴含着农村基层党建与脱贫攻坚工作之间的内在关系。从两者的互动关系入手，来探讨农村基层党建与脱贫攻坚的关系演进、互动形式、深层原因和发展路径。

（一）农村基层党建与扶贫工作的关系演进

从关系互动及其变迁的角度看，农村基层党建与扶贫工作从传统的各自单线演进到当前的互动协同发展，是两者关系演变的基本规律。

党的建设是党领导中国革命取得伟大胜利的三大法宝之一。改革开放40多年来，党的建设在社会主义改革发展实践中不断完善，逐步形成了以思想建设、组织建设、作风建设、制度建设和反腐倡廉建设为基本内容的一整套理论体系。农村基层党组织是党的全部工作和战斗力的基础，而"三个有机结合"揭示了基层党组织建设的演变轨迹，即实体领域党建与网络虚拟领域党建有机结合，单位党建与社区党建有机结合，有行政权力依托下的农村基层党建与无行政权力依托下的农村基层党建有机结合。[1]党的十八大以来，党中央又作出了全面从严治党的重大战略部署，并将其作为"四个全面"战略布局的重要组成部分。全面从严治党纵深推进的关键在于基层党组织建设。因此，在考察治理关系时，"要充分考量到党作为一种特殊的政治力量在国家生活、社会生活以及国家与社会关系中的重要作用"[2]。着力加强农村基层党组织对"三农"工作的全面领导，已经成

---

[1]　参见乐基伟：《改革开放以来农村基层党建三大发展趋势》，《上海党史与党建》2010年第7期。

[2]　林尚立：《集权与分权：党、国家与社会权力关系及其变化》，陈明明主编：《革命后社会的政治与现代化》，上海辞书出版社2002年版，第152—153页。

为当前农村基层党建和乡村治理的核心内容之一。

同时，我国的扶贫脱贫工作也自成体系。治理贫困是一个世界性的难题，我国自新中国成立以来相继经历了救济式扶贫（1949—1979 年）、以工代赈式扶贫（1979—1985 年）、以县为中心区域式扶贫（1986—1993 年）、八七扶贫攻坚（1993—2000 年）、整村推进式扶贫（2001—2010 年）、集中连片特困区式扶贫（2011—2013 年）、精准扶贫（2013—2017 年）和深度扶贫（2017—2020 年）八个阶段 ① 以及当前的脱贫攻坚成果巩固拓展期（2021 年至今）。伴随着这一发展历程，扶贫脱贫工作的关键词也相应地从"救济式""开发式""区域性""贫困县""整村推进"变化为当前的"精准化""深度推进""有效衔接"，扶贫主体也从"政府主导""政府参与"演变到了如今的"党政主导""社会参与"。随着政策的不断调整，脱贫也已远远超越了经济困难群体的日常生活层面，上升到了国家和政治的高度被予以重新审视和诠释。当前我国农村地区脱贫攻坚成果的巩固拓展效果直接关系到全面推进乡村振兴的战略实施，也事关国家治理现代化的发展进程。

对农村基层党建和扶贫脱贫工作的发展脉络进行简单梳理，可以发现：在过去较长的一段时期内，不论是农村基层党建还是扶贫脱贫工作，既存在着各自文本与实践相偏离的问题，也存在着两者之间的背离与契合问题。就扶贫而讲扶贫抓扶贫，就党建而讲党建抓党建，成了一些地区农村治理中的两大问题。党建与扶贫脱贫的不契合，一方面使扶贫脱贫政策和工作在治理实践中，因缺乏必要的组织依托而无法得到应有的落实，原子化的农村低收入群体在遭遇利益被截留时无法及时有序地进行维权，由此造成了脱贫工作的效能打折。另一方面也加重了农村基层党建的形式化。一些基层党组织因缺少必要的工作着力点，无法将治理理念予以传达

---

① 参见《破解千年难题　凸显治理优势——专家学者纵论新中国脱贫奔小康宏伟进程》，《北京日报》2020 年 5 月 25 日。

并将执政水平予以彰显，最终陷入内卷化的发展状态。

因此，农村基层党建与脱贫致富工作的协同推进，是进一步激发农村基层党建并巩固拓展脱贫攻坚成果的主要方向。特别是自2015年《中共中央　国务院关于打赢脱贫攻坚战的决定》实施以来，农村基层党建与扶贫脱贫的良性互动态势愈发明显。2021年中共中央、国务院颁布《关于实现巩固拓展脱贫攻坚成果同乡村振兴有效衔接的意见》，又为两者的互动促进提供了新的制度遵循。

（二）农村基层党建与脱贫攻坚的互动形式

新时代新征程巩固拓展脱贫攻坚成果并全面推进乡村振兴，需要推动实现农村基层党建工作和脱贫致富工作的协同共进。吸收我国精准扶贫工作中的优秀经验并将其传承延伸，是继续推进两者互动协同发展的一个基本思路。为此，党和国家一方面持续加强脱贫村的党组织建设，选好用好管好乡村振兴带头人。另一方面又对巩固拓展脱贫攻坚成果和乡村振兴任务重的村庄，继续选派驻村第一书记和工作队，健全常态化驻村工作机制。从农村基层党建和脱贫攻坚工作的互动看，当前我国实践中主要有三种形态：

1."党支部＋结对帮扶"

结对帮扶是用"结对子"的方法来帮助农村低收入村民的一种帮扶方式。它秉持着"先进带动后进"的原则，方式也很灵活，可以是一对一，多对一或者是多对多进行结对，有四种具体方法：一是城乡党支部结对帮扶，即城乡先进党支部结对帮扶后进村党支部（"后进村"是指巩固拓展脱贫攻坚成果和乡村振兴任务重的村），每个单位选派一名或几名年富力强、农村工作经验丰富的班子成员来担任结对村的指导员，牵头开展帮扶工作，强化后进村的党建工作和脱贫致富能力。二是村与村党支部结对帮扶，即先进村党支部对后进村党支部进行对口帮扶，通过签署党支部共建协议，开展党建及脱贫致富相关工作座谈会，进行"心贴心"的沟通，给后进村党员讲解党的各项惠民政策，使其树信心、懂政策、活思路，以此来提升后进村党支部带领群众脱贫致富的能力。三是非公企业结对帮扶，即党建先进、效益良好的非公企业党支部对后进村党支部及相关农户进行对口帮扶，着力为后进村党支部的建设提出改进意见和建议，为后进村开展经济发展工作提供经验和指导。四是党员干部结对帮扶。党员干部对后进农户进行一对一或一对多的对口帮扶，解决其生活中存在的问题和困难。对技能不高的党员和村民，帮劳动传技能，着力解决他们的持续发展能力不足等问题。

2."党支部+合作社"

这是农村党支部扩大组织覆盖并推动村集体经济发展的一种常用方式，使党支部和合作社之间形成帮助扶持的关系。有两种具体方法：一是党支部成员兼任合作社成员，这也是一种惯用方法。党支部成员同时担任经济合作社的职务，来发挥党员优势，建立健全合作社的各项规章制度，并为经济合作社寻求各项资源，完善经营，扩大销路，以增加经济合作社的创收能力。例如，近年来，山东省泰安市有效引导村党支部领办合作社，注重将村党支部的组织优势和合作社的产业优势相结合，积极探索村党支部领办合作社的有效形式，摸索出土地合作经营模式、产业合作经营模式、服务合作经营模式、股份合作经营模式四种村党组织领办的合作社的实践形式，极大地提升了村民的致富增收能力。[①]二是合作社上建支部，即直接把党支部或党小组建在合作社上，这是对党的历史上"支部建在连上"思想的灵活运用。笔者的调研资料显示，四川省广安市岳庙中心村下辖4个服务型党支部，即岳庙村社区党支部、岳庙村农村党支部、方佳山

---

① 参见邵鹏：《泰安市村党支部领办合作社的四大模式》，《中国农民合作社》2023年第4期。

果蔬产销专业合作社党支部和创辉生猪养殖专业合作社党支部，后两个党支部是直接将党支部建立在了专业合作社之上。不仅如此，方佳山党支部又包含长远花卉党小组等 5 个党小组，创辉党支部也下设岳庙村家禽养殖党小组等 3 个党小组，这些党小组也直接建立在了产业上。这种将党支部和党小组直接建立在产业合作社上的做法，激活了党小组这一基层党组织"神经末梢"的功能，使党小组和党支部成为带领群众致富、密切联系群众的"前沿阵地"，也在增加村民收入过程中取得了良好实效。

3. "党支部 +X+ 脱贫户"

"党支部 +X+ 脱贫户"的关键在于做大做好"X"来实现农村基层党建与脱贫攻坚工作的相得益彰。这类互动形式的差别在于"X"，它可以是企业、农业园区、理事会、村集体、家庭农场或脱贫基地等单一型载体，也可以是"企业 + 村集体"式的复合型载体。这种形式旨在通过打好"党支部 +X+ 脱贫户"的"组合拳"，充分发挥党支部的核心领导功能，把"X"这些新型的经营主体作为产业脱贫致富的有效载体，来撬动经济能手对脱贫户的带动能力。例如，陕西省石泉县曾溪镇以党建脱贫"双推进"为抓手，探索实践"党支部 + 能人合作社 + 脱贫户"的实践做法，以充分发挥党支部在产业帮扶中的组织保障和桥梁纽带作用，同时充分发挥农村能人在经济社会发展和脱贫攻坚工作中的示范引领作用，以充分调动群众致富的积极性和主动性。这种实践形式为后进村的农村基层党建工作提供了着力点和突破口，为壮大村集体经济并增加村民收入找到了新路子，也有利于把村民脱贫致富和农村基层党建工作落到实处。

（三）农村基层党建与脱贫致富的优势互补

我国各地的相关探索在整体上都采用"党建 + 脱贫致富"的做法来持续巩固拓展脱贫攻坚成果并提升乡村治理能力。其秘诀和精髓在于：农村基层党组织和脱贫致富工作能在乡村地域中发挥优势叠加和互补功能，即党建带脱贫、脱贫促党建、党建与脱贫致富协同推进。

1. 党建带脱贫

党建引领脱贫致富工作主要体现在农村基层党组织能够为巩固拓展脱贫攻坚成果提供组织依托，发挥在农村脱贫致富工作中的动员能力和资源调配能力。首先，在既有的乡村治理体系中，乡镇政府难以替代村民自治主体实现直接管理，而村民自治也普遍陷入了组织权威缺失的现实困境。尤其是在当前我国中西部一些农村地区"空心化"的社会情境中，村民自治组织的弱化甚至虚置，使部分低收入村民难以找到有效的组织平台来表达和实现利益诉求。农村基层党组织由此成为弥补性的活动平台，为脱贫群众实现利益诉求提供了强有力的组织依托。其次，在"政党—国家互嵌结构"[①] 的语境里，党组织拥有强大的动员能力和资源调配能力，再加上德才兼备的农村党员通常拥有良好的社会声望，因而能够发挥社会动员能力和资源整合能力，组织并带领脱贫群众夯实家庭经济基础。例如，云南省楚雄州禄丰县黑井镇培养脱贫致富带头人 60 人、农村经纪人 19 人，使一大批农村党员成为脱贫攻坚的先行者和生力军。总之，农村基层党组织可以在对上反馈、对外联系和对内沟通协调等方面发挥自身的独特优势，为巩固拓展脱贫攻坚成果提供有力的保障。

2. 脱贫促党建

脱贫致富工作能为农村基层党组织提升战斗力提供突破口，增加它与基层群众的密切联系，夯实农村基层党组织的执政之基。首先，访贫问苦是执政党贯彻群众路线的基本工作方法。[②] 农村党员与脱贫户"一对一"的结对入户帮扶活动，使他们对脱贫群体的生活状态有了更直观、更深刻的感知，从而深化对脱贫攻坚与乡村振兴工作的理解和认识。同时，基层

---

① 　林尚立：《中国政党制度与国家建设》，《毛泽东邓小平理论研究》2009 年第 9 期。

② 　参见李放春：《苦、革命教化与思想权力——北方土改期间的"翻心"实践》，《开放时代》2010 年第 10 期。

党组织成员对脱贫群体的帮助和扶持，使村民们能更真切地感受到基层党组织对他们的关怀，从而强化农村基层党组织的公共权威。其次，新时代新征程推动脱贫攻坚与乡村振兴有效衔接，内在要求党员群体必须提高对"三农"工作的执行能力。巩固拓展脱贫攻坚成果工作的开展，对一些软弱涣散的农村基层党组织提出了新要求，倒逼其必须改变现状，加强自身组织建设。例如，河南省三门峡市陕州区硖石乡在后进村建立脱贫攻坚责任小组，履行"包村包干"责任，并对3个软弱涣散村专门成立了整顿工作小组，最后使这3个村党支部的软弱涣散形象得到了明显改变。① 最后，脱贫致富工作能激发农村党员的工作动力和活力，使他们不仅要做好组织内部的各项事务，也要开动脑筋思考提升治理绩效的有效对策，以带动帮扶对象彻底摆脱"等靠要"等思想的束缚，这也潜在地有助于提升农村基层党组织的领导力和治理能力。

3. 党建与脱贫致富协同推进

农村基层党建与脱贫致富工作的协同推进，既不同于以往党建与扶贫工作的各自推进，也不同于单向度的党建带扶贫或扶贫促党建，而是党建与脱贫致富工作的有机结合与互动发展。在以往的农村实践中，常用的做法是单一维度地改善农村基层党建或脱贫攻坚工作，但一个维度的提升，常因时空错位很难带动另一个维度相继发生变化。在这种两相"隔离"的状态下，乡村社会的治理绩效始终难以得到大幅度的提升。新时代以来，农村基层党组织要构筑坚强战斗堡垒，脱贫攻坚工作也进入了新的发展阶段，两者的现实需要在同一时空领域内叠加，为它们的有机互动创造了良好契机。当下及未来，"党建＋脱贫致富"的发展探索既可以克服农村基层党组织工作无抓手、组织资源不足的缺点，也能够破除脱贫攻坚工作缺乏组织依托、持续发展无力的现实困境。在具体工作开展中，农村基

---

① 参见王红玲：《以党建带扶贫　以扶贫促党建》，《三门峡日报》2017 年 9 月 26 日。

层党建的组织基础以及农村党员的先锋模范作用，为脱贫致富工作的有效开展提供了强而有效的支撑力和带动力。而脱贫致富相关政策带来的资源外溢和密切联系群众的机会也进一步提升了农村基层党组织的执政权威和治理绩效。因此，"党建＋脱贫致富"做法的实质是实现它们的"双向再生产"①，两者既各自提升，又相互补充，协同推进，发挥出双向的良好外部性，这种"捆绑式"的发展探索能凝聚起乡村社会的强大治理合力。

（四）农村基层党建与脱贫致富的协同推进

在脱贫攻坚与乡村振兴相衔接的过渡期以及下一步的工作中，需要将农村基层党建与脱贫攻坚和共同富裕等工作相结合，持续深化推动两者的协同共进，由此推动乡村治理能力现代化。对此，关键在于要找准它们的结合点，可以从以下"四个有机结合"做起：

1. 农村基层党建的目标与脱贫致富的目标实现有机结合

农村基层党组织建设和农村经济发展都是需要稳步推进的系统性工程，离不开整体规划和阶段性落实。实现农村基层党建和村民脱贫致富的目标有机结合，就是要首先对两者实行精细化管理，绘制路线图，排出时间表，从而将庞大的长时段的目标任务细分为短期的、阶段性小目标，提升执行的可操作性。在此基础上，确保脱贫致富的阶段性目标和基层服务型党组织建设的阶段性工作目标同步开展，以实现两者的同安排、同部署、同落实、同监督。它既要求农村基层党组织的目标设置避免太超前或太滞后，保证在适度的范围内起到引领脱贫致富工作有序开展的功能，也要求脱贫致富工作要奔向共同富裕的目标并全面落实，从而保持与农村基

---

① 徐明强、许汉泽：《新耦合治理：精准扶贫与基层党建的双重推进》，《西北农林科技大学学报（社会科学版）》2018年第3期。

层党建共同推进的发展节奏。这样通过脱贫致富工作和农村基层党建目标任务的深度结合，确保脱贫致富工作做到哪里，农村基层党组织的服务工作就开展到哪里，从而避免两者在农村社会实践中出现错位和"两张皮"的问题，由此实现两者的"有效对接"。

2.农村基层党组织的制度落实与脱贫户利益保障实现有机结合

农村基层党组织的制度建设与脱贫户利益保障制度建设的本质在于维护并实现农村群众的根本利益。要建立健全两者有效结合的配套性制度措施，例如"第一书记"全覆盖制度、书记责任制等。更为重要的是，两者的制度安排要杜绝"挂在墙上"，要严抓精准落实。当前，农村基层党组织制度落实的关键点是要强化执纪问责，脱贫致富则要对脱贫户进行重点跟踪和持续帮扶。因此，一方面要用强化执纪问责的方式来为脱贫户利益实现保驾护航。另一方面，通过切实保障脱贫户的合法权益，来压缩乡村干部违法乱纪行为的滋生空间，倒逼农村基层党组织执纪问责的精准落实，由此来真正实现农村基层党组织的制度建设与脱贫户利益保障制度的"同频共振"。

3.农村党员队伍建设与驻村干部选拔工作实现有机结合

农村党员队伍建设和驻村干部选拔工作实现有机结合的关键在于增加人才资源。一是把党员标准和驻村干部选拔标准结合起来，严把质量关，把真正德才兼备的人才选拔出来担任党支部和脱贫致富工作的关键职务，发挥他们的"带头人"功能。二是注重挖掘致富能力强、威信好的村庄能人，把他们吸纳到党员队伍和乡村振兴队伍中来，改善当前农村管理队伍的年龄结构不合理、知识技能结构失衡等状况。三是把脱贫攻坚和乡村振兴工作作为检验并提升农村党员和驻村工作人员各项能力和素质的训练场，强化责任担当，通过提升他们的组织、宣传、凝聚和服务群众的能力来发挥党员干部的标杆功能。四是建立不合格党员和驻村干部的淘汰制和"传、帮、带"培养机制，提升农村党员干部队伍的工作能力，缩短人才培养周期，从而为农村党员队伍和驻村干部队伍建设提供充足的人才来源。

4. 农村党员干部作风建设与村民精神脱贫实现有机结合

农村党员干部作风建设与农村群众精神脱贫实现有机结合的重点是要治理"精神贫困"问题。农村党员干部的精神贫困主要表现为理想信念缺乏、精神迷茫、思想懈怠、工作涣散、躺平心理等。脱贫户的精神贫困主要表现为"等靠要"思想严重，好恶逸劳，致富积极性和主动性不强。对此，一方面要强化农村党员干部的作风建设，把它作为农村群众脱贫致富的精神引领力量。领导干部要努力成为全社会的道德楷模，带头践行社会主义核心价值观，讲党性、重品行、作表率，带头注重家庭、家教、家风，① 由此以家风促党风，以党风带民风，使农村群众展现出勤劳致富、积极向上的精神面貌。另一方面，通过激发脱贫户的精神脱贫动力来推动农村基层党组织的党风廉政建设。例如，陕西省铜川市耀州区采用"'八星励志'促脱贫"② 的工作方法，激发了经济困难村民的自立自强和奋发有为，提高了他们内生脱贫致富的积极性和主动性，创造出了党群互动促脱贫致富的良好社会局面。如此，以民风促党风，有助于进一步优化农村基层党组织的政治生态，从而为农村基层党组织和脱贫致富工作的协同共进营造良好的社会风气。

第二节　精神脱贫的耀州探索："八星励志"促脱贫

"八星励志"促脱贫的耀州实践模式，是陕西省铜川市耀州区为攻克

---

① 参见颜晓峰：《坚持依法治国和以德治国相结合》，《光明日报》2017 年 8 月 21 日。

② 《"八星励志"促脱贫——耀州区关庄镇道东村推动贫困群众自主脱贫记》，《铜川日报》2018 年 5 月 11 日。

脱贫攻坚工作中部分村民存在的"等靠要"等思想而进行的创新探索，旨在提高贫困户的内生脱贫动力。虽然该做法已经是过去式，但这些做法同样适用于巩固拓展脱贫攻坚成果时期的脱贫户以及其他低收入村民，因此对当前的脱贫攻坚工作以及乡村走向共同富裕具有很强的借鉴和启发意义。

（一）个体行为理论视阈下的耀州探索

精神贫困是指部分村民存在脱贫依赖性增强而主动性下降的现象，突出表现为"等靠要""甘于落后"等思想和行为。它实质上是一种主体性贫困，因此解决这一问题的根本之策在于重塑并激发脱贫村民的主体性，提升他们脱贫致富的动力和能力。以个体行为理论为分析视角，结合精神脱贫的耀州实践模式，来对精神贫困问题进行深入探讨。

个体行为理论属于行为科学的理论范畴，是管理学中的一个重要分支，被广泛应用于管理活动之中。研究涉及三个重要概念：（1）行为。心理学家认为，凡人类有意识的活动均称之为行为。（2）需要。需要是客观的刺激作用于人们的大脑所引起的个体缺乏某种东西的状态。（3）动机。动机由需要产生，它引起行为、维持行为并指引行为去满足某种需要。个体行为理论认为，个体产生动机受到内在需要、外界刺激、个体人格系统和社会心理环境这四个因素的影响。动机是人们行为产生的直接原因。[①]

个体行为理论与精神贫困治理具有天然的契合性。在个体行为理论的视角下，脱贫村民就是这样的一个个"个体"，管理的过程就是激发他们脱贫致富动机，继而使其产生自主脱贫致富行为的过程。该理论重视组织中人的因素，而当下我国乡村振兴中的精神脱贫难题，根本是要通

---

① 参见徐国华、张德、赵平编著：《管理学》，清华大学出版社1998年版，第170—171页。

过自我精神自立和外部助力来调动村民的脱贫致富积极性，重塑他们的主体性。因此，本文将把村民的精神贫困问题放置在个体行为理论的视角下予以考察，并用来分析耀州探索取得成效的原因。当然，任何理论都有它的应用边界，个体行为理论建立在这样的前提和基础上，即"个体"是有行为能力的，在动机驱使下能够采取相应的行动。因此，在样本范围内，那些已丧失劳动能力、缺乏足够的行为能力去改善生活，只能依靠国家社保兜底政策来维持基本生活之类的经济困难村民，不在我们的讨论范围。

道东村位于陕西省铜川市耀州区关庄镇，是"八星励志"促脱贫耀州探索的首创村。笔者先后两次入村调研，主要采用参与观察法和访谈法获得大量"第一手"资料。2017 年 3 月，陕西省委宣传部驻村工作队与道东村的"四支队伍"，即第一书记、镇包村干部、帮扶单位的驻村工作队、村"两委"干部一起，结合村庄"十星级文明户"①的评选工作，针对贫困村民凸显的"等靠要"等精神贫困问题，在实践中探索出了"八星励志"促脱贫工作法。耀州区在此基础上又实行了一些配套措施，由此形成了精神脱贫的耀州探索。

（二）"八星励志"促脱贫的做法和成效

为了改变贫困村民存在的"习惯穷""甘愿穷""等靠要""无奈穷"等现状，耀州区以"党旗领航奔小康、八星励志促脱贫"为工作抓手，在实践中逐渐探索出了以"八星励志"为主要内容的精神脱贫做法，其主要做法有：

---

① 陕西省 2015 年在全省农村开展"十星级文明户"评选活动，这十颗星包括：爱党爱国星、遵纪守法星、兴业致富星、勤俭节约星、环保卫生星、诚实守信星、孝老爱亲星、助人为乐星、文明礼貌星、移风易俗星。请详见陕西省文明办《关于印发〈关于在全省农村广泛深入开展"十星级文明户"创建评选活动的指导意见〉的通知》。

1. 设置八个星目

"八星"（见图3-1）具体是指"诚实守信品行好、热爱集体觉悟高、精神面貌变化大、摆脱现状愿望强、不等不靠动力足、勤劳致富步子快、致富点子提得多、示范带动成效佳"八个星目。这八颗星分为三个层次：第一层是底线层，包括"诚实守信品行好、热爱集体觉悟高"两颗星；第二层是激励层，包括"精神面貌变化大、摆脱现状愿望强、不等不靠动力足"三颗星；第三层是脱贫层，包括"勤劳致富步子快、致富点子提得多、示范带动成效佳"三颗星。这三个层次之间是层层递进的关系，以此来引导贫困村民在知耻辱中触碰思想，在晓事理中焕发精神，在明志向中推动行为，以唤醒贫困村民的觉悟、觉醒并实现他们的最终崛起。据统计，截至2017年年底，道东村的贫困户中已有53户获星，其中五颗星2户，四颗星7户，三颗星11户，二颗星10户，一颗星23户。

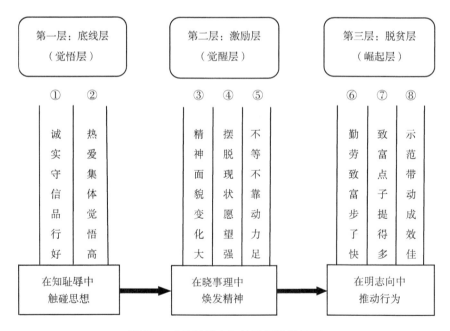

图3-1 "八星励志"的星目设置情况

2. 制定"励志脱贫光荣榜"实施流程

道东村制定了《励志脱贫光荣榜实施办法》，规范了"八星励志"的实施流程（见图3-2）。"四支队伍"以"八个星目"为考评内容，按照"日抽查、月碰头、季评选、年定级"的思路来开展工作，每个年度是一个完整的工作回合。它的具体流程是：

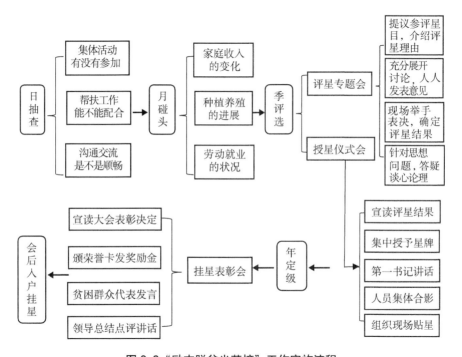

图 3-2 "励志脱贫光荣榜"工作实施流程

一是入户走访。"四支队伍"是八星励志的考评主体。他们通过入户走访，认真观察贫困户集体活动有没有参加、帮扶工作能不能配合、沟通交流是不是顺畅，及时了解贫困户家庭收入的变化、种植养殖的进展及劳动就业的状况，然后对所获取的信息进行汇总，通过衡量和研判，最终对贫困户能否评星以及评哪颗星作出客观公正的判断。

二是召开三个会议：①评星专题会，基本程序是：由第一书记或村党支部书记组织召开，镇包村干部、驻村工作队、镇机关相关业务干部、村"两委"会人员、村民代表、个别贫困户参加；由考察人对考察对象参评星目进行提议并简要介绍评星理由；充分展开会议讨论，举手表决，确定结果；对后进不进贫困户进行答疑论理谈心。最后，"四支队伍"成员每两人一组，每组考察人对该组所有考察对象依次提议，提议一人、讨论一人、表决一人。它是对贫困户评星工作进行协商讨论、民主评议和科学决策的过程。②授星仪式会，它由村党支部书记组织召开，镇包村干部、驻村工作队、村"两委"会人员、所有贫困户参加；宣读评星结果；镇包村干部、驻村工作队为贫困户授星；第一书记讲话；集体合影；最后，现场在光荣榜贴星。它是评星工作信息公开的过程。③挂星表彰会，它由第一书记或村党支部书记组织召开，镇包村干部、村"两委"会人员、村民代表、全体贫困户参加；宣读表彰决定，颁发荣誉卡，发放奖励金；贫困户获奖代表发言；镇包村领导点评讲话。表彰大会也可以根据情况采用村民自编自演的、反映励志脱贫题材的文艺节目。

三是授卡挂星。挂星表彰会后，由帮扶人员对获得四星及以上的贫困户，授予"X 星级励志脱贫户"（X 为星数）荣誉卡，同时根据星数多少发放相应的奖励金；之后，帮扶人员为贫困户在大门口挂榜上星，在屋内醒目位置张贴荣誉卡；连续两年获评六星以上的贫困户，作为脱贫致富先进典型上报并进行挖掘宣传。奖励资金从"道东村道德奖励暨扶贫扶志激励基金"中支取，四星为 600 元，每增加一颗星 50 元，八星为 800 元。

3. 以"爱心超市"为实践载体

耀州区还配套实施了爱心超市奖励办法，爱心超市按照每村每年积分不超过 1200 分，每分抵现金一元，但不能兑现金的方式运营。每村每月至少开展一次评分活动，每月发放积分不少于 50 分，每户每月积分上限为 10 分，积分可累积，年底发放完毕即可。爱心积分卡在全区爱心超市皆可通兑，村民可持积分卡兑换日常生活用品，也可兑换捐赠物品。例如，村民 W 因冬季积极除雪并帮人修剪果树而得了 5 分，于是可以在爱心超市兑换一袋洗衣粉。此外，在积分评定时，按照八星的不同星级给予相应的积分奖励，还设立了"爱心行为和立志脱贫积分公示榜"，对当月积分情况予以公示，以激励先进，鞭策后进。截至 2018 年 4 月，耀州区已建成区级爱心超市 1 个，镇（街道）级爱心超市 9 个，村级爱心超市 72 个，基本覆盖了全区所有的贫困村。

总之，耀州区以"八个星目""励志脱贫光荣榜实施办法"和"爱心超市"为主要的工作抓手，并辅之以相关的配套措施来开展贫困村民的精神脱贫活动。目前，这一实践经验已在全市范围内进行推广，在耀州区的所有行政村得到了实施，在实践中取得了良好的成效。它提升了扶贫干部精神脱贫工作的有效性，激发了贫困村民励志脱贫的主动性，也逐渐营造起了多劳多得、勤劳致富、脱贫光荣的良好氛围。

（三）"八星励志"促脱贫取得实践成效的原因

耀州区"八星励志"促脱贫的实践探索，在激发贫困村民的内生脱贫动力、提升他们勤劳致富的自信心等方面收到了良好的实践效果。从个体行为理论的视角来看，耀州探索取得成效的原因在于：

1. 增加了贫困村民的精神需要

贫困村民的精神需求通常是指他们对自身的名誉、尊重、认同和自我价值实现等方面的需求，与物质需求相比是一种更高层次的人生追求。耀州探索拓展了贫困村民的精神需求空间，这是因为：其一，耀州区设置的八个星目都集中在贫困村民的精神领域。它改变了以往仅靠物质资源下拨的单一型扶贫做法，将贫困村民对物质资源的过多关注和争取，分散并转移到了提升自我精神需求的层次上来。尤其是"勤劳致富步子快"和"示范带动成效佳"这两个星目，已经触及了贫困村民自我价值实现的精神层面。其二，它将贫困村民的精神需求划分为三个层次，并且层层递进。贫困村民只有在思想上先脱离了"底线层",才能进入"激励层",进而步入"脱贫层"。这不仅拓展了他们的精神脱贫空间,提升了他们的人生追求层次,也为精神迷茫、有脱贫意愿却不知所措的贫困村民指出了一个明确的努力方向。耀州探索通过这种星目设置对贫困村民进行循循善诱,从而提高了他们的精神需求层次。

2. 改造了贫困村民的个体人格

村落环境的相对闭塞、单一和落后,以及祖祖辈辈都物质匮乏的生存状态造成了一些贫困村民保守落后、安于现状的思想闭环,也使他们逐渐形成了听天由命、小富即安、不思进取等心理。这不仅使他们常把致贫原因归结于外部因素,也增强了他们对国家资源的依赖性,继而丧失了自主脱贫的精神动力。耀州区将社会主义核心价值观所要求的诚实守信、热爱集体、勤劳致富等道德品质融入到了八个星目的设置中。在这种情况下,贫困村民如果想评星、要评星,都必须先在自身的思想认识、精神状态和道德观念等方面不断进行自我审视和自我反思,从而唤醒了他们正确的致贫归因意识,促进了他们的生命觉醒。"你像诚实守信和热爱集体,通过评星让他知道,如果他不参与集体活动,就是让他从思想觉悟上知道这种做法是不对的。"(访谈编码:20180726YB)耀州探索将八颗星渗入到贫困村民的个人生命史中,鼓励他们改变思维定式,激发他们重新审视并界定致贫原因的思想意识,帮助他们找回发展心智、塑造精神以及实现自我价值的信心和动力,从而促使他们不断地突破自我并完善自我。

3. 强化了贫困村民的外部刺激

为攻克贫困村民的精神贫困顽疾,耀州区采用了多种激励方式来提高他们脱贫致富的积极性和主动性。一是采用物质激励和精神激励相结合的方式。在评星奖励中,贫困村民获四星可得600元,每增加一颗星奖励50元,八星为800元,连续两年获评六星以上的贫困村民,还将被作为先进典型进行表彰宣传。耀州区采用唱秦腔、扭秧歌等村民们喜闻乐见的方式以示鼓励，使他们成了村民眼中的"红人"。二是把正向激励和负向激励结合起来，以鼓励先进和鞭策后进。例如，村民 M 每天四处游荡，当他得知同小组有智障的人都获星后，心里很不是滋味，于是决心奋起，通过自身努力最终获得了两颗星。耀州区通过强化外部刺激，使原本同质化的贫困群体拉开了不同的层次，形成了争先向上的良好氛围。尤其是在世代居住的村落社会里，这些奖励金不仅事关贫困群体的物质收入，也关乎他们的面子、尊严和名望。面子触及了中国人社会心理最微妙奇异之点，是中国人调节社会交往的最细腻的标准①，因而能在更深层次上激发贫困村民的脱贫积极性。

4. 优化了乡土社会的心理环境

单一的物质扶贫方式很容易使一些贫困村民的价值观发生扭曲，好恶逸劳、以贫为荣等错误的思想观念对村庄既有的勤劳致富、多劳多得的朴素价值观形成了不小的冲击和挑战。耀州探索致力于营造多劳多得、勤劳致富的社会氛围。在评星活动中，"四支队伍"作为考评主体和公证员，采用同一标准并遵循同样的工作流程作出的研判，最大限度地减少了其他因素的掣肘，保证了评选结果的公正性，确保了贫困村民多劳多得、少劳少得。在爱心超市里，它的兑换方法将精神脱贫的要求与贫困村民的日常生活紧密地联结在了一起，将精神文明的价值赋予了牙膏等物质生活用品，也强化了贫困群众依靠劳动创造价值的意识。此外，陕西省在全省非贫困村民中开展"十星级文明户"评选活动，在"移风易俗星"里特别强调"邻里之间不攀比，贫富之间不妒嫉"，这使贫困户的八星励志和非贫困户的"十星级文明户"协同发展，也进一步增强了贫困村民勤劳致富的意识和信念。在乡土文化流失，社会主义核心价值观尚未完全深植的当

---

① 参见林语堂：《中国人》，学林出版社 1994 年版，第 203 页。

下，这种实践努力为乡村社会烘托起积极向上、勤劳致富的社会氛围，对贫困村民起到了正向的心理引导作用。

总之，耀州探索通过增加精神需要、改造个体人格、强化外部刺激和优化心理环境四个方面，促进贫困村民更快地挣脱窘困贫乏生活的奴役。这些成功的经验做法对当下巩固拓展脱贫攻坚成果并顺利实现与乡村振兴相衔接具有一定的借鉴和启示意义。

（四）耀州探索对脱贫攻坚与乡村振兴的重要启示

国家精准扶贫的制度安排是为了实现贫困落后地区的"扶真贫、真扶贫"，根本在于改变贫困村民的弱势地位，激发他们的内生脱贫动力和致富能力。耀州区以"八星励志促脱贫"为工作抓手的实践创新，对当下的脱贫攻坚与乡村振兴相衔接以及未来进一步全面推进乡村振兴具有一定的借鉴和启示意义。主要表现在：

1. 注重在全面推进乡村振兴中切实保障村民的民主权利

在实践中，耀州实践形式在评星专题会、授星仪式会和挂星表彰会三个重要会议里都很注重民主参与和信息公开，切实保障了贫困村民的知情权、参与权、表达权和监督权。但需要注意的是，在一些村庄里，驻村干部对村委会干部的部分权力替代，弱化了村民自治的公共权威，也在一定程度上造成了贫困村民民主权利的缺失。村民委员会是基层群众自治性组织，也是实现全体村民民主权益的重要活动平台。"四支队伍"为脱贫攻坚注入了强大的治理合力，但多元合作的要点在于发挥各个治理主体之间的互补优势并实现良好协作，而不能以其中某个或几个主体替代其他主体的应有功能。村委会与其他治理主体相比显得位低力小，在精准扶贫工作中很容易被边缘化。部分贫困村民遇到事情绕开村委会直接向驻村干部反映，淡化了村委会"当家人"的角色。一些村主任对驻村干部成为新的治理权威心生不满，遇到扶贫相关事务直接把工作推给驻村干部，既加重了驻村干部的负担，也进一步弱化了村委会的组织权威。因此，在乡村工作中增强村民自治的关键是要增强村委会的公共权威，找回村民尤其是弱势村民应有的民主权利。

对此，在未来的脱贫攻坚和乡村振兴工作中，要注重明晰多元主体的权责划分，强化村民自治的组织权威。一是驻村干部队伍要树立正确的政绩观，界定各自的职责划分，明晰彼此的权力边界，并将这种权责划分切实落实到行动中来，从而在低收入群体的精神脱贫中做好分工，实现良好协作，以防出现多头领导、争功诿过等不良行为。二是驻村帮扶人员要正确认识自身的角色定位，对一些软弱涣散的村级组织是起"带动"作用而非"代替"作用，注重处理好与村干部的关系，同时也要熟悉帮扶村庄和帮扶村民的实际情况，以便更好地融入村庄开展工作。三是村干部需降低对驻村干部的外部依赖性，切实做好低收入村民的"主心骨"和"当家人"，把闹访等矛盾和纠纷化解在村庄社会领域中，从而强化村级组织的公共权威。

2. 注重在全面推进乡村振兴中健全乡村互惠网络

耀州实践形式虽然取得了重要成效，但也还存在着互惠网络薄弱的问题。具体来说，贫困村民可以通过非正式团体的互惠与合作来保障自身的生存权和发展权。非正式团体与正式团体的差别主要表现在它遵循情感逻辑，是贫困村民在共同的生产生活中基于感情、喜好和性格等因素而结成的互助体。耀州区开展的"八星励志"促脱贫活动，从深层意义上来说更多是依赖于正式团体的合作，将扶贫收益、个人名望等因素与贫困村民的励志脱贫联系起来，由此形成一种利益联结机制。但这种实践探索在贫困村民情感维系的非正式团体建设中还存在明显的欠缺。尤其是在村庄"空心化"的现实情境中，传统血缘性的家庭或宗族等非正式团体，在扶贫救困、带动致富方面发挥的公共功能已日渐式微，既有的亲戚、邻居和好友等非正式的情感纽带也逐渐断裂，村民的行为逻辑正在从"亲疏远近向利益为主转变"①。这种社会现实使贫困村民在遭遇家庭风险或生活难题时,情感难诉和弱势无助的状态会愈发凸显。因此,厚培互惠网络来加强低收入村民之间的互动与协作,成为一个重要的改革思路。

在未来全面推进乡村振兴工作中,可以通过建立互助合作小组等方式来厚培低收入村民的互惠网络。当家族等初级互惠网络式微时,低收入村民可以培植次级互惠网络来"抱团致富"。他们具有相似的生存环境和共同的致富目标,因而便于联结而成相对牢固的非正式团体,发挥团体组织赋予他们的互助、协作、共享和发展的权利和能力。例如,在近些年来我国的基层经济发展实践中,一些地区探索建立的留守妇女互助小组、留守儿童关爱小组、留守老人互助小组、妇女手艺互助小组等。低收入村民可以建立类似的互助小组,改变自身原子化的生存状态,在这种由情感维系的非正式团体中强化自身的存在感,缓解经济缺乏带来的心理压力。低收入村民可以通过集思广益并互相扶持来集体应对共同致富难题,从而提升持续增收致富的动力和能力。

3. 注重在全面推进乡村振兴中优化"两新"组织的效能

耀州区为提高贫困村民的脱贫能力,在"爱心超市"活动中注重推动政府、企业及其他组织的公益服务资助,与社会组织的公益服务实现有效对接,以实现"政府购买服务、社会承接运行、群众从中受益"的最终目标,发挥了社会组织在励志脱贫工作中的良好功能。但是,耀州实践形式还存在着村庄社会组织和经济组织发展不足的问题。以社会组织为例,《中国社会组织报告(2022)》显示,2008 年至 2017 年,我国社会组织的增速呈现"下降—增长—再下降—再增长"的波动式变化;2018 年后,社会组织总量增速进入新一轮的下降通道,与 2020 年增速下降 2.78 个百分

---

① 黄祖军、庄宜倩:《转型期农村精英"差序人格"研究》,《广州大学学报(社会科学版)》2018 年第 5 期。

点相比，2021 年社会组织总量增速的下降幅度稍缓。① 这反映出社会组织的总体发展不稳定的态势。根据调研情况，耀州区还普遍存在着农村社会组织和经济组织发展不充分的突出问题。一般而言，贫困村民的社会组织活动平台越多，原子化程度就越低，就越容易实现资源共享并增强脱贫致富的能力，反之则很难为实现共同脱贫致富做出一致的行动。村级社会组织的稀少不利于改变贫困村民的原子化游离状态，不利于聚合贫困村民的集体优势并实现资源共享。因此，如何在村庄领域建立多样化的组织形态，发挥它们对低收入村民的"黏合"作用来助力乡村振兴，也是乡村治理的一个重点工作。

耀州做法对当前的脱贫攻坚和乡村振兴工作的启示意义体现在：要充分发挥农村社会组织以及经济组织等各类组织的功能，助力全面推进乡村振兴。对此，要在乡村社会中着力构建新型经济组织和新型社会组织，持续优化这两类组织的效能，不断增强低收入村民走向共同富裕的能力。一类是搭建乡村精英社会组织，发挥他们对低收入群众脱贫致富的带动功能。例如德清县的乡贤参事会、云浮市的乡贤理事会等农村社会组织，激活了村庄内生性本土力量，发挥了乡贤在勤劳奋进等乡风文明建设中的标杆功能，也激发了他们对低收入村民的带动和引导作用。另一类是搭建新型农民协会等经济组织，通过这些平台来强化低收入村民的组织依托和资源获取能力。例如，陕西省安康市汉滨区建立的新型职业农民协会，及时将职业农民内部的困难、问题、矛盾和要求予以反映，维护好职业农民内部的生产、经营和管理环境等，对于示范带动经济困难村民脱贫致富，提升整体产业效益具有重要的积极作用。② 由此，通过发挥这两类农村组织整合资源、凝聚社会力量的优势，提高脱贫致富和乡村振兴工作的实效。

---

① 参见《〈中国社会组织报告（2022）〉发布社会组织总量突破 90 万个》，《慈善公益报》2022 年 11 月 21 日。

② 参见李冀安：《汉滨区筹备新型职业农民协会》，《陕西农村报》2018 年 11 月 30 日。

第三节　脱贫攻坚与乡村振兴相衔接的四川实践

青杠树村在 2012 年以前是川西坝子上一个传统的农业村落，村民以种植水稻为生。2012 年以来，青杠树村在上级党政部门的支持授权下完成了整村搬迁，以发展乡村旅游为驱动力进行整村运营，走出了一条"党政授权赋能 + 乡村旅游增能"的脱贫致富与乡村振兴新路径。采用田野调查法和个案研究法，在授权赋能理论视阈下，对四川省成都市青杠树村发展经济并提升乡村治理绩效的实践过程、运行机制和优化策略进行系统研究。

（一）青杠树村的振兴探索

青杠树村位于四川省成都市郫都区三道堰镇，坐落于成都平原的腹心地带，村域面积 4.8 平方公里，辖 13 个村民小组，1909 户 5047 人。近年来，青杠树村积极进行乡村振兴创新，获得了"全国乡村振兴示范基地""中国十大最美乡村"等荣誉称号，其经济发展路径和乡村治理办法得到了各级主流媒体的关注和报道。本文所采用的材料源自笔者指导的调研团队① 于 2022 年 10 月对青杠树村的实地调研。研究团队在入村调研中主要采用参与观察法和访谈法，调研对象包括村"两委"干部和村民等，获取了大量"第一手"调研资料，为研究青杠树村的治理办法提供了饱和性的经验资料支撑。在资料使用中，采用案例研究的"三角互证"法则对所获材料进行筛选，能有效保证数据资料的可靠性和精准性。

---

① 参加本次调研的团队成员有：罗诗涵、王云彪、万冬静、杜成新、代盛仪、刘洪汛、王栩源、应文淇、朱文兵，均为西南交通大学 2022 级硕士研究生。

青杠树村以乡村旅游为抓手来发展经济并提升乡村治理绩效的过程，是党政领导部门作为授权赋能主体，支持村庄发展乡村旅游，并通过一系列赋能机制和赋能方式对乡村社会中的多元主体施加影响，进而推动乡村经济发展和良善治理的过程。

授权赋能（Empowerment）理论为这项研究提供了适配的理论分析视阈。该理论也称为授权理论或赋能理论，最初是指在企业中通过权力下放给员工，让他们获得更多参与权的管理行为。此后 Conger 和 Kanungo 把授权赋能的内涵拓展到心理学的动机和自我效能感方面。[①]Zimmerman 提出授权赋能包括组织赋能和心理赋能两个层面[②]，随后逐渐衍生为赋能研究的两个理论方向。组织赋能是从管理实践的角度，通过组织、领导和经理人的干预和实践，达到激发员工个人动机的目的；心理赋能是从微观视角出发，是基于员工对工作角色感知的心理动机结构，组织赋能只有被员工感知到以后才能真正地提高员工工作效能。[③] 此外，管理者和组织本身执行层面的种种赋能行为，为员工提供有利的工作环境，对员工自我能力的感知产生影响，从而提升员工的心理赋能水平。[④] 综上可知，授权赋能理论主张通过完善组织结构、引导员工心理并干预组织成员行为，来激发员工的工作潜能，最终提高组织管理绩效。

授权赋能理论与当前我国巩固拓展脱贫攻坚成果并全面推进乡村振兴的议题具有天然的内在契合性。具体表现在：一是在目标导向上，授权赋

---

① 参见张燕、王辉、陈昭全：《授权赋能研究的进展》，《南大商学评论》2006 年第 4 期。

② Zimmerman MA, "Taking Aim on Empowerment Research:On the Distinction between Psychological and Individual Conceptions", *American Journal of Community Psychology*, 1990, pp.169–177.

③ Wilkinson A, "Empowerment:Theory and Practice", *Personnel Review*, 1998, pp.40–56.

④ Hechanova MRM, Alampay RBA, Franco EP, "Psychological Empowerment, Job Satisfaction and Performance among Filipino Service Workers", *Asian Journal of Social Psychology*, 2006, pp.72–78.

能理论以提升组织绩效为目标导向，主张通过激发员工个体的潜能来推动组织高效运转。乡村振兴以"治理有效"为目标导向，强调通过乡村社会共同体的共建共治共享，提升乡村治理效能和治理现代化水平。可见，乡村振兴中的治理有效，实质上也是将授权赋能理念灵活应用于具体的乡土政治实践和经济发展的过程。二是在运行机制上，授权赋能理论聚焦于组织系统的结构、领导、心理三大要素，通过调整组织结构，加强领导工作，改造员工心理等一整套的运行机制来实现组织目标。全面推进乡村振兴同样离不开治理结构、领导体系、村民心理三大治理要素的有序运行。因此，将授权赋能理论应用到乡村振兴中，有助于形成运作有序、系统赋能的乡村社会场景。三是在实现路径上，授权赋能理论和乡村振兴的共通之处体现在，从个人和组织（村民和乡村治理组织）两个层面着手，借助结构、领导、心理等中间环节，达成领导层和员工层（农村基层党组织和广大村民）之间的同频共振和通力合作。

本文基于授权赋能理论并借鉴"赋能式治理"[①] 的分析框架，结合青杠树村经济发展和乡村振兴的实际情况，引入"乡村旅游"这一新要素来构建研究框架（见图3-3）：

在该分析框架中，首先，授权赋能主体是上级党政部门。在他们的引导支持下，青杠树村依托得天独厚的资源、生态和区位优势，按照全产业链思维，走组织化、品牌化、绿色化、产业融合的发展之路，发展乡村旅游业，促进乡村经济发展并为持续推进乡村振兴积累坚实的经济基础。目前，乡村旅游已成为青杠树村村集体经济创收以及治理效能提升的新动力和新引擎。其次，赋能客体即赋能对象，包括青杠树村村域内的村干部、村民和社会组织等多元参与者，他们是青杠树村村庄治理的主要行动者。

---

① 尹瑶：《赋能式治理：乡村治理有效的实践逻辑与优化策略——以川南林镇为例》，《湖南农业大学学报（社会科学版）》2022年第6期。

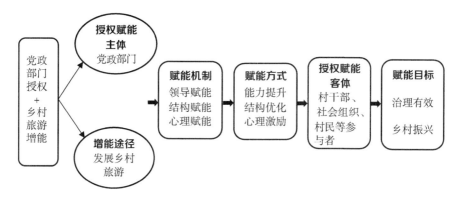

图 3-3　授权赋能理论视阈下青杠树村乡村振兴实践的分析框架

再次，青杠树村的授权赋能包括领导赋能、结构赋能和心理赋能三大机制，相应的赋能方式包括提高村干部的领导能力、优化村庄治理结构和采用多重激励方式等。最后，赋能目标是以乡村有效治理和经济发展为抓手助推全面实现乡村振兴。其中，授权赋能主体和发展乡村旅游构成推动乡村振兴的动力来源，赋能机制和赋能方式构成中间环节和运行机制，共同作用于乡村场域中的多元主体参与者，推动实现乡村社会的良善治理。这是一个要素完备、缺一不可的完整过程。

（二）"党政部门授权 + 乡村旅游增能"的实践过程

在授权赋能理论视阈下，上级党政部门通过治理重心下沉和向下放权赋能，支持青杠树村发展乡村旅游，继而推动乡村治理效能提升。从赋能的实践过程和运作机制看，具体体现在领导赋能、结构赋能和心理赋能三个方面：

1. 领导赋能：建强村委组织，提升乡村治理能力

在授权赋能理论视野中，领导授权赋能是指领导将权力下放给组织成员并提高其能力，以改变工作场合的关系。如果把乡村社会视为一个组织系统，那么村"两委"和村民是关键的组织成员。位于关键岗位的成员通

常是重点的赋能对象。在中国的城乡融合发展情境中，乡村社会的资源短缺或闲置已经成为制约乡村治理效能发挥的"元命题"。[①] 对此，党中央要求"尽可能把资源、服务、管理下放到基层"。在青杠树村的实践中，领导赋能具体体现在市、县和乡镇党政部门响应党中央号召，将治理重心下移并把一定权力下放给村"两委"组织。因此，领导赋能的重点是建强村委组织。

一是增强村级党组织的政治引领力。农村基层党组织是"三农"工作的领导核心，青杠树村在整村搬迁前存在着村级党组织软弱涣散等问题。2012年以来，青杠树村着重选优配强村级党组织，切实发挥党员群体的模范带头作用。例如，党员积极参加志愿服务队，带头联系群众，不断提高服务广大村民的能力，改善了农村基层党组织的治理形象。

二是提高村"两委"的公共服务能力。村"两委"运用下放的权力，将村庄闲置的生态旅游资源利用起来，用新发展理念持续推动发展乡村旅游业。据调研获悉，2020年该村实现旅游收入1.5亿元，村集体收入300余万元。充盈的村集体经济为村"两委"积极开展公共服务活动提供了有利条件。

三是吸纳新乡贤，为乡村治理提供人才支撑。据村党委委员A介绍，村庄5000多人中有3800多人在村，外出务工的人数约为1200人，基本都是就地就业（访谈编码：20221005A）。可见，该村并不属于"空心村"，为乡村治理提供了良好的社会基础。同时，村"两委"注重吸纳贤达能人、骨干人员、村民积极分子等新乡贤参与村庄治理。发挥新乡贤在乡村治理中的动员和协调等功能，能够降低乡村社会的治理成本，及时调解乡村矛盾和冲突，进而提高乡村治理绩效。

---

① 参见王文彬：《农村基层治理困局与优化路径：治理资源运转视角》，《深圳大学学报（人文社会科学版）》2021年第3期。

2. 结构赋能：纵横双向延伸，推动共建共治共享

乡村治理结构现代化内在要求建立"一核多元"的复合网状结构，实现"一元领导核心"和"多元行动中心"的有机结合。① 过去的青杠树村是一个"一元领导核心"的传统村庄，乡村治理结构是纵向双层管理，缺少横向的参与组织。为推动乡村治理结构现代化，青杠树村在纵横两个维度上实现了结构赋能。

首先，在纵向维度上，为适应新的村庄治理需求，青杠树村把"党组织建在网格上"，建构起"村党委—网格党总支—党支部—党小组—党员"五级联动的基层党组织体系，按照每个微网格长包联 30—80 户左右的标准，将全村划分为 33 个微网格，选配党性强、责任心强、知识技能丰富的年轻党员担任微网格长，做好"微网实格"治理工作。与村庄原有的"党支部—党员"双层管理体制相比，村庄现有治理结构的纵向层级增加，治理更加精细化。精细化治理既使党的社会整合功能深入到乡村社会的方方面面，也提高了党的政治引领效率。

其次，在横向维度上，乡村新经济组织和新社会组织的建立和发展，形成了不同组合形态的组织形式。一是"社区 + 党组织 + 商户 + 自组织"形式，这种方式将各自为政的商户组织起来，也将松散联结的村民团结起来，推动村域原子化人员的再组织。二是"骨干 + 散户"的志愿服务组织形式。据悉，青杠树村根据村民在本村旅游业中的自主经营特点，利用院落坝坝会来宣传志愿服务理念，组织引导 34 名骨干志愿者组建青年志愿者突击队，建立多元化志愿者家庭，目前已形成分工不同、目标明确的 7支特色志愿服务队（访谈编码：20221005B）。此外，青杠树村还成立了旅游合作社、粮经专业合作社和景区管理公司等组织实体。

---

① 参见宁华宗：《新时代乡村治理结构现代化：方向与路径》，《贵州社会科学》2021 年第6 期。

总的来看，青杠树村在纵横两个结构维度进行乡村社会再组织，在村庄自治、经济发展、文化互融、民生建设和生态优化等方面为多元行动者搭建多样化的参与平台，推动了乡村社会的共建、共治和共享。

3.心理赋能：加强情感链接，引导乡村凝心聚力

青杠树村通过情感聚合、文化融汇和参与激励等方式为乡村参与者进行心理赋能。

首先，青杠树村由散村到集村的转变，促进了村民之间的情感交流。青杠树村在整村搬迁中，它的"熟人社会"[1] 空间布局由传统的"林盘"[2] 改变为以"院落"为组合单位的更加聚集的居住形态。地缘、血缘和亲缘关系更加紧密，增进了村民之间的社会交往和情感密度，也拉近了村民之间的心理距离。据村干部 C 介绍，这种情感流动在青杠树村实践中发挥着实质性的情感凝聚功能（访谈编码：20221015C）。

其次，文化文明入心，加强村民之间的情感链接。青杠树村以村内旅游资源为载体，把传统川西农耕文化的精髓和底蕴、文明规范和文明意识融入村民日常生活，使村民更加坚定"爱村如爱家"的信念，让村民更积极、更主动地参与村庄公共活动。这种做法将家与村相连通，将村民的私人领域与村庄公共领域相联系，使村庄文化成为"链接个人与社区紧密互动的精神纽带关系"[3]，在很大程度上激发了村民的主人翁意识和公共参与的能动性。

最后，采用"基金＋激励"的方式实现村民凝心聚力。据村党委委员 D 介绍，慈善微基金由村民发动捐款 2 万多元来创建，通过售卖自创品牌矿泉水的方式实现资金入账，每卖出一瓶，就会有 0.2 元进入基金账户，

---

① 费孝通：《乡土中国　生育制度　乡土重建》，商务印书馆 2011 年版，第 9 页。

② 川西林盘是指成都平原及丘陵地区农家院落和周边高大乔木、竹林、河流及外围耕地等自然环境有机融合，形成的农村居住环境形态。

③ ［德］斐迪南·滕尼斯：《共同体与社会》，张巍卓译，商务印书馆 2019 年版，第 89 页。

基金用于村民的自我管理和自我服务（访谈编码：20221015D）。这种做法有效激发了村民的志愿服务精神，增强了村民参与公共活动的认同感和归属感。

（三）青杠树村实践中存在的问题及优化策略

在青杠树村的发展实践中，党和国家治理重心下移和授权赋能，以及支持发展乡村旅游业，改变了过去经济发展动力不足、乡村治理能力欠佳的村庄旧貌，使村民走上了致富增收以及乡村振兴的新征程。但在调研中也发现，青杠树村还存在着一些不容忽视的突出问题，制约着经济持续发展和乡村振兴实现进程。

1. 存在的问题

虽然青杠树村在脱贫攻坚和乡村振兴中取得了明显的成效，但其在乡村旅游产业发展、宣传力度、群众参与积极性和乡村人才储备等方面还存在一些亟待解决的问题：

一是旅游产业竞争力不强。首先，青杠树村的乡村旅游在产品内容上存在单一、文化存在感弱、转型困难等问题，与其他旅游区相比特色不足，导致部分游客流失。其次，旅游环境及卫生条件有待完善。例如，缺乏公共休息区域，公共卫生和安全设施不完善等。此外，青杠树村旅游业的发展在新冠疫情期间也受到了一定影响。据了解，该村在疫情期间采取控制人口流量的措施，致使 2021—2022 年间游客数量大幅下降，由此影响了村庄的旅游收入。随着疫情的放开，青杠树村的旅游增收压力得到缓和。如何采取差异化竞争策略并实现旅游产业升级，完善乡村旅游基础设施和条件等，是青杠树村发展乡村旅游业的工作重点。

大家都喜欢新鲜感嘛，喜欢不同类型的乡村，所以你只有一种特色的话，大家来玩几次也就玩腻了，他就会去其他的地方。因为现在崇州、邛崃，还有彭州那边的话有很多乡村，每年都有新的乡村出来，所以说这个竞争其实是很激烈的。（访谈编码：20221015A）

旅游产业的转型升级吧。这个是个比较大的问题，假如说你在游客当中的人气，它只要一散就没有了，所以这两年就是在想怎么对景区进行提档升级吧，然后把我们的乡村旅游重新做大、做强、做火起来，这个应该是最大的问题。（访谈编码：20221015B）

二是乡村旅游宣传力度不够。在大数据和人工智能时代，宣传特别是网络宣传是乡村旅游扩大社会知名度和影响力的重要手段。据调研获悉，青杠树村在乡村旅游宣传方面的工作有所欠缺，广告宣传力度不够。虽然青杠树村在乡村旅游的发展初期也尝试采用网络直播等方式扩大宣传，也吸引了一定数量的游客，但这种宣传方式并没有长期持续下去。当前，为了增加宣传效应，村庄也专门创建了微信视频号，但由于关注的人数不多，产生的社会影响力也相对较小。因此，青杠树村在未来的乡村旅游发展中要特别注重加大宣传力度，特别是结合村庄特色，通过网络平台和数字技术等扩大乡村旅游的社会知悉度。

三是村民参与度不足。在乡村组织架构上，青杠树村的全体村民可以通过村民自治组织来实现民主参与。但在实际活动中，普通村民的参与度明显不足。村庄调查数据显示，该村成立一个乡村社会工作组织，由村民自愿加入并组成 7 支志愿者队伍。志愿者共有 200 多人，而全体村民有5047 人，村民志愿者仅占全体村民的 4% 左右。这组数据反映出，在乡村治理舞台上，主动参与意愿强烈且较为活跃的村民仅占少数，绝大多数的村民公共参与能力有待提升。因此，持续提升全体村民的参与积极性，也是乡村治理和乡村振兴的一个工作重点。

四是乡村人才紧缺。虽然从在村村民的数量看，青杠树村与我国中西部地区一些"空心化"严重的村庄有所不同，但依然在一定程度上存在着乡村精英外流以及乡村人才在村不稳定的状态。一些懂经济、有智慧、年富力强、有改革创新精神的青年人选择外出务工、求学或创业，造成了乡村人才相对紧缺的情况，长此以往将不利于青杠树村的长远发展。因此，如何提升村庄发展产业的吸引力并大力引进乡贤人才，是青杠树村持续增收致富并实现乡村振兴的又一个工作重点。

从外出的人看，大概就是年轻人这种居多，主要是新一代和下一代。因为老年人在外面，他也做不了什么，而且老年的话基本上都在家不愿出去嘛。（访谈编码：20221015C）

2. 优化策略

针对上述存在的问题，需要从经济和人才两个方面重点入手，以推动青杠树村乡村旅游的稳步发展和乡村治理提质增效。

首先，村"两委"要重点对村庄旅游业发展中存在的突出问题进行治理。一是在产业竞争策略中，需要进一步凝练并提升村庄发展乡村旅游业的特色和优势，根据社会的发展和村庄资源适时调整并优化乡村旅游发展战略，在此基础上打破乡村旅游业的同质化竞争，实行差异化发展策略。二是在乡村旅游宣传中，继续采用直播宣传、微信公众号和视频号等方式扩大村庄旅游产业的知名度，同时要注重利用数字智能技术和数智化发展平台增加宣传力度，以充分释放乡村旅游产业的品牌效应。三是在乡村基础设施和条件上，增加村集体经济中相关事项的资金预算和支出，加大对乡村旅游公共基础设施和卫生条件的资金投入力度，加强对乡村旅游所需的生态环境卫生的治理力度，确保乡村旅游这一青杠树村的支柱性产业的稳定发展，持续发挥旅游增收并带动乡村振兴的良好效应。

其次，充分挖掘乡村各类精英人才，为他们提供多样化的参与渠道和平台。一是在乡村治理过程中提供多样化的参与平台来留住乡村精英人才。部分青年人才之所以选择外出，是因为在本村难以找到合适的机会来施展个人才华并获得自我实现感。对此，可以在村民自治的选举、协商、决策、管理和监督各个环节，吸纳一定比例的青年人才扮演议事员、智囊团、监督者和志愿者等角色，为他们创造更多的参与平台和施展才能的机会，由此提高青年人才在乡村治理活动中的参与度。二是可以成立专门的乡村精英参事会或议事会组织，发挥乡村精英人才在矛盾调解、建言献策、沟通协调等方面的积极作用。与个人行为相比，提供组织平台可以发挥群体对个人的引导和带动效应，由此吸纳更多的精英人才参与到乡村治理的多样化活动中。精英人才参与村庄公共事务既是有效提升乡村治理能力的过程，也是培育锻炼村级储备人才的过程。从以上两个方面着手来提升村庄治理能力，有助于为全面推进乡村振兴注入更加持久稳定的内生发展动力。

（四）青杠树村对脱贫攻坚与乡村振兴具有的启示意义

村庄不仅是现实的存在，也承载着历史的积淀。青杠树村在时光图景中的变迁与恒常共同塑造了当前的经济发展和乡村治理形态。青杠树村的产业发展和治理效能的提升过程，对当前我国的脱贫攻坚和乡村振兴工作具有的启示意义体现在：

首先，党政部门赋权和发展乡村旅游业可以成为推动巩固拓展脱贫攻坚成果和乡村振兴的两股重要力量。从案例研究角度看，过去的青杠树村恰为当前的青杠树村提供了对照实验组。十多年来，青杠树村的变迁发展史，是一部村庄经济总量持续增长的发展史，也是一部乡村治理效能不断提升的过程史，而影响这种变迁的两个最大变量是党政领导部门的支持和赋权以及发展乡村旅游产业。其中，党政部门通过向下授权和治理重心下移为青杠树村授权赋能，而乡村旅游业作为支柱产业，它的稳步增长为青杠树村村民的脱贫致富提供动能。这两个要素共同构成青杠树村村庄发展变迁的动力机制。在村庄发展过程中，领导赋能、结构赋能和心理赋能三者形成立体多元的运行机制，也深刻揭示出青杠树村社会变迁内在的实践机理。这启发我们，乡村社会的发展离不开党政领导部门的大力支持和授权，同时村庄的经济发展需要发掘乡村特色和优势并形成支柱性产业，通过产业振兴来进一步巩固拓展脱贫攻坚成果，由此为全面推进乡村振兴打下良好的经济基础和治理基础。

其次，要达到治理有效和共同富裕的政策目标，基层政府可以从优化乡村治理结构、发挥治理联动功能和增强村民心理认同三个具体方面着手，以持续提升乡村经济发展能力和乡村治理现代化水平。这是青杠树村对于我国脱贫攻坚和乡村振兴所具有的又一个重要启示。一是治理结构的优化，可以结合村庄治理实际进一步探索"一核多元、协同共治"的乡村治理结构框架，这与以往的"党组织—党员""村委会—村民"的双层治理结构相比，能进一步推动乡村治理结构的精细化和系统化。二是治理联动功能的发挥。多元主体协同共治不仅体现在结构形态上，也更体现在由此结构所决定的治理功能上。在纵向维度上，持续发挥村级党组织和村民自治组织纵向到底的治理功能，在横向维度上，切实发挥志愿组织、产业组织等乡村社会组织和经济组织的治理效能。在"共建共治共享"的原则下发挥各类组织之间的联动效应，进一步推动治理效能横向到边、纵向到底。三是增强村民心理认同。在城乡融合发展的时代潮流中，青杠树村因外来人员的自由往来而打破了传统的封闭格局，形成一个开放流动的村域空间。但是，青杠树村熟人社会的乡土底色犹未褪去，仍是一个地域相近、文化相通和利益相连的乡村治理共同体。以利益和文化为关键控制点，灵活采用多样化的治理方式，能够增强村民内心深处的情感认同，从而为村民脱贫致富和乡村振兴营造良好的乡土氛围。

第四节　以健康乡村治理为突破口助推脱贫攻坚
##　　　与乡村振兴

　　脱贫攻坚与乡村振兴是一个长远的系统工程和持续性的治理过程。在新时代新征程中，党和国家致力于通过多种战略安排来进一步巩固拓展脱贫攻坚成果并全面推进乡村振兴。例如，健康乡村建设、美丽乡村建设、法治乡村建设、数字乡村建设等分别是健康中国战略、美丽中国建设、法治中国建设和数字中国建设在乡村地域中的具体呈现和实施策略。单就巩固拓展脱贫攻坚成果而言，重要的举措就有通过发展乡村产业来充实村集体经济以促进村民增收致富，通过教育扶贫阻断贫困的代际传递链条，通过精神脱贫来破除思想贫困问题以提高广大村民的内生脱贫致富能力等。特别是，根据我国打赢脱贫攻坚战并全面建成小康社会的宝贵经验，谨防因病致贫、因病返贫是提升经济困难村民的家庭抗风险能力、推动他们持续脱贫致富的首要因素和最关键要素。因此，无论是实现共同富裕还是乡村振兴，最关键的依然是要采取有效的措施谨防广大村民特别是低收入村民因病致贫、因病返贫。健康乡村治理由此成为推动脱贫攻坚和乡村振兴的关键突破口。

　　在国家治理体系中，乡村场域因其基础性地位而成为国家重大发展战略的扎根地和交汇地，由此赋予健康乡村治理以不可忽视的系统性意蕴和新时代价值。健康乡村治理是健康中国战略实施的基础环节，是巩固拓展脱贫攻坚成果、防止脱贫户返贫的重要举措，也肩负着为全面推进乡村振兴培育健康村民的时代重任。因此，健康乡村治理是新时代新征程推动脱贫攻坚与乡村振兴的关键突破口。在此基础上，以系统论为分析视阈，从逻辑、结构和价值三个维度对健康乡村治理进行全面阐释，以期通过良善的健康乡村治理为脱贫攻坚和乡村振兴培育健康之村民、振兴之人才。

（一）健康乡村治理是脱贫攻坚与乡村振兴的关键突破口

在新时代新征程中，巩固拓展脱贫攻坚成果的关键是防止以脱贫户为代表的低收入群体因各种家庭风险而再度返贫，全面实现乡村振兴也内在需要身心都健康的"振兴"之村民。因此，当脱贫攻坚工作和全面推进乡村振兴工作同时在乡村地域中展开时，两者的交叉领域和汇聚点就体现为"培育健康之人"。而"培育健康之人"也是当前我国健康中国战略在乡村贯彻落实的基本要求和实施目标。因此，健康乡村治理就成为在五年过渡期推进脱贫攻坚与乡村振兴有效衔接，以及进一步全面推进乡村振兴的关键突破口。

目前，我国的健康乡村治理研究主要从乡村重点人群的健康治理、医防协同治理、基层健康医疗共同体构建、健康中国建设下的体育教育等外延性内容加以考察，缺乏对健康乡村治理自身的结构、功能和价值意义的系统分析。新时代新征程健康乡村治理可视为是一个长期复杂动态发展的系统工程，因此，有必要在系统论的视域下对其进行研究。厘清健康乡村治理的概念内涵，是从健康乡村治理系统内部展开学理分析的逻辑起点。

学界目前关于健康乡村治理尚未形成明确而又统一的概念界定，相关的概念有健康、健康治理、健康乡村、健康乡村建设。关于"健康"，世界卫生组织（WTO）认为，一个人完全健康必须同时包括身体健康、心理健康、道德健康和社会适应良好四个方面。这一提法突破了传统医学和世俗观念把健康单纯视为身体健康的狭隘理解，将其拓展到了心理和社会等层面。在此基础上，健康治理是指以促进和保障人民健康为主要目标，运用治理的思维和方法，通过共建共享以优化健康要素和具体策略的行动和过程。① 在此基础上，健康乡村治理可视为是在农村基层党组织的领导下，多元主体通过合理配置城乡健康医疗卫生资源，持续优化健康医疗环境和设施服务，提高村民健康医疗卫生的意识和能力，共治共建共享以提升广大村民健康医疗获得感、幸福感和安全感的全面治理过程，是新时代新征程健康中国治理的基础环节。

系统论认为，社会是一个相对独立于自然界的，由人类及其活动组成的开放的复杂巨大系统，由若干个相互联系、相互制约并相互适应的子系统组成，具有整体性、层次性、开放性、目的性和稳定性等特征。② 新时代新征程健康乡村治理呈现出鲜明的系统性特征。它以马克思主义人民健康观特别是习近平新时代关于人民健康重要论述为理论指导和根本遵循，是在乡村治理场域中对健康中国的原则遵循、战略主题、战略目标、发展理念和功能实现的深入贯彻和全面践行。一是在原则遵循上，坚持"健康优先、改革创新、科学发展、公平公正"的指导原则，以提高广大村民健康水平为核心，以乡村健康医疗体制机制改革创新为动力，以发展乡村健康产业等为重点，把健康融入脱贫攻坚与乡村振兴战略，为维护和保障村民健康提供全方位、全周期的健康服务。二是在战略主题上，在"共建共享、全民健康"的战略主题要求下，健康乡村治理要从供给侧和需求侧两端着手，统筹乡村社会和个人不同层面的力量，形成维护和促进村民健康的整体合力。同时，立足全体村民和全生命周期两个着力点，提供公平可及、系统连续的健康服务，由此在乡村社会地域中推动实现人人参与、人人尽力、人人享有。三是在战略目标上，健康乡村治理以健康中国三个阶段的目标为指引，着力在乡村健康制度体系、村民健康生活方式、健康服务质量和保障水平以及健康产业方面全面提升，以推动实现 2050 年"建

---

① 参见谢熠、谢瑜：《健康中国视域下健康治理的现实挑战与对策研究》，《卫生经济研究》2022 年第 11 期。

② 参见魏宏森、曾国屏：《系统论》，清华大学出版社 1995 年版，第 180—182 页。

成与社会主义现代化国家相适应的健康国家"的总目标。这也体现出健康乡村治理的目标导向性和动态发展性。四是在发展理念上，健康乡村治理摒弃"以治病为中心"的传统理念，倡导在"大卫生、大健康"的理念下应对乡村健康医疗发展的短板问题，推动实现广大村民的全面发展。五是在功能实现上，健康乡村治理具体从塑造村民自主自律的健康行为，在乡村社会中普及健康生活、完善健康保障、优化健康服务、发展健康产业和建设健康环境等方面推进，通过跨地域跨部门之间的协作和全民广泛参与，形成多层次、多元化的乡村健康治理格局。总而言之，健康乡村治理内在需要以"共生、共识、共建、共享"的系统治理情怀，使覆盖其结构、过程、功能、环境的所有要素共同发力，由此完成为国家富强和民族昌盛培育"健康的村民"的时代重任。可见，新时代新征程健康乡村治理既是深入实施健康中国战略的基础工程，也是巩固拓展脱贫攻坚成果并全面推进乡村振兴战略的重要突破口。

（二）全面推进乡村振兴中健康乡村治理遵循的三重逻辑

受长期以来城乡二元健康医疗体制的影响，我国城乡医疗健康资源客观上存在着分配不平衡和发展不充分的问题。系统论思想要求我们要在"城乡一体化发展"的背景下对新时代新征程健康乡村治理的理论逻辑、制度逻辑和现实逻辑加以认知。

1.理论逻辑：以"健康"为中心

健康乡村治理遵循以"健康"为中心而非以"治病"为中心的理论逻辑。以"健康"为中心强调健康优先，把实现人的全面健康作为首要价值取向和根本目标。它抛却了旧有的以"疾病"为中心或以"医治"为中心的价值取向和医疗目标。传统以"治病"为中心的治理模式单纯强调对疾病的治愈，这种目标导向使城乡医疗卫生制度建设和服务保障都以消除疾病为主要任务，忽视了对疾病的预防以及人的多样化健康需求，因此表现出明显的单一性、短暂化、局限性特征，是治标之策。新时代以"健康"为中心的治理模式不仅重视治病，也注重个体生命周期的健康治理全过程，特别是通过健康观念的培育来塑造个体自主自律的健康行为，是全方位、整体性和全过程的健康治理，是治本之策。城乡健康医疗的一体化发展内在要求要在"大健康、大卫生"的理念下，推动城乡健康医疗服务取向从"治疗为上"向"健康至上"转变，推动广大村民从"能看病""看得起病"向"不生病""不用看病"转变。

2. 制度逻辑：构建乡村健康政策体系

新时代新征程健康乡村治理的制度逻辑体现为构建并完善乡村健康政策体系。"新医改"以来，我国逐步建立起覆盖城乡居民的公共卫生服务体系、医疗服务体系、医疗保障体系和药品供应保障体系，形成了"四位一体"的基本医疗卫生制度。但数据显示，这依然未能彻底解决"看病难、看病贵"的问题，主要症结在于政府公共卫生投入不足以及医疗资源分配的不均等。① 新时代为满足广大村民日益增长的多样化健康需求，党和国家着重从政策深化和制度供给入手，通过持续改革创新来构建乡村健康治理体系。从健康中国和乡村振兴的战略要求和制度安排来看，把健康乡村建设作为健康中国建设的重要抓手。在政策体系上，已经逐步构建起涵盖乡村健康生活方式、乡村健康保障体系、乡村健康服务体系、乡村健康产业发展和乡村健康环境体系在内的健康乡村治理体系，增强了乡村健康公共服务的制度供给。

3. 现实逻辑：缩小城乡健康医疗服务差距

缩小城乡健康医疗服务差距是新时代新征程健康乡村治理的现实逻辑。2021 年《中国卫生健康统计年鉴》数据显示，我国城乡之间在卫生

---

① 参见杨欢、吕承超：《"新医改"十年：中国医疗卫生服务效率的区域差异、动态演进及影响因素研究》，《中国管理科学》2022 年第 2 期。

人员数、新生儿死亡率、孕产妇死亡率等多个指标上呈现出很大差异，以5 岁以下儿童死亡率为例，城市为 4.1‰，而农村为 8.5‰。① 此外，农村和城市居民的人均医疗卫生资源占有量也有明显差别。这反映出城乡健康医疗服务不均衡仍然是新时代健康中国治理的关键症结，也是健康乡村治理亟待解决的现实矛盾和突出问题。在推动城乡健康医疗一体化发展中，农村地区特别是偏远乡村社会中的弱势人群，包括脱贫户、孤寡老人、留守妇女和儿童、残疾人、精神病人等群体，是新时代新征程健康乡村治理的重点人群，也是缩小城乡健康医疗发展差距的最薄弱地带。有调研数据显示，在 1255 户村民中，经常考虑健康问题的村民仅占 13.7%。② 这反映出农村居民还普遍存在着健康医疗意识和能力不高的问题。因此，不断缩小城乡健康医疗服务差距并提升村民健康医疗的意识和能力，是新时代新征程实施健康乡村治理的现实背景。

（三）全面推进乡村振兴中健康乡村治理包含的结构要素

新时代全面推进健康乡村治理是一个系统的实践运作过程，包含着"主体—过程—环境—结果"四个相互联系、相互制约和相互适应的结构要素。其中，主体是最重要的要素，过程是运行性要素，环境是保障性要素，结果是导向性要素。系统论认为，只有子系统之间实现持续协调发展，才能取得整体的更优效益，这是系统最具根本性意义的问题。

1. 主体要素：自主自律

系统论将"人"置于系统的最重要最中心位置，也把"人"视为最活跃的因素。全体村民是新时代乡村治理系统中的主体性要素。村民能动性

---

① 参见国家卫生健康委员会编：《中国卫生健康统计年鉴·2022》，中国协和医科大学出版社 2022 年版，第 219 页。

② 参见刘芳：《农村居民"健康堕距"问题的社会学成因与治理对策》，《东岳论丛》2019年第 11 期。

健康意识的激发和自主性健康行为的塑造，是新时代新征程健康乡村治理的首要的最关键内容。系统论认为，精神系统的发生是从反应到反省的过程，人的认识也是能动的反映过程。因此，要从精神激发和观念塑造切入，引导村民形成自主自律的健康意识和行为。

首先，健康乡村治理要注重引导全体村民形成正确的健康观。在传统的"以治病为中心"的乡村医疗卫生治理模式中，村民对健康治理的认知大多局限于"看病"和"治病"。健康乡村治理则秉持着"全方位全周期健康服务"的理念，不仅涉及疾病的治疗，还关涉到疾病的预防、康复和健康管理等有关个体健康的全部环节和事项。乡村健康治理模式也由原来的"以治病为中心"转变为"以健康为中心"。这要求广大村民的思想观念也要相应地发生改变，将以往单一的"治病观"转变拓展为"全面健康观"。

其次，新时代新征程健康乡村治理注重增强村民的健康责任主体意识和能力。在卫生下乡和脱贫攻坚中，随着大量医疗卫生资源向乡村地域的倾注，一些村民逐渐滋生"等、靠、要"思想，健康责任主体意识和能力不高。《国务院关于实施健康中国行动的意见》明确要求要强化"政府、社会、个人责任"，把个人主体责任作为重要维度纳入健康治理的责任体系。在该体系中，每个村民都是自我健康的第一责任人。通过增强村民的健康责任主体意识和能力，实现"要我负责"向"我要负责"的思想和行为转变。

最后，塑造村民自主自律的健康生活方式。引导广大村民在日常饮食上要营养均衡，合理膳食；在生活习惯上，号召广大村民自觉控制影响身心健康的生活行为因素；引导村民及时关注并自查心理健康状态，提高自我心理健康素养和水平，形成热爱健康、追求健康的自主自律的健康生活方式。

2.过程要素：全面协调

系统的有序运行包含着一系列过程要素。新时代新征程健康乡村治理立足健康在乡村社会中影响的广泛性和整体性，注重从各环节全面协调，以优化健康乡村治理的政策设计和运作效能。健康乡村治理系统在过程要素上可以从健康供需结构序列和政策多元环节两个方面理解：

第一，在健康供需结构上，健康乡村治理从以往的"强调供给"逐渐转变为"供给与需求协调均衡"。新时代随着我国社会主要矛盾的变化，广大村民对日益增长的美好健康生活需要已经成为健康治理的重要内容。村民的健康需求结构存在两个方面：一是彻底解决长期以来存在的"看病难、看病远和看病贵"难题；二是不断满足村民日益多层次、多样化的健康需求。特别是农村的"空心化""老龄化"等社会现实，使村民普遍对更为优质的健康医疗卫生资源的需求更为迫切。对此，要"从供给侧和需求侧两端发力，统筹社会、行业和个人三个层面，形成维护和促进健康的强大合力"①。

第二，在健康政策结构上，健康乡村治理的政策结构强调乡村健康生活方式、乡村健康保障、乡村健康服务和乡村健康产业发展的全面协调。广大村民的健康生活方式离不开一系列健康保障、健康服务和健康产业的支撑。乡村健康保障政策则为村民的健康生活方式等环节提供了有力的支持。以村卫生室为中心的乡村健康卫生服务圈，能为广大村民的健康生活水平提供更加便捷高效的医疗服务。乡村健康产业的发展，能为乡村地区提供老年保健、健康疗养、休闲度假等功能。健康产品的开发能进一步提高广大村民的健康生活水平。因此，新时代新征程健康乡村治理的有序运作过程，离不开健康供需结构平衡以及健康政策各环节的全面协调发展。

3. 环境要素：开放联动

系统的开放性原理是指系统具有不断与外界环境进行物质、能量和信息的交换的性质和功能，系统向环境开放是系统得以向上发展的前提，也是系

---

① 《"健康中国2030"规划纲要》，人民出版社2016年版，第4页。

统得以稳定存在的条件。健康乡村治理系统的开放性，内在要求对它的外部环境要素进行考察，由此使系统在动态演进中实现持续累加的优化效果。从环境要素看，主要包括乡村健康绿色环境和乡村政策环境两个方面：

一是构建并完善乡村健康绿色生态环境。健康乡村治理的现代化是人与自然和谐共生的现代化。要按照生态系统的整体性及其内在规律，统筹考虑人与生态环境的关系。生态宜居是健康乡村治理和乡村振兴的关键，直接关系到全体村民的健康生活方式和健康生活水平。其中，优美的农村人居环境是典型的乡村健康文明生活方式。要"以建设美丽宜居村庄为导向，以农村垃圾、污水治理和村容村貌提升为主攻方向"① 来统筹城乡发展，统筹生产生活生态。通过持续营造并优化绿色的乡村人居环境，为新时代新征程健康乡村治理创造良好的生态环境条件。

二是形成乡村政策协同联动环境。乡村是国家的基座，健康乡村治理本身也处在国家各种战略在乡村场域中扎根落实的政策环境中。在乡村政策环境中，健康乡村治理不是封闭的"孤岛"，而是身处各种战略方针的交织叠加情境中，因此要在更加开放和全局视野中加以考量。健康乡村治理能够降低村民的因病返贫率和因病致贫率，以巩固拓展脱贫攻坚成果。健康乡村治理致力于实现人的全面健康发展，能为乡村振兴战略提供健康的人力和人才资源。健康乡村治理也直接关乎健康中国建设和美丽中国建设的成效，"互联网＋乡村健康"的治理模式也是数字中国建设在乡村地域的具体体现。因此，从国家施政环境来看，以健康乡村治理为突破口和重要抓手，既有助于各种具体政策之间形成协同效应，也有助于借助这种联动效应促进健康乡村治理自身的提质增效。

4.结果要素：全民健康

健康乡村治理的结果要素体现着系统的目的性原理。系统目的性原理

---

① 《习近平生态文明思想学习纲要》，学习出版社、人民出版社 2022 年版，第 44 页。

是指组织系统在运行中，在可控范围内不受或少受外界因素的影响，坚持表现出趋向预先确定的状态的特性。"共建共享、全民健康"是新时代新征程建设健康中国的战略主题，也是健康乡村治理的基本目标。健康乡村治理坚持两点论和重点论相统一的系统哲学观，坚持以全民健康为导向，着力从弱势群体和共建共享两个重点推进并形成全体村民健康的整体优化效果。

一是以弱势村民的健康服务供给和健康条件改善为重点，提高健康乡村治理的普惠性和公平性。在全面建成小康社会伟大征程中把"健康扶贫"、全面实现农村贫困人口基本医疗有保障作为施策重点和考核指标。在脱贫攻坚和乡村振兴进程中持续关注健康不公平性，以弱势群体的健康改善和健康服务提供为核心来落实健康中国战略。健康乡村治理旨在改善城乡健康服务不平衡和不充分的发展现状，通过优质医疗卫生资源向弱势村民倾斜，简化健康服务办事流程并升级技术等措施弥合城乡健康治理数字鸿沟，更好地满足弱势村民的健康医疗需求，以弱势村民的健康推进实现"全民健康"。

二是推动多元主体的共建共治共享。建设健康中国要靠社会的整体联动，把多元共治作为治理方式和治理过程，通过政府、企业、社会和个人等主体的协同努力，形成健康乡村的共治格局和效能提升路径。这就需要在政策设计上把"健康"融入相关的乡村政策安排，在具体运作中明晰政府与其他主体之间的责任和边界，调动乡村社会多股力量以形成共建共享的健康治理合力。"全民参与、联防联控、群防群治"的治理模式，即是新时代新征程健康乡村治理"共建共享，全民健康"系统思维的生动体现。

（四）全面推进乡村振兴中健康乡村治理具有的价值指向

新时代新征程健康乡村治理作为一个复杂长期的系统工程，在主体、过程、环境和结果的运作全过程中深刻体现着"健康治理为了谁""实现怎样的健康治理"以及"怎样保障健康治理"的伦理向度和价值指向。[①]

1. 坚持人民至上是新时代新征程健康乡村治理的核心理念

马克思认为，"历史活动是群众的事业"，决定历史发展的是"行动着的群众"。[②] 坚持人民至上是马克思主义政党区别于其他政党的显著标志。中国共产党始终坚持人民至上的理念，坚持全心全意为人民谋福祉的初心使命，大力实施健康中国战略。"坚持人民至上"贯穿于党和国家的健康政策设计和治理活动的方方面面，其本质是回答"健康治理为了谁"的首要问题。

一方面，健康乡村治理的政策体系体现着"以人民为中心"的治理理念。党的十八大以来，党中央明确了新时代党的卫生健康工作方针，把为群众提供安全、有效、方便、价廉的公共卫生和基本医疗服务作为基本职责。在政策设计上，《"健康中国 2030"规划纲要》指出把"健康村镇建设作为推进健康中国建设的重要抓手"，《乡村振兴战略规划（2018—2022年)》明确提出要"推进健康乡村建设"，《"十四五"推进农业农村现代化规划》规定要"全面推进健康乡村建设"。党的二十大报告也再次提出推进健康中国建设的具体制度安排。这要求新时代新征程必须把"以人民为中心"的健康治理理念贯彻落实到乡村治理领域中。这也决定着新时代新征程健康乡村治理必须坚持以人民为中心，始终把人民群众的健康福祉作为一切健康治理活动的出发点和根本落脚点，并将其全面落实到乡村社会治理的全过程中。

另一方面，健康乡村治理的实践活动也体现着"以人民为中心"的治理理念。针对"看病远、看病难和看病贵"问题，国家通过完善政策体系，简化健康服务流程，优化升级健康服务技术并创新乡村健康服务治理模式

---

① 李俊、吴永江：《系统论视域下新时代健康中国治理：逻辑结构与伦理向度》，《西南民族大学学报(人文社会科学版)》2022 年第 5 期。本节内容的写作得到李俊老师的指导，在"健康中国治理"的框架内进一步探讨健康乡村治理议题。

② 《马克思恩格斯全集》第 2 卷，人民出版社 1957 年版，第 104 页。

等办法来加以解决。例如，我国山东和陕西等省创新探索"第一村医"工作机制，通过干部驻村帮扶提升了偏远山区村民的健康获得感、幸福感和安全感。同时，针对基层群众日益增加的多样化美好健康生活需求，把美好健康生态环境作为"最普惠的民生福祉"，不断改善农村人居环境，用最严格的制度和最严密的法治来守护广大村民身边的青山绿水。此外，我国把发展乡村健康产业作为重要支撑，为基层群众提供健康疗养、养老服务和度假胜地等健康产品。这些乡村实践活动生动演绎着党和国家"坚持人民至上"的治理理念。

2. 坚持公平正义是新时代新征程健康乡村治理的价值追求

公平正义是中国特色社会主义的内在要求，也是新时代新征程健康乡村治理最核心的价值追求。坚持维护公平正义是党和国家的主流话语。新时代新征程健康乡村治理旨在改变城乡健康医疗发展不均衡不充分的现状，是推动实现社会公平正义的重要体现。

首先，健康乡村治理的制度规范旨在推动实现城乡社会的公平正义。从制度安排和战略导向来看，一是在区域均衡发展的布局上，推动优质健康医疗资源扩容并向乡村地区倾注；二是在防病治病上，加强对乡村地区重大慢性病的健康管理，提高乡村疾病防治和健康管理能力；三是在人才配置上，重视心理健康和精神卫生，发展壮大农村医疗卫生队伍。这些重要举措是健康乡村治理的重要内容，旨在以规则公平保障广大农村群众在健康医疗卫生资源中的机会公平和权利公平。

其次，加强对农村重点困难群体的健康扶持，推动实现城乡健康医疗资源分配的公平正义。城乡二元结构和贫富差距导致农村群众特别是弱势群体面临着健康医疗资源分配不均的现实问题。在乡村"空心化"和"老龄化"双重叠加的情境中，孤寡老人、留守妇女和儿童、脱贫户、精神病人、残疾人等群体是健康乡村治理的重点人群。医疗服务和健康资源向落后地区和弱势人群倾斜，是健康医疗卫生资源的再分配，也是社会救助体系的再完善，合乎"最小受惠者的最大利益"原则，这些举措也具体体现了健康乡村治理追求规则公平、机会公平和权利公平的伦理取向。

3. 坚持责任导向是新时代新征程健康乡村治理的重要保障

责任是人类社会的基本价值，也是党领导人民治理国家的重要原则。新时代新征程健康乡村治理坚持责任导向，是构建现代责任政治的必然要求。现代责任政治是以责任为"中轴"的政治形态，强调政治中的责任关系和责任形式，以及以此展开的特定的权力结构、制度设计和行动方式。[1] 健康乡村治理必须融入责任意识，才能实现"共建共享、全民健康"的美好愿景。这需要通过政府、社会和个人等不同主体的道德自律和责任约束，为新时代新征程健康乡村治理提供重要保障。

首先，对于个人而言，健康是人自身的精神与身体达至和谐的一种良好状态。随着时代的进步，健康已经突破个人层面的工具性价值，发展为追求"人的全面健康自由发展"的自我善治境界，具有终极伦理道德价值。这要求每个村民要道德自律，养成良好的生活习惯，形成健康文明的生活方式，由此才能达到"内在善"和"目的善"。其次，正如马克思所说："人的本质是一切社会关系的总和"[2]。在乡村公共生活中，个人的健康生产和生活方式影响着人与人之间的互动关系和行为模式。因此，健康自律和责任约束既是"对我负责"，也是对"他人负责"。每个村民良好的健康文明素养和行为方式发挥着积极外部效应，共同塑造着乡村社会良善的公共秩序。最后，国家层面的健康治理观和基层政府的健康治理实践，以责任导向和责任约束的形式规范广大村民的生产生活行为，引导全社会形成"健康自律"的良好氛围。所有的政策法规和规范性文件形成"义务的道德"，以无形力量约束各个健康行为主体。新时代新征程健康乡村治理，既要依

---

① 参见张贤明、张力伟：《论责任政治》，《政治学研究》2018 年第 2 期。
② 《马克思恩格斯选集》第 1 卷，人民出版社 2012 年版，第 4 页。

靠村民个体良好道德自律意识和行为的形成，也需要界定健康治理的边界和相应的道德责任和义务，依靠道德规范和责任约束来保障并实现个人的健康自由。

综上可知，健康乡村治理是静态结构和动态发展相结合的系统图景，是新时代新征程防止广大村民因病致贫、因病返贫的关键性举措，也是持续巩固拓展脱贫攻坚成果与乡村振兴的关键突破口。国家各项重大战略在乡村地域中的交织叠加，赋予健康乡村治理以重要的政策枢纽位置。在中国式现代化进程中健康乡村治理不仅在政策系统中具有关键作用，其本身也是一场优化健康治理效能的系统性变革，并以良善治理为目标，以不断优化治理效能来为脱贫攻坚和乡村振兴培育健康的人力和人才资源。

第四章　新乡贤参与乡村治理

　　新乡贤参与乡村治理是为破解我国乡村地区面临的乡土文化侵蚀、乡村精英流失严重等治理难题而提出的研究议题。在新时代新征程中，新乡贤参与乡村治理已经成为我国全面推进乡村振兴的政策安排和实施路径。本章围绕"新乡贤参与乡村治理"这一核心议题设置四个小节，第一节探讨新乡贤的内涵，与传统乡绅进行比较并探讨新乡贤参与乡村治理的积极作用；第二节结合田野调查资料和全国各地的探索实践对新乡贤参与乡村治理的实践形态进行归纳和分析；第三节以乡土法杰为例，探讨"三治融合"乡村治理体系中的法治型新乡贤；第四节针对我国新乡贤参与乡村治理中存在的突出问题，提出解决思路和优化路径。

第一节　新乡贤的内涵、比较与治理功能

　　在新时代新征程中，我国中西部农村地区普遍存在着村庄"空心化"、乡土文化遭侵蚀、乡村精英流失严重等治理困境。同时，中华优秀传统文化积淀着中华民族 5000 年来最深沉的精神追求，包含着中华民族最根本的精神基因，代表着中华民族独特的精神标识，是中华民族生生不息的丰

厚滋养，是中华民族的"根"与"魂"。① 积极探索优秀传统资源与现代治理经验相结合的路径和方法，已经成为破解乡村治理难题以促进乡村善治的重要思路。本节结合我国传统乡绅文化和乡绅资源，从历史延续性的视角，对乡绅和新乡贤的基本内涵进行阐述，在此基础上比较新乡贤与传统乡绅的异同。②

（一）新乡贤的基本内涵

"新乡贤"概念的产生并成为研究热点是多种原因共同促成的结果。可以从"新乡贤"的研究背景和概念源流两个方面来把握它的基本内涵。

1. 研究背景

从整体来看，乡村治理面临的现实困境、学者们的广泛探讨以及国家政策安排是"新乡贤"逐渐成为热点话题的三股重要推动力量。

首先，从乡村治理现实看，乡土文化侵蚀和乡村人才流失是乡村治理面临的两大突出问题。一是从乡土文化情况看，自 20 世纪 90 年代以来，城镇化和市场化的加速发展不断冲击着乡村社会的人际关系，也逐渐侵蚀着原本构成"熟人社会"关系基点的乡村传统文化，由此引发部分农村地区的村庄道德退化和社会信任危机等问题。同时，随着乡村社会的现代化转型，村民的利益诉求也日益多样化和复杂化。一些地区的农村矛盾问题突出，呈现出民事纠纷、行政纠纷和轻微刑事纠纷相互叠加渗透的新特征。由此，挖掘传统优秀文化中的乡绅文化，发挥其礼治和德治功能以应对乡村文化侵蚀等问题便成为新时代的召唤。二是从乡村人才情况看，人才外流和人才缺失已经成为乡村地区普遍面临的现实难题。据数据统计，我国 15 岁至 39 岁的年轻人常住在乡村的比例低于 30%，乡村 60 岁、65

---

① 参见何莉：《守护好中华民族的"根"与"魂"》，《人民日报》2018 年 7 月 30 日。

② 张露露、任中平：《乡村治理视阈下现代乡贤培育和发展探讨》，《广州大学学报（社会科学版）》2016 年第 8 期。

岁及以上老年人的比重分别为 23.81%、17.72%，比城镇分别高出 7.99、6.61 个百分点。[①] 这两组数据反映出乡村人才尤其是青年人才匮乏、乡村老龄化水平比城镇更高，已经成为乡村社会两大不容忽视的突出问题，也已经成为全面推进乡村振兴的关键制约因素。费孝通认为："中国落叶归根的传统为我们乡土社会保持着地方人才……人才不脱离草根，使中国文化能深入地方，也使人才的来源充沛浩阔。"[②] 因此，如何利用新乡贤资源并发挥新乡贤参与乡村治理的积极功能就成为应对这些难题的一个重要的解决思路。

其次，从学界探讨看，"新乡贤"逐渐成为一个舆论热词和重要研究课题。以 CNKI 数据库为样本进行分析，以"新乡贤"为主题词进行检索可以发现，自 2014 年以来，有关"新乡贤"的"期刊"文献年发表量分别为 2014 年 2 篇，2015 年 23 篇，2016 年 73 篇，2017 年 70 篇，2018 年 202 篇，2019 年 288 篇，2020 年 258 篇，2021 年 265 篇，2022 年 270 篇，2023 年 235 篇，可见，"新乡贤"的研究整体上呈现出稳步增长的态势，其中 2019 年达到峰值 288 篇。学者们的理论关切和研究焦点集中在：一是从研究背景看，把新乡贤放置在乡村振兴、乡村治理、"三治结合"乡村治理体系、基层协商民主等背景下进行考察。二是从研究内容看，部分研究集中探讨新乡贤的基本内涵、角色功能、伦理价值和地区差异，也有部分研究涉及新乡贤参与乡村治理的内在机理、制度供给、治理机制和民俗文化资源等方面，还有部分研究探讨新乡贤参与乡村治理存在的现实问题和优化路径。三是从研究方法看，除了理论探讨外，个案分析是学者们常用的研究方法，也有少数学者运用比较分析和类型学分析法展开研究。总的来看，学者们围绕新乡贤本身以及新乡贤参与乡村治理的议题纷纷各

---

① 参见李海金：《"外源内生"：乡村人才振兴的实现路径》，《人民论坛》2023 年第 17 期。

② 吴晗、费孝通：《皇权与绅权》，《民国丛书》第三编，第 14 册，上海书店据观察社影印 1949 年版，第 70 页。

抒己见，提出的问题主要有：新乡贤是指什么？新乡贤与传统中国的乡绅是一回事吗？如果不是，新乡贤与乡绅有什么样的联系和区别？新乡贤在参与乡村治理过程中能发挥哪些功能？这些功能从作用效果来看都是积极的吗？如果还有消极的作用，怎么进行引导和规避？这些学术探讨和理论争鸣推动"新乡贤"成为学界研究的一个热点话题。

最后，从政策条件看，国家和地方层面的政策安排为新乡贤参与乡村治理创造了良好的制度环境。自 2015 年中共中央、国务院印发的《关于加大改革创新力度加快农业现代化建设的若干意见》提出"创新乡贤文化"以来，2016 年至 2018 年中央一号文件进一步提及"新乡贤"概念，要求要充分发挥新乡贤在乡村治理中的作用。2021 年中共中央办公厅、国务院办公厅印发的《关于加快推进乡村人才振兴的意见》也强调要"加快培养乡村治理人才"。国家相关文件要求和政策支持为新乡贤参与乡村治理提供了重要依据，在地方层面也有多个省市提出要积极发挥新乡贤作用。例如，2018 年广东省委、省政府出台《关于推进乡村振兴战略的实施意见》，明确提出实施新乡贤返乡工程，从资金投入、政策支撑等方面推动新乡贤服务乡村振兴。在浙江的地方实践中，2020 年舟山市定海区委办公室、区政府办公室印发《关于加强镇（街道）乡贤联谊会规范化建设进一步发挥新乡贤在助推乡村振兴战略中积极作用的实施意见（试行）的通知》，在此基础上 2021 年定海区委人才工作领导小组办公室和区委统战部联合印发《关于加快打造新时代高素质定海新乡贤人才队伍助推乡村振兴的若干举措》。2021 年台州市路桥区委、区政府出台全省首个新乡贤带富实施性文件《关于新乡贤带富工程的实施意见》，促进新乡贤带富村集体经济。2023 年温州市发布《新乡贤联谊组织管理和服务规范》，助推新乡贤工作提质增效。这些措施为新乡贤参与乡村治理提供了重要的制度保障。

2. 新乡贤的概念界定

从发生学角度看，乡贤植根并源于传统中国深厚的乡土社会中。秦晖将我国传统社会结构概括为"国权不下县，县下惟宗族，宗族皆自治，自治靠伦理，伦理造乡绅"①。费孝通认为"绅"是从皇权系统中回归乡土的官员，他们也是"士"，即"绅士"，构成了乡土社会的知识阶层，并从礼治上维持着乡土的社会秩序与社会稳定。② 可见，作为一个历史名词的乡绅主要是指乡村知识阶层，包括科举及第未仕或落第士子、当地较有文化的中小地主、退休回乡或长期赋闲居乡养病的中小官吏、宗族元老等一批在乡村社会富有权威的人物。

乡绅近似于官而异于官，近似于民又在民之上。追溯历史，可以回顾乡绅阶层的整体变迁轨迹：科举制的诞生渐渐催生了乡绅的成长。继五代十国的长期战乱后，汉唐时期的世家门阀逐步式微，贵族体制趋于瓦解，科举制逐渐成为跻身上流社会的选拔机制。两宋时期乡绅开始兴盛，并渐渐壮大为我国封建社会的一个特有阶层。清末科举制的废除割断了乡绅与国家权力之间的利益纽带，致使传统仕进之路猝然断绝。乡绅失去了晋升的希望和制度性屏障，自此，乡绅对于乡村社会的权威整体上处于衰落态势。清末"新政"以及此后的立宪运动，进一步加速了清廷权威的微弱和官绅权争的纷乱。辛亥革命后"权绅化"进程愈益加速，并最终形成绅权的体制化。民国时期，国民政府在基层治理中处于虚拟状态，乡绅"痞化"现象日益明显。抗战胜利后，"共产党在农村实行的土地革命和'村选政治'，以各级'劳模'和'群英'为主体的乡村新式权威逐渐控制了乡村政治生活，传统权威的政治影响力大幅消退。对于中国乡村社会而言，绅士权势地位的最终退出，才真正标志了一个时代的终结"③。新中国成立

---

① 秦晖：《传统中华帝国的乡村基层控制：汉唐间的乡村组织》，黄宗智主编：《中国乡村研究》第一辑，商务印书馆 2003 年版，第 3 页。

② 参见吴晗、费孝通等：《皇权与绅权》，观察社 1948 年版，第 1—9 页。

③ 王先明：《变动时代的乡绅——乡绅与乡村社会结构变迁（1901—1945）》，人民出版社 2009 年版，第 484—485 页。

后，在党领导的乡村社会中，各类精英成为维护村庄治理秩序并推动乡村社会经济发展的重要力量。改革开放以来，随着村民自治制度在全国的推行，大量德才兼备的乡村精英通过竞选村干部来施展自身的才能和抱负。本书中把这些品德和才学为乡人所推崇敬重的人统称为"新乡贤"，在乡村治理中具体是指宗族长老、经济文化能人、农村老党员、老教师、老模范、老干部、复退军人，以及热心本地经济社会建设的其他人士。

（二）新乡贤与传统乡绅的比较

从比较的视角看，新乡贤并不是传统乡绅的简单复活，而是传统乡绅在现代社会中的新生。新乡贤继承了传统乡绅的部分基因：

一是两者都属于乡村精英。他们都具备这样的特点：意识高，他们大多是乡村中受教育程度较高的一类人物，能够突破观念束缚，思维活跃，胸襟阔达，更具创造性和奉献精神；能力强，能够克服抱残守缺，做到与时俱进，他们积极学习新知识和新技术，因此更容易掌握最新的管理经验和技巧；财力厚，他们中的一部分属于村中富人，财力居于一般村民之上，更有能力为乡村提供公共设施和服务；经验多，例如，乡村老教师拥有丰富的教育经验，退休官员积累了娴熟的管理经验，他们可以充当乡村治理活动的智库；人脉广，他们的朋友圈大，信息量多，能够及时掌握村庄动态和外界最新消息，从而更有效地参与乡村治理。总之，与乡绅一样，新乡贤"是独立于国家系统之外具有知识和文化上的独特优势和明显的道德优势、社会声望的农村精英分子"①。

二是两者都属于内生性治理资源。这种内生性具体体现在：首先，以乡绅和新乡贤为代表的乡村人才基于"生于斯，长于斯"的成长历程，与外派人才相比，他们更熟悉本地的风土人情和伦理秩序，因此降低了适应

---

① 阳信生：《现代"新乡绅"研究三题》，《文史博览（理论）》2013 年第 10 期。

农村生活的难度，更易融入到乡村治理的公共活动中，这是一种天然的优势所在。其次，新乡贤是故乡的守望者。由于落叶归根和乌鸦反哺的故乡情结，故土始终是他们精神依恋和感情牵绊的原点。在这种回归与回报的心理基础上，乡绅和新乡贤更易表现出奉献性和无私性。这使得这种内生性治理资源呈现出很强的独特性，也更具稳定性。"揆诸历史我们不难发现，乡村社会治理和乡村建设的成功，无一不得力于乡村本身内在力量的驱动。尽管面对乡村危机的境况，基于民族危机救治的急迫性，民国时期出现过由外在力量注入式的乡村建设运动，但最终由于乡村社会缺乏持久的内在动力而难获久远之效"①。因此，乡村治理和乡村振兴归根结底要靠新乡贤这类本土性的治理人才。

三是两者的活动具有明显的公益性特点。在公共教化上，乡绅与新乡贤根植乡土，蕴含着爱国爱乡、见贤思齐、崇德向善的力量，因而是规范乡村社会秩序和道德秩序的重要载体。在公共活动中，传统乡绅的主要职责有"公益活动、排解纠纷、兴修公共工程、组织团练、征税、维护寺院、学校和贡院等"②。新乡贤基于回报家乡的心理，在修建道路、调解纠纷、资助困难家庭和发展村集体经济等方面积极贡献力量。例如新乡贤苏某，2014年将企业交给子女，回到家乡居住，把老房子拆掉建了一座古香古色的三层农家四合院，取名"苏源"，并购置了书桌、椅凳、各类图书，将其作为村里的文化中心，而自己却只住其中的一间房。由此可见，无论是过去还是现在，乡贤都有其永不褪色的闪光价值，他们承载着乡村道德教化的功能，也能为乡村提供公共设施和服务。

四是两者参与乡村治理的权力都是非正式的。正式权力是依靠组织授权而获得人们认同和服从的一种权力形态。与之不同，乡绅和新乡贤主要

---

① 王先明：《"新乡贤"的历史传承与当代建构》，《光明日报》2014年8月20日。
② 张仲礼：《中国绅士》，上海社会科学院出版社1999年版，第48页。

依靠自身的品德、学识、财力和情感等个人因素来获得乡民认可和社会权威，是影响或改变村民心理和行为的楷模力量。在治理活动中，他们大多并非依靠党政部门赋予的正式权力参与乡村治理，更不是强制性的执行，而更多是一种自发性的付出，因此他们的权力本质上是一种非正式权力。

由上可知，乡绅与新乡贤在群体特质以及参与乡村治理的行为模式等方面都有诸多相同特征，但是这并不意味着新乡贤完全等同于乡绅。新乡贤并不是传统乡绅的简单复活：

一是政治制度环境不同。传统乡绅身处等级森严的专制统治下，在乡村社会由官、绅、民构成的"权力—利益"结构中，传统乡绅维持着地方秩序的稳定和利益调节。他们主要扮演官府政令在乡村社会贯通并领头执行的角色，充当乡村社会的政治首领或政治代言人，是连接统治者与下层农民之间的桥梁。尽管他们中的有些人曾经掌柄过有限的权印，极少数人可能升迁官衙，但始终处在封建社会的清议派和统治集团的在野派位置，因此难以有真正的"民主"可言。新乡贤则身处民主治理的政治环境中。自从我国确立了基层群众自治的政治制度，农村的基层民主建设得到了长足的发展，已经逐渐形成了村民实行自治、群众当家作主的社会局面，并在新时代新征程中践行着全过程人民民主的重大理念。在这样的政治制度环境中，新乡贤实际上是对广大农村完善村民自治的一种有益补充。同时，新乡贤可以通过村民委员会来实现自我管理、自我服务、自我教育和自我监督，依法实现民主选举、民主协商、民主决策、民主管理和民主监督等各项民主权利，因此，新乡贤群体所拥有的是一种真正的现代意义上的民主。

二是核心价值观念不同。传统乡绅始终是儒家思想最可靠的信徒。他们主张无论人性是善还是恶都可以用道德来感化教育人，并通过这种心理改造使人心良善、明白耻辱而无奸邪之心；他们遵守贵贱、尊卑、长幼各有其特殊的行为规范，致力于实现"君、臣、父、子、兄、弟、夫、妇"的理想社会。因此，在朝代更替、皇权易主的年代，乡绅捍卫儒学的决心和勇气与官吏相比更胜一筹。新乡贤则在批判继承儒家思想的基础上，以中国特色社会主义文化为精神给养，他们信奉"富强、民主、文明、和谐"的国家层面的价值目标，"自由、平等、公正、法治"的社会层面的价值取向以及"爱国、敬业、诚信、友善"的个人层面的价值准则，并以此严于律己。他们是社会主义核心价值观的引导者，也是积极推动乡村文化振兴的践行者。

三是社会认同方式不同。传统乡绅身处"士农工商"的等级结构以及"绅为一邑之望，士为四民之首"的普遍性社会认同中，其社会地位更多是基于一种身份等级取向。新乡贤的社会权威必须建立在民众认同的基础上才具备权威来源的合法性。这与"古有四民，商居其末"的封建等级地位结构有着明显的时代性差别。具体来说，新乡贤是当前我国全面推进乡村振兴战略中的难得的精英人才，他们在乡村治理中的行为表现需要通过群众的评议和认定。这使他们拥有更为广泛的群众基础，他们的治理行为也更容易得到广大村民的普遍认同。这为新乡贤积极参与乡村治理厚培了民意基础。

总之，现代性赋予了乡贤群体以新的时代特色和时代品格，这正是其"新"之意义所在。张颐武认为"新乡贤成了连接传统与现代的桥梁，让传统与现代有了'可译性'"[1]。新乡贤既继承了传统乡绅的优秀因子，也剔除了传统的"礼"中人与人之间不平等等不合理因素，包含着现代社会的民主法治精神和德治素养，体现着公民之间的平等地位和相互尊重，因此它并不是传统乡绅的简单复活，而是传统乡绅在现代社会中的新生。

---

[1] 《重塑新乡贤文化　倡议乡贤挂职当村官》，《人民日报》2015年9月30日。

（三）新乡贤参与乡村治理的积极作用

在全面推进乡村振兴进程中，新乡贤可以在乡村社会的文化振兴、经济发展、乡村治理和社会和谐等多个方面发挥积极作用。

1. 涵育文明乡风，助推乡村文化振兴

我国自古有尚贤的传统，乡贤文化是一个地域的精神文化标记，也是维系乡情的一条绵韧持久的精神纽带。乡贤文化是以乡愁为基因、以乡情为纽带、以乡贤为示范引领的一种乡村文化形态，也是我国传统农耕文化的重要组成部分。例如，在具有4500年文明史和2300多年建城史的成都，乡贤文化的内容十分丰富，既有崇州市白头镇五星村、集贤乡山泉村"凡朴生活"等乡贤文化发展点位，也有"乡贤工作室""乡贤论坛""乡情话苑"等文化载体。①

在现代化进程中，新乡贤的文化价值体现在他们是乡村社会道德滑坡、信仰迷失和人情冷漠的"医治良方"。他们在人格上保持高风亮节，在姿态上勇于担当，在为人处世上谨慎谦退，既是传统乡村社会"尚贤敬德，奋进向上，造福桑梓"人格品德的传承者，也是现代化进程中乡村道德模范、价值观的引导者。在我国首个"中国乡贤文化之乡"浙江省绍兴市上虞区，乡贤广场、乡贤纪念馆以及以乡贤姓名命名的城市道路和桥梁等，都已经成为宣传乡贤文化的重要器物。这些实物助推乡贤文化与社会主义核心价值观一道深植基层群众内心，并对他们的心理和行为产生潜移默化的影响。总的来看，新乡贤承载着"宗儒守道、匡扶正义、崇文右学、敬宗收族、乐善好施、务本求实"的传统品质，也糅合着"民主法治、开放竞争、包容创新、平等幸福"等现代文明气质。新乡贤文化由此成为新

---

① 参见四川省地方志工作办公室课题组：《成都地方文化助力乡村振兴研究报告》，冀祥德、邱新立主编：《中国地情报告2019—2020》，方志出版社2020年版，第396页。

时代新征程涵育乡风文明、助推乡村文化振兴的重要力量。

2.带动村民致富,助推乡村经济发展

新乡贤在乡村产业发展和村民致富增收中发挥着积极作用。从新乡贤带动村民致富增收的形式看,新乡贤以个人或者以商会、乡贤联谊会等组织形式,在乡村社会中发挥着产业带富、就业带富、结亲带富、公益带富、基金带富等功能。一是产业带富,通过"新乡贤双招双引"活动,建立"线上+线下"项目资源对接平台,引导新乡贤为家乡积极引进项目、资金、技术、人才等资源要素。二是就业带富,通过"新乡贤就业帮扶"活动,组织发动从商新乡贤推出多个公益性就业岗位,面向有就业愿望和能力的经济困难村民进行定向招聘,加强就业培训和服务。通过稳岗增收和创业创新实用技能人才培训扶持等,依托新乡贤产业链或市场链配套优势,扶持村民创业。三是结亲带富,通过"村贤结亲"带富集体经济活动,发动乡贤对经济相对薄弱的村庄和村民开展"一结一""多结一"结亲式帮扶活动。四是公益带富,组建"新乡贤公益联盟",开展"新乡贤助学助医"活动,整合新乡贤各类资源,多方筹措助学助医资金,深入开展助学助医行动,切实解决困难学子"上学难"、困难病人"看病难"的问题。五是基金带富,将慈善精神融入乡贤文化建设,设立新乡贤公益基金,以小额冠名慈善基金等形式,设立就业创业、孝亲敬老、扶贫帮困、助学助医等公益基金。在实践中,浙江省台州市专门出台《关于新乡贤带富工程的实施意见》,从上述五个方面对新乡贤带富乡村进行指导,并提出要通过"村贤结亲"活动确保"十四五"规划期间村集体收入达到100万元。新乡贤带富增收活动的开展,能加快乡村地区经济发展特别是低收入村民的致富增收。

3.弥补治理缺位,提升乡村治理能力

新乡贤是提高乡村治理绩效的重要推动力。首先,新乡贤在村"两委"工作中担任沟通者和协调者角色。新乡贤扮演"第三方"角色,有助于化解村"两委"工作中的不和谐，增强村"两委"工作的协同性。他们也担任着党群干群关系的协调者角色。他们参与群众工作，在特定的场合和条件下比乡村干部更管用，因此是村干部开展乡村治理活动的重要帮手。在村庄实践中，吴老伯就是这样一个善于协调关系的新乡贤，在他的斡旋下，村里一条泥泞不堪的土路终于得到了重新硬化。村干部对此说道："村里征地、土地流转等一些工作靠村干部不一定做得动，吴老伯这样德高望重的乡贤出马，大家都服，是村干部治村的好帮手。"其次，新乡贤是乡村公共活动的模范带头人。例如在农村环境整治中，贵州省剑河县磻溪镇的乡贤们在和美乡村建设中主动作为，带头开展家庭卫生环境整治，带动群众主动参与农村环境整治活动2000余人次，使乡村人居环境整治成果得到显著提升。再次，新乡贤是乡村公共事务的"监督员"。例如，在"推动移风易俗·树立乡风文明"活动中，新乡贤以"监督员"的身份严格监督农村的酒席乱象，主动对不文明行为进行劝导、阻止和批评。他们在党务公开、村务公开、财务公开中也扮演着外部监督者和制约者的角色，由此促进了乡风文明和村级事务治理的规范化。最后，新乡贤是乡村事务的"宣传员"，例如在法治乡村建设中，新乡贤联合第一书记、驻村干部等力量建立普法宣传队伍，召开院坝会、群众会，向群众普及防电信诈骗、消防安全、民法典及禁毒等法律知识，不断提升群众学法、知法、懂法、守法、用法的法治意识。由上可知，新乡贤能弥补治理缺位，提升乡村治理的效能。

4. 化解乡村矛盾，增进乡村社会和谐

当前，部分农村地区的各类矛盾纠纷日趋复杂多样化，对我国传统的乡村矛盾化解方式提出了新挑战。农村社会的各类矛盾既有家庭和邻里矛盾，也涉及宅基地、土地承包、项目征地、林地收益等经济纠纷，以及医疗纠纷、环境保护纠纷、道路交通事故纠纷等新型矛盾。这些矛盾倒逼基层政府要探索建立多元化的矛盾调解机制。由新乡贤担任调解员并组建调解队伍，构建矛盾预防化解机制成为各地实践中的创新路径。例如，浙江省金华市婺城区构建"1+3+N"的乡贤调解员矛盾预防化解机制，建立乡贤调解平台并成立 18 支镇级乡贤调解队伍来探索矛盾纠纷多元化解新路径。这种创新做法的特色在于：通过规范乡贤工作机制，健全乡贤工作体系，使新乡贤扮演乡村生力军、智囊团、引路人等角色，充分发挥新乡贤在乡村纠纷治理中的独特优势。有研究基于河南省 H 镇的田野调研发现，新乡贤介入矛盾纠纷化解具有内生权威强的原生优势，对于打造乡村社会治理新格局，建设、完善和创新乡村社会治理制度大有裨益，更有助于提升乡村社会治理的社会化、法治化、智能化和专业化水平。① 新乡贤参与乡村矛盾纠纷调解，既是对传统"无讼"社会中乡村自治方式的延续，也是对现代法律观念和治理理念的吸纳和灵活运用。这种调解方式不仅能够以更低的社会治理成本促进乡村矛盾纠纷的解决，也有助于把矛盾的源头解决在基层，由此发挥着维护并促进乡村社会稳定与和谐的重要功能。

第二节　新乡贤参与乡村治理的实践形态

当前，我国各地探索出了多种多样的"新乡贤参与乡村治理"实践形态。其中，党建吸聚新乡贤、乡贤理事会和乡贤评理堂是颇具代表性的三种实践类型。

（一）"党建吸聚新乡贤"的实践形式

基层党建吸聚新乡贤是指基层党组织吸纳并集聚新乡贤以拓展党的组

---

① 参见李长健、杨永海：《新乡贤介入矛盾纠纷化解的困境和应对——基于河南省 H 镇的田野调查》，《农业经济与管理》2019 年第 4 期。

织体系并提升基层治理绩效的过程。基层党建吸聚新乡贤是践行新时代党的组织路线的基本路径，这种实践形式能够提高党支部的组织力、拓展党的组织体系、吸纳新乡贤等优秀人才。根据基层党建与新乡贤的不同组合形式，基层党建吸聚新乡贤可以归纳为以下三种：

1. 新乡贤进支部

新乡贤进支部是新乡贤通过竞选和选拔等方式担任基层党组织的相关职务，主要有两种：一种是由新乡贤担任第一书记或村党支部书记。在乡村社会实践中，为整治农村基层党组织软弱涣散村和建档立卡贫困村，我国已经于2015年大规模选派政治素质好、热爱农村工作、工作能力强的机关优秀干部到乡村担任第一书记。同时，积极吸引高校毕业生等优秀党员干部到村任职，以选优配强农村党支部书记。数据显示，截至2020年10月6日，我国累计已经选派290多万名干部到贫困村和软弱涣散村担任第一书记或驻村干部。[①]这支队伍里包括大量"懂农业、爱农村、爱农民"并甘愿回馈故乡的新乡贤。另一种是由新乡贤担任除书记以外的村"两委"干部职务。例如，浙江省丽水市实施"乡贤回归"工程，鼓励在外优秀乡贤回村参选村干部，不仅有673名乡贤回村当选村支书，而且该市景宁县还有573名懂技术、善经营、会管理的乡贤被选入村"两委"，占全县村"两委"干部的32%。不仅如此，我国农村地区还注重在本村优秀青年中选拔并发展年轻党员，以做好农村基层党组织的人才储备工作。新乡贤进党支部是在村支部书记主任"一肩挑"的时代背景下，把新乡贤直接吸纳进入村"两委"以选优配强基层党组织领导班子的做法。因此，新乡贤进支部的实质是增强党支部对农村地区的领导力，也是我国基层党组织提升治理能力的重要方式。

---

① 参见拓兆兵：《继续选派好驻村第一书记》，《经济日报》2020年10月6日。

2. 功能型虚拟党支部

这是党支部和新乡贤的一种独特的组合形式。这种做法是在新乡贤组织上成立"功能型虚拟党支部"。采用这种"虚拟组织"的方式，把新乡贤组织中党组织关系不在本村的党员组织起来，发挥他们的政治引领作用。"功能型虚拟党支部"以临时党支部为主，党员的党组织关系不进行转接，党员接受该组织和原组织的双重管理，承担双重责任，并随着新乡贤组织的解散而终结。例如在实践探索中，浙江省嘉兴市海宁市盐官镇通过摸排，发现各村乡贤参事会中党员人数平均为 21 人，近 1/3 党员的党组织关系不属于本村党组织。在这种情况下，全镇各村党组织积极征求参事会党员和会员的意见，商定筹备组建乡贤参事会党组织。其具体做法是：由党员的参事会会长及副会长提出党组织领导班子候选人。同时，做好前期的意见征求、推荐党组织负责人等工作，以规范支部成立的相关程序。此外，召开乡贤参事会全体党员大会，建立健全党组织的领导班子队伍，明确党组织工作职责。2019 年 3 月，盐官镇桃园村成立了全市首个村级乡贤参事会及首个乡贤参事会党支部。这种功能型虚拟党组织模式，是党支部和新乡贤的一种临时型的组合形态。它有效加强了对于原组织关系所属异地党员的组织和引领，能够最大限度地凝聚乡贤参事会中党员的力量。

3. "党建 + 新乡贤"

"党建 + 新乡贤"是新乡贤在党支部的领导下参与乡村治理的一种相互独立而又协作的实践形态。在农村实践中，基层党组织通过建立乡贤联络回归机制、设置常态化联络服务在外乡贤制度、优化乡贤返乡的社会环境等措施，发挥新乡贤在村集体发展、乡村治理、移风易俗、社会矛盾调解和村庄环境保护等方面的积极功能。例如，在乡村经济发展中，党支部引导新乡贤成立经济合作社或商会等组织，鼓励新乡贤返乡投资创业，或运用新乡贤自身的影响力来直播带货推销家土特产。在乡村治理活动中，党支部引导新乡贤担任参谋员或监督员，在村"两委"换届选举和日常治理活动中发挥积极功能。在乡村纠纷治理中，党支部引导新乡贤成立"乡贤老娘舅工作室""乡贤工作室"等组织来参与村民纠纷调解，使"小事不出村、大事不出乡镇"。在乡风文明培育中，党支部通过设立"乡贤榜""能人榜"，鼓励新乡贤开展道德讲堂、民俗礼仪、家规家训、家礼活动等，引导广大村民见贤思齐、崇德向善。在乡村生态环境治理中，一些农村党支部聘任新乡贤担任"乡贤河长"，以充分发挥新乡贤等社会力量参与河长制工作，带动形成全体村民爱水、护水、治水的良好生态环境治理格局。可见，"党建＋新乡贤"与"功能型虚拟党支部"和"新乡贤进支部"相比，是一种关系更松散、组合更灵活、应用更普遍的实践形式。

（二）乡贤理事会：广东省云浮市的实践探索

广东省云浮市以"乡贤理事会"为突破点的乡村治理创新，走在了我国"新乡贤参与乡村治理"实践探索的前列，至今已经十年有余，因此是一个可供借鉴的典型的经验样本。云浮市以"乡贤理事会"为机制创新点，开创了"以村党组织为核心，村民自治组织为基础，农村社会组织为补充，村民广泛参与"的乡村协同共治新格局。①

1. 做法和经验

2011 年 4 月，云浮市云安县在石城镇留洞村委会正式成立了横洞村乡贤理事会，这也是该市成立的第一个乡贤理事会。2012 年 3 月，云安县逐步从试点、示范向全面推广发展"三级理事会"，即在村民小组（或自然村）建立村民理事会，在村（行政村）组建社区理事会，在镇设立乡民理事会。其主要做法有：

一是明确性质和范围。文件明确规定，村（组）乡贤理事会是以参与

---

① 张露露、任中平：《基层治理中农村社会组织的机制创新研究——以广东云浮乡贤理事会为例》，《长春理工大学学报（社会科学版）》2015 年第 10 期。

农村公共服务,开展互帮互助服务为宗旨的公益性、服务性、互助性的农村基层社会团体。村(组)乡贤理事会协助调解邻里纠纷、协助兴办公益事业、协助村民自治,具体事项包括协助参与自然村(社区居民小组)分类评级;协助发动群众申报和建设竞争性"以奖代补"项目、村级公益事业建设一事一议财政奖补项目等。此外,规范乡贤理事会的登记方式。村(组)乡贤理事会需向村(居)会提出申请,村(居)委会在 10 个工作日内给予书面答复;经村(居)委会同意后,由镇政府(街道办事处)备案。对具备社会组织法人登记条件的,在征得村(居)委会书面同意后,可向县级民政部门申请登记。

二是完善组织方式。首先,规定理事成员的产生方式。村(组)乡贤理事会不采用会员制、不吸纳会员,只设立理事成员。理事成员由自然村(村民小组)在具有独立民事责任能力的本村下列人员中推荐提名,即有威望、有能力的老党员、老干部、老教师、老模范;村民代表、复退军人、经济文化能人;热心为本村经济社会建设服务的其他人士。经村(社区)党支部审核,报镇党委(街道党工委)同意后,由自然村(村民小组)公布后确认为理事成员。其次,规定组织机构产生方式。村(组)乡贤理事会的组织机构,由理事成员会议选举产生理事长、副理事长、秘书长,任期三年,理事会改选可与自然村(村民小组)换届同步进行。

三是规范管理制度。首先,规范工作制度。村(组)乡贤理事会要向群众公开作出履职承诺,并自觉接受村(居)委和群众的监督。每年召开理事会总结大会,对理事成员履职情况开展评议,对不履职的理事,由自然村(村民小组)直接撤换,并报告镇(街)备案后,按产生程序进行增补。对违背党委、政府政策方针和导向的理事会,由镇(街)直接撤销该组织。其次,完善资金管理。村(组)乡贤理事会要对理事捐赠、社会捐助、政府资助及产生的相关利息等资金来源建立规范的财务管理制度。资金必须用于理事会业务范围,不得在理事中分配,经理事长、副理事长同意后方可开支，每年至少公示一次财务情况。

四是强化组织保障。首先，加强组织领导。要求统一思想，高度重视培育和发展村（组）乡贤理事会工作。市、县培育和发展三级理事会工作领导小组及办公室要具体负责督促落实。各级组织、宣传、社工委、民政、农业、财政、金融等部门要开拓思路、积极引导，加强研究出台配套措施，尤其是带有"以奖代补"性质的激励措施，促进村（组）乡贤理事会实现良性发展。其次，加强舆论宣传。要为村（组）乡贤理事会营造良好的社会氛围。各级宣传部门要在本地党报、政府公众信息网等新闻媒体，对表现突出的优秀理事会事迹进行集中专题宣传报道，组织优秀理事成员开展巡回宣讲，以生动的宣教形式推动全市村（组）理事会的良性发展。

这一系列硬性规定为乡贤理事会的有序运行提供了制度保障。从乡贤理事会的运行实践来看，它的主要经验有以下两个方面：

一方面，实行分类推进，加大专题培训。首先，以点带面，分类推进。云浮市的改革思路是先试点，后推广，先在云安县进行试点，注重培育不同特色的理事会示范点，如云城区安塘街下白村、河口街双上村乡贤理事会等，在此基础上再以点带面，逐步推开。这是政治改革的一般思路，有助于更稳健地推动改革创新，降低改革风险。云浮组织各级相关部门深入农村、深入群众进行调查研究，对基础好的、一般的、较差的，分别采取不同方式，按照低投入大效益的原则分类推进。这是运用实事求是精神和差异化原则的具体体现。其次，加强专题轮训。将优秀理事成员的事迹编入教材，并且引入课堂现身说法。例如，2012 年 5 月 28 日至 6 月 8 日，由市委党校牵头、各县（市、区）委党校配合，以"送课下乡"的形式在各县（市、区）举办了 5 期专题培训班，对全市村（居）委干部和部分乡贤理事会理事进行了轮训。这些形式都有助于推广自然村乡贤理事会建设的好经验和好典型。

另一方面，创建补充机制，实现协同共治。云浮通过培育和发展自然村乡贤理事会，将游离于乡村社会体系以外的新乡贤整合到乡村治理和乡村振兴中，使他们成为推动乡村多元共治的重要参与力量，有助于提高乡村治理的整体水平并加快全面推进乡村振兴的进程。同时，乡贤理事会通过开展公益活动来弥补乡村治理缺位。例如，云安县富林镇大坪村的乡贤理事会设立基金，利用每年大年初三开展公益性的捐款活动，建立 60 岁以上守纪老人每月 60—110 元津贴、经济困难户春节慰问金 1000 元和考上大学奖励 3800 元的制度，还购置了为老人、儿童出村就医服务的专用车。可见，在村集体经济薄弱的村庄，乡贤理事会是村"两委"治理村庄的重要补充性力量。

2. 效能评价

公开数据显示，截至 2012 年 8 月底，云浮市共有理事成员 68749 人，其中外出乡贤和经济能人达 35499 人，占 51.6%。在 2012 年、2013 年两次公布的"建设幸福广东"综合评价报告中，云浮的综合指数均排在了粤东西北地区中的第二位，全市人民特别是农村群众的幸福感普遍增强。总的来说，云浮的乡贤理事会在实践中取得了以下成效：

一是重塑传统文化，优化了官民共治的政治生态。乡村社会的政治生态是乡村政治生活现状和政治发展环境的集中反映，是基层党风、政风和社会风气的综合体现。在传统中国，乡贤们是乡村社会涵育文明风气的重要推动者，礼法合治以塑造乡风文明是传统中国的宝贵治理经验。在倡导法治与德治有机结合的今天，云浮市注重利用传统的优秀乡贤文化资源，设立自然村乡贤理事会这一新型社会组织，对推动我国乡村振兴具有新的时代价值。新乡贤秉持匡扶正义、乐善好施和务本求实等精神特质，在乡村治理中发挥了他们的道德力量，由此净化了农村的社会风气，优化了官民共治的政治生态。

二是强化民主意识，推动了全过程人民民主的发展。农村基层民主是深入践行全过程人民民主理念的基础场域。乡贤文化是地域文化的重要组成部分，也是推动基层民主纵深发展的重要力量。新乡贤自身具有民主、平等、法治、理性和包容等社会主义新观念，有助于提高村民的民主参与意识。同时，云浮市的改革探索坚持"以人为本"，注重尊重广大村民的主体地位，切实发挥群众参与作用。乡贤理事会在"共谋、共建、共管、共享"的乡村治理格局中，在民主选举、民主协商、民主决策、民主管理和民主监督方面发挥了实质性的作用。据统计到2012年底，全市自然村乡贤理事会累计成立管护小组4119个，监督小组1582个，协助制定村民小组的村规民约3904个，推动制定村庄秩序管理相关制度2806项。云浮市的新乡贤发扬了基层民主精神，通过乡贤理事会将这种精神发扬光大，带动增强广大村民"自我管理、自我服务、自我教育、自我监督"的实效。

三是化解社会矛盾，凝聚了乡村治理的社会合力。首先，乡贤理事会是党群干群协商的纽带。它使党委的要求和群众的意愿在同一个平台上实现互动，为群众反映村情热点、参事议事提供了制度化和常态化的参与渠道，使党群干群交流更加顺畅、信息传递更加及时有效。例如，2011—2012年，云浮市、县两级信访部门受理集体访批数、人次分别平均下降25.5%和30.15%。其次，乡贤理事会推动了乡村社会的协同共治。从治理结构来看，乡贤理事会是在原有村组架构的基础上进行的存量改革，在纵向上通过三级理事会将社会治理的重心下沉到了自然村和村民小组，在横向上以社会组织的形态拓宽了原来仅由村党组织和村民自治组织组成的治理格局。可见，乡贤理事会从纵横两个维度织密了乡村治理体系，通过吸纳社会力量推动实现了乡村的协同共治。

（三）乡贤评理堂：重庆市永川区的实践创新

重庆市永川区的"乡贤评理堂"是由人民网和中共中央党校（国家行政学院）政治学部联合主办的全国"创新社会治理典型案例"征集活动，在2018年评选出的全国社会治理创新的最佳案例之一，也是我国新乡贤参与乡村治理的一个典型案例。

1. 主要做法

在乡村社会利益日益复杂多元的背景下，为应对村民之间矛盾纠纷逐渐增多的治理难题，重庆市永川区将传统善治文化和新乡贤结合起来，以"乡贤评理堂"作为构建"自治、法治、德治"乡村善治体系的重要抓手，来引导"新乡贤"群体发挥乡村矛盾纠纷调解的积极功能。[①] 自 2015 年以来，重庆市永川区"乡贤评理堂"的创新实践大体上经历了以下三个阶段：

第一阶段是 2015—2016 年，重庆市永川区着力发现乡村治理的"痛点"，启动"新乡贤"文化建设并推选"新乡贤"。2015 年初，该区就社会主义核心价值观在基层的落实情况进行调研，发现在村干部、致富能手等群体外，乡村治理急需一支既通晓农村实际情况又具备群众工作能力的队伍。如何打造这样一支队伍？成了当时工作的思考起点。后续调研发现，在永川区农村有一些"名人""能人"，他们或利用自己的经营技能，引领乡亲们共同发展；或利用自己在村民中的威望，解决乡村治理中的难题；或利用自己创业获得的财富，回报家乡。这些在群众中很有影响力的本地名人，是在乡土中孕育出来的一个草根群体，也是一股引领乡风文明的民间正能量。这个新发现让永川区找到了突破口：引导群众自己评选身边的"新乡贤"，由群众自己推举他们身边的"标杆"，达到让群众见贤思齐的效果。2015 年 4 月，永川区启动"新乡贤"评选，根据群众的意愿，制定了"爱国爱家、勤劳善良、崇德尚法、诚信重义、见贤思齐"的 20 字评选标准，在全区推选出了 1009 名新乡贤。

第二阶段是 2017 年，发挥"新乡贤"群体的积极作用，遴选"乡贤评理员"，赋予其 5 项职责。在推选出的 1009 名"新乡贤"基础上，永川

---

① 案例资料来自：《重庆市永川区："乡贤评理堂"构建乡村善治新格局》，人民网，2018年 12 月 3 日，http://unn.people.com.cn/n1/2018/1203/c14717-30439757.html。

区逐步意识到：既要发挥其榜样的带动作用，让群众见贤思齐；更要发挥乡贤在调解矛盾纠纷、维护公序良俗、促进社会和谐方面的积极功能。为此，永川区采取多种形式广泛宣传发动，按照"崇德尚法、为人正派、热心公益、处事公道、群众公认"五个标准，通过"群众推荐、村民评议、初评公示、走访复核、镇街审核、正式公示、区级认定"七个步骤，在1009名"新乡贤"群体中进一步遴选出107名具备法律知识、善于调解纠纷、热心公共事务的乡贤评理员，培养成为人民调解员。在乡贤评理员的培训规范方面，制作印发了《乡贤调解员工作手册》，明确乡贤评理员"引领乡风文明、宣讲法律政策、调处矛盾纠纷、反映社情民意、倡导移风易俗"五个方面职责，构建了保障乡贤评理员切实发挥作用的系列工作机制。在遴选出107名乡贤评理员的基础上，永川区进一步意识到，乡贤参与基层治理需要有阵地、有载体、有平台，才能形成工作的标准化、制度化、常态化。为此，永川区又开展了建设乡贤评理堂的探索，旨在让乡贤评理堂成为推动法治的平台、深化德治的窗口、促进自治的载体。2017年8月，首批52个乡贤评理堂在青峰镇毛家沟大院进行了授牌。

　　第三阶段是2018年至今，深入打造"乡贤评理堂"特色品牌，探索"三治合一"的乡村善治新路径。2018年5月，永川区乡贤评理堂建设推进会在仙龙镇祝家坝大院举行，对新增的55个乡贤评理堂进行了授牌，进一步巩固夯实了乡贤评理堂的发展基础。在党组织的领导下，不断发挥乡贤评理堂在引领乡风文明、普及法律政策、调处矛盾纠纷、反映社情民意、倡导移风易俗等方面的作用。乡贤评理堂按照"自治、法治、德治相结合"的目标展开活动，是新时代"枫桥经验"的生动实践。

　　2. 效能评价

　　重庆市永川区探索的"乡贤评理堂"，走出了一条"自治、法治、德治"相结合的乡村善治新路径，具体而言：

　　一是乡贤评理堂已经成为基层群众自治的有效参与平台，激发了广大村民的民主活力。基层群众自治是广大村民民主参与乡村公共事务的重要制度安排，也是践行全过程人民民主的基本方式。从全过程人民民主的视角看，永川区乡贤评理堂建设的过程本身，就是发动基层群众广泛参与、真实参与和有效参与的过程。首先，乡贤评理员的推举和选拔是按照群众推荐、村民评议的原则进行的，这实际上是动员广大村民广泛参与的过程。其次，乡贤评理员由群众公推公议产生，扮演了村民的利益代言人的角色，因此他们能够反映最真切的社情民意，保证了村民民主参与的真实性。最后，乡贤评理堂的规范化、程序化和制度化建设，能为乡贤评理员的有效参与提供重要保障。乡贤评理员的有效参与，能发挥示范带动作用，由此提高广大村民的参与效度。可见，乡贤评理堂已经成为践行全过程人民民主的具体形式，激发了广大村民的参与活力。

二是乡贤评理堂已经成为乡村法治建设的重要活动机制，维护了乡村社会的和谐稳定。乡村法治建设要求将法治思维和法治方式灵活运用到乡村地域中，并借助有效的活动机制将全面依法治国的理念深植民心。与基层法院等组织相比，乡贤评理堂的优势在于通过公开选拔，将广大村民中的知法懂法、善于用法的能人选聘为乡贤评理员，发挥他们在普法宣传、矛盾调解、维护稳定等方面的独特功能。据公开资料显示，2018年以来，永川区临江镇隆顺村的乡贤评理员陈某已经成功调解村庄各类纠纷164件。同时，该村自乡贤评理堂成立以来，村庄矛盾纠纷同比下降了42%。可见，永川区通过建立乡贤评理堂这种新的活动机制，发挥每个乡贤评理员的辐射带动作用，在村庄中营造出事事讲法、处处普法的良好法治氛围，有力地推动了乡村社会的稳定和谐。

三是乡贤评理堂已经成为乡村德治建设的基本实施路径，涵育了乡村社会的乡风文明。乡村德治建设是全面以德治国的重要内容，乡贤评理堂已经成为乡村德治建设的新路径。永川区将"崇德尚法、为人正派、热心公益、处事公道、群众公认"作为乡贤评理员的评选标准，强调乡贤评理员要德才兼备。同时，该区将"引领乡风文明、宣讲法律政策、调处矛盾纠纷、反映社情民意、倡导移风易俗"作为乡贤评理员的基本职责加以规定，强调要发挥乡贤评理员的道德引领、为人楷模等功能。在实践中，老店子大院的乡贤评理员吕某作为退休职工，主动在家庭团拜会、家族清明会和村社党员会上宣扬和美家风、崇德尚法，推动了村域社会的家风更和美、民风更淳朴和乡风更文明。可见，这种实施路径能发挥乡贤评理员的言传身教和模范引领功能，有助于在乡村社会涵育乡风文明。

第三节　法治型新乡贤助推"三治融合"：
以乡土法杰为例

构建党领导的"自治、法治、德治"相结合的乡村治理体系，是新时代党和国家大力推进乡村振兴战略并提升国家治理能力的固本之举。"三治融合"乡村治理体系发轫于"枫桥经验"，成形于浙江桐乡实践，并于2017年写入党的十九大报告。随后，2018年中央一号文件及《乡村振兴战略规划（2018—2022年）》相继指明了"三治结合"的具体内容。2019年党的十九届四中全会提出"健全党组织领导的自治、法治、德治相结合的城乡基层治理体系"，将"三治结合"拓展到城乡基层治理中。党的二十大报告也强调要"健全基层党组织领导的基层群众自治机制"。特别是2021年我国颁布并实施的《中华人民共和国乡村振兴促进法》为全面推进乡村振兴提供了制度依据和法治保障。在新时代新征程中，法治在"三治融合"乡村治理体系中的定位和意义在于，无论是自治还是德治，都必须在法治的框架内展开。法律规范为自治和德治划定边界，由此引导自治手段合法有序，并框定德治的基本准则。因此，"三治融合"乡村治理体系的构建和完善内在要求要不断提高法治水平。我国乡村社会法治建设的特殊性在于不仅有国家法，部分地区还保留着发挥实质作用的乡村习惯法，因此是两套社会规范并存的法治状态。这由此衍生出的法治困境包括国家法的普及问题、乡村习惯法的传承问题以及国家法与乡村习惯法的互动问题。乡土法杰作为法治型新乡贤，能够在这三个方面发挥独特的治理功能。

（一）"三治融合"乡村治理体系中的法治困境

在法律社会学和法人类学的学科视野中，国家法和乡村习惯法是两套不同的社会规范。其中，国家法是指"由特定国家机构制定、颁布、采行和自上而下予以实施的法律"，而乡村习惯法是指"生自民间，出于习惯，由乡民在长期生活、劳作、交往和利益冲突中显现，具有自发性和丰富性地方色彩"的一种"知识传统"。① 这里的"习惯法"是从非国家法意义上而言的，习惯法是独立于国家法之外，依据某种社会权威和社会组织，具有一定的强制性的行为规范的总和。② 苏力指出，社会中的习惯、道德、惯例、风俗等从来都是一个社会的秩序和制度的一个部分，因此也是其法治的构成性部分，并且是不可缺少的部分。③ 因此，在我国的乡村社会场域中谈法治，不能忽视乡村习惯法的存在。当前我国"三治融合"乡村治理体系中的法治困境主要表现在以下三个方面：

1. 国家法陷入"法治效率陷阱"

国家法是我国长治久安和新时代乡村振兴的重要制度保障。在国家政策实施中，全面推进依法治国以及加强法治乡村建设都内在要求提高法治效率并真正使法律深植人心。但是，法律过高的交易成本以及"鞭长莫及"

---

① 梁治平：《清代习惯法：社会与国家》，中国政法大学出版社 1996 年版，第 35、127—128 页。

② 参见高其才：《中国习惯法论》（修订版），中国法制出版社 2008 年版，第 3 页。

③ 参见苏力：《二十世纪中国的现代化和法治》，《法学研究》1998 年第 1 期。

会降低或部分抵消法治的治理效率，即出现"法治效率陷阱"。① 这种困境在部分地区的乡村法治建设中尤为突出。具体而言，一是部分村民特别是偏远山区的村民法律意识淡薄、法律知识储备匮乏，不通晓、不习惯也不善于用法。这阻碍着国家法在乡村地域中的下沉和扎根。二是国家法在广袤乡村地域中的"鞭长莫及"带来法治效率的一定损失。当前我国的法律理念更多源自城市社区而非乡村地区，国家法很难在独特而又多样的乡村生活中覆盖到方方面面。这造成国家法在乡村社会中存在着少量的"辐射盲区"，由此降低了国家法的执行效率。三是国家法的修订完善以及大力推行都需要付出一定的行政成本。一项法律条款从立法到实施，从修改到完善是一个长期的过程，因此国家法自身存在的不足需要付出一定行政成本。同时，国家法在实施中依靠科层官僚机构的具体运作，需要大量的人力、物力和财力支撑。村民运用法律工具来调解纠纷也需要付出大量的时间和精力。这造成在事实上，法律并非万能，也并不总是有效（对所有事情都起作用）或最为有效（对某些事情最起作用）。② 因此，国家法的这种"法治效率陷阱"成为制约法治乡村建设进程的一个突出问题。

2. 乡村习惯法的传承问题

国家法的"法治效率陷阱"引发人们的反思与移情。在此情况下，蕴含着优秀传统文化的乡村习惯法这一法治传统被呼唤回归。乡村习惯法作为国家法的补充，其价值得到重新审视和挖掘。但是，乡村习惯法在社会转型期面临着本身的传承问题。据调查发现，在少数落后山村或偏远地区，人们还保留着沿袭而来的习惯法，对它的使用频次有时甚至比国家法高。但是在受现代化影响较大的乡村地区，习惯法的存留量和活跃度都相对较小。这反映出习惯法在从传统到现代的过程中正在遭受一定的侵蚀，

---

① 王微、韩忠亮：《信用视域下乡村治理中德治与法治的博弈研究》，《首都师范大学学报（社会科学版）》2020 年第 4 期。

② 参见程朝阳：《论法律的局限》，《北方法学》2008 年第 4 期。

没有实现自身的创造性转化和创新性发展。而乡村习惯法中包含的孝老敬亲、向上向善、勤俭持家、团结合作和重义守信等优秀文化因子，是维持乡土社会秩序并建设现代法治乡村的宝贵资源。因此，要解决乡土社会纠纷并维持乡村社会的稳定和谐，需要充分重视乡村习惯法的当代价值。在建设法治乡村的进程中，要剔除它的不合理因素，提炼它的法治精髓，实现习惯法的传承与发展。

3. 国家法与乡村习惯法的冲突

国家法与乡村习惯法在乡村场域中的共存，势必会使两者产生一些冲突。这种紧张关系源自两者是两套不同的社会规范：一是制度特性不同。从广义上讲，由国家机关制定颁布的各类规范性文件都属于国家法的范畴。国家法由此具有统一性、整体性、规范性、强制性等特点。而乡村习惯法可以是相沿成习或人为创设的，也可以是成文的或不成文的，它或有特设的负责人，或依靠村庄舆论来实施，因此具有多样性、局部性、道德性、灵活性等特点。二是权力来源不同。国家法由国家强制力保障实施，是人们有意识构建的并以成文法的形式加以确定的社会规范，属于正式制度范畴；而乡村习惯法通常没有外在强制力来保障，主要依靠乡民的内心认可和行为服从，一般属于非正式制度范畴。三是影响方式不同。对于特定的乡村地域而言，国家法作为一种外生型的制度安排，在下沉中"自外向内"逐渐扩大制度影响力。而乡村习惯法是乡土社会自发形成的一套知识系统，是村民在世世代代的生产生活中不断试验并逐步积累的结果，因此是一套浸润式的内生型社会规范。四是村民感受不同。国家法作为外来的、嵌入式的社会规范，对于广大村民特别是老、少、边、穷地区的部分村民而言是疏离的、陌生的或半熟识的。而乡村习惯法通过世代相传和行为示范得以沿袭，因而对乡民而言通常是熟悉的、亲切的。总之，国家法和乡村习惯法在乡土社会中相遇，它们的差异成为制约乡村法治建设的因素之一。

（二）乡土法杰：破解"三治融合"法治困境的人才机制

"三治结合"乡村治理体系的法治困境，客观要求要找到一定的"中间机制"来破除国家法的"法治效率陷阱"，实现乡村习惯法的创新传承以及国家法与习惯法的互相调适与融合。乡土法杰作为乡土社会的人才机制，能够在这三个方面发挥其独特的治理功能。

乡土法杰是指乡村的杰出法律人士，他们非常熟悉乡土习惯规范，热心调解社会纠纷，广泛参与民间活动。从某种意义上讲，他们是乡村社会规范的创制者、总结者、传承者，是草根立法者，是民众法学家，在基层社会中有着不可忽视的秩序维持作用和规范传承价值。① 高其才在对桂瑶头人盘振武、洞庭乡人何培金、浙中村夫王玉龙、滇东好人张荣德以及陇原乡老马伊德勒斯五位乡土法杰展开田野调查并分别立传的基础上，在《乡土法杰研究》一书中把乡土法杰的特点总结为："个性开朗，大多能说会道，能饮善聊，多才多艺，能歌善舞""富有担当、充满活力""作风正派，办事公道，能力突出，影响深远，口碑良好"。②

可见，乡土法杰是乡村精英，是乡土社会中的"法治型"新乡贤。新时代在全面推进依法治国并建设法治乡村的进程中，需要充分发挥乡土法杰这一本土内生型治理人才的积极功能。乡土法杰可以在国家法的普及与实施、乡村习惯法的继承与发展以及国家法与乡村习惯法的链接等方面扮演多种角色。

1. 乡土法杰是国家法的普及者

当前"送法下乡"③的最主要目标依然是实现国家法对乡村地区的有

---

① 参见高其才：《桂瑶头人盘振武》，中国政法大学出版社2013年版，第3、129—176页。
② 高其才等：《乡土法杰研究》，中国政法大学出版社2015年版，前言第4页。
③ 苏力：《送法下乡：中国基层司法制度研究》，中国政法大学出版社2000年版，第28页。

效引导和规范。乡土法杰可以扮演国家法的普及者角色，在一定程度上克服"法治效率陷阱"。贺雪峰指出，如果"面对昂贵的'自下而上'的司法系统和指望不上的纯民间调解系统，村组干部这个'最廉价的司法系统'（就）成为村民的指望"①。担任村组干部职务的这些乡土法杰与一般村民相比，更熟悉国家法律知识，因此是调解村民纠纷的"行走的微型法庭"。例如，广西金秀县担任村主任的盘振武，利用自学的国家法律知识，为村民代写诉状，调查维权并调解纠纷。此外，未担任村干部的乡土法杰也可以成为法律宣传人，例如湖南省桃源县退休老干部伍公元作为调解一线"五老"人员中的一员，熟悉本地情况并具有较高威望，因此能较快地了解矛盾症结，提高调解效率，并为村民信服。② 其实，乡土法杰调解村民纠纷的过程，也是普法宣传的过程，更是带头学法用法的过程。乡土法杰这种法律示范作用的发挥，有助于国家法在乡村社会中的普及和推广。因此，在法治乡村建设中，需要重视并启用盘振武、伍公元这类乡土法杰，发挥他们在法制宣传、人民调解和社会治安等方面的积极作用，由此提高国家法在乡村地域中的运作效率，进一步夯实并扩大法律实施的民众基础。

2. 乡土法杰是乡村习惯法的接续者

乡土法杰运用乡土社会规范解决村民纠纷的过程，实际上也是认同、使用和传播习惯法的过程。乡村习惯法是在历史演化进程中靠情感维系、心理认同和社会舆论而形成并传承的一套制度规范。以瑶族头人、彝族德古、东乡族"乡老"为代表的乡土法杰是优秀乡村习惯法的接续者。例如，在高其才教授关于"乡土法杰"的系列丛书中，瑶族头人盘振武在自身成长历程中目睹瑶族习惯法的力量，在日常生活中感受它的价值，内心

---

① 贺雪峰：《新乡土中国：转型期乡村社会调查笔记》，广西师范大学出版社 2003 年版，第 81—82 页。

② 参见陶琛：《桃花源里念好"五老"调解经》，《人民法院报》2019 年 11 月 24 日。

拥有一个"头人之梦"。他对本民族文化的敬仰和瑶族习惯法的认同，使他心甘情愿地担当起瑶族习惯法的传承者①；彝族德古熟识本民族习惯法，是彝人们解决纠纷的民间调解人。他们活跃在凉山彝区的山野田间，以身体力行传播着彝族习惯法；而东乡族"乡老"马伊德勒斯，熟悉东乡族的成长礼规、婚姻规范和丧葬礼俗，严守饮食法度和清洁制度，还热心公益，担任人民陪审员，在乡土秩序维持和民族文化接续中也发挥着积极作用。② 可见，乡土法杰作为本民族本村域的新乡贤，他们在生产生活实践中耳濡目染乡村习惯法，普遍对作为本民族本地域文化组成部分的习惯法抱有朴素的情感并深怀敬意。这是因为，乡村习惯法中的精华部分保留着人类社会诸多本真的情愫，饱含着丰富的社会经验和处世哲学，因此能够提升乡民们的归属感和心理认同感，也能为当今的乡村社会纠纷提供智慧的解决方案。正是基于对它的这种内心服膺和行为遵从，乡土法杰常常自发自觉并积极主动地成为乡村习惯法的传承者。

3. 乡土法杰是国家法与乡村习惯法的联结者

关于如何调适国家法和乡村习惯法的冲突的问题，任何夸大国家法的弊端而一味强调习惯法的优势，或者极力否定习惯法而强调国家法的全面介入的观点，都是不理智不科学的。两者不能割裂，也不能对立看待。因此，需要找寻"衔接机制"来推动国家法与乡村习惯法的互动融合，发挥两者在乡村社会中的优势功能。乡土法杰可以作为这种中间机制，扮演多种角色并通过村规民约等途径来联结国家法与乡村习惯法。首先，扮演对接者角色。例如，"村干部德古"（彝族德古进入村"两委"或村调解委员会）承载着国家法和乡村习惯法两种知识体系，因此在调解乡村纠纷时会不断寻找两种社会规范体系的交汇点，由此自主灵活地调和

① 高其才等：《乡土法杰研究》，中国政法大学出版社2015年版，第1—11页。
② 参见高其才、马敬：《陇原乡老马伊德勒斯》，中国政法大学出版社2014年版，第45—179页。

习惯法和国家法的冲突。① 其次，扮演转化者角色。乡土法杰可以在国家法的引导下自觉剔除习惯法不合时宜的因素并不断完善它，也可以发掘乡村习惯法中行之有效的办法，通过人民陪审员或调解员的身份与上级部门沟通，为国家法的修订完善提供经验借鉴，由此推进两种社会规范的互促融合。最后，乡土法杰可以通过村规民约来促进两种社会规范的连接。从桂瑶头人盘振武所在的下古陈村来看，其《村规民约》② 第 1 条规定"人人要自觉遵守国家法律、法令和政策"等，属于国家法范畴；第 3 条规定"山上野蜜蜂、地龙蜂、干柴、号地等，谁先插有草标，归谁所有，他人要，以盗窃和强抢论处"，属于乡村习惯法范畴。可见，乡土法杰可以通过参与或主导村规民约的制定或修改来巧妙地推动国家法和乡村习惯法的融合。

综上可知，乡土法杰作为法治型新乡贤，既通晓本民族本地域的习惯法，又熟悉国家法。他们在传承优秀民俗文化、普及国家法律知识以及推动国家法与习惯法的良性互动中担当着不可或缺的多重角色，由此推动着国家法与乡村习惯法的有机嵌套与融合发展。

（三）乡土法杰的权威获取与异化可能

如前所述，乡土法杰在习惯法的接续、国家法的普及以及国家法与习惯法的衔接中发挥着积极功能。这种功能的发挥突出表现为乡土法杰依靠自身权威解决乡土纠纷并维持乡村秩序。那么，乡土法杰是如何获取权威的？他们有没有异化的可能？

1. 权威获取

乡土法杰的权威来源是确保其角色扮演的深层力量。权威理论的提出

---

① 参见陈金全、李剑：《简论凉山彝族的"德古"调解制度》，《贵州民族研究》2007 年第 2 期。

② 参见高其才：《瑶族头人盘振武》，中国政法大学出版社 2013 年版，第 85 页。

者马克斯·韦伯认为，权威是指合法性的支配形式。[1] 一般而言，乡土法杰的权威获取有以下五种方式[2]：一是增加知识储备。乡土法杰依靠自身的学历、阅历和经验，特别是乡村地方性知识和国家法律知识来摄取村落权威。例如，湖南临湘何家冲的退休干部何培金，精通法律并运用法律知识为企业追回债务，由此博得知识型权威。[3] 二是提高道德品质。乡土法杰一般具有善良、正直、热心、自信、有公心的性格特质，并且具有诚实守信、尊老爱幼、遵纪守法、爱乡重土等优良品质，这些道德素养为乡土法杰积累起较大的社会名望，从而成为获得村民尊重并认可的权威资源。三是赢取长老身份。即通过扮演宗族长老角色来获得村民的认同。例如笔者在四川省阿坝州 J 村的调研数据显示，在"遇到家族或家庭矛盾时会找谁来解决"的统计中，选择"家族长辈"的占 36.4%，"村干部"的占 22.6%，"法律途径"的占 17.7%。这反映出宗族长老在调解乡村纠纷中仍然具有不可小觑的村落权威。但需要指出的是，这种宗族长老不再是传统宗法制下拥有族长身份和宗族执法权的乡贤，而是现代社会中的人情关系型乡贤。四是担任村庄职务。彝族德古通过村庄竞选成为"村干部德古"，瑶族头人盘振武担任村主任的职务。这类乡贤通过选拔和竞选来获得国家认可的合法性权威。五是取得公权支持。即乡土法杰通过国家公权力的授权或默许，被赋予人民陪审员或人民调解员等身份，来进一步获取

---

① 参见[德]马克斯·韦伯：《经济与社会》，林荣远译，商务印书馆 1997 年版，第 81 页。
② 部分学者从类型学角度对民间权威和乡土法杰的权威来源进行划分，例如秦强把乡土社会中的民间权威划分为道德型权威、知识型权威和势力型权威。陈寒非将乡土法杰的权威来源划分为传统型权威、巫魅型权威、知识型权威、代理型权威和公权型权威。请参见：谢晖、陈金钊：《民间法（第三卷）》，山东人民出版社 2004 年版，第 144 页。陈寒非：《从一元到多元：乡土精英的身份变迁与习惯法的成长》，《甘肃政法学院学报》2014 年第 3 期。本书认为随着乡村现代文明的发展，巫魅型权威将逐步式微。在此基础上从方法论视角探讨中国式现代化进程中乡土法杰的五种权威获取方式。
③ 参见高其才、何心：《洞庭乡人何培金》，中国政法大学出版社 2013 年版，第 134—142 页。

村民们的支持和服从。总之，乡土法杰通过这些途径来获取权威，其权威来源可以是单一型，也可以是多种来源的组合型。而组合型权威往往比单一型权威的强度更大，也使乡土法杰可以通过多种身份的切换在乡村地域中发挥更大的社会影响力。

2. 异化可能

乡土法杰在乡村社会中可以通过身份切换来扮演多种角色，如图4-1所示①。具体而言，普通村民通过权威摄取可以成为乡土法杰，即法治型新乡贤。乡土法杰在传承中华民族优秀传统文化和大力弘扬社会主义核心价值观中发挥文化引领功能，可以成为德治型新乡贤。乡土法杰通过上级委任和村庄竞选而成为村"两委"干部，也可以变身为自治型新乡贤。同样，乡土法杰自身权威的丧失也会使他们成为普通村民。这种身份转换为我们展现出一幅动态而又复杂的乡土法杰活动图景。因此，乡土法杰并不是一成不变的，作为乡村精英或新乡贤，依然有异化的可能。

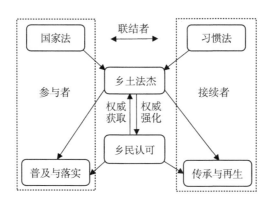

图4-1 乡土法杰的权威获取与角色扮演

---

① 有研究指出乡土法杰能助推习惯法的传承与成长，并不断推动村规民约的"生长"。详情可参见高其才等：《乡土法杰研究》，中国政法大学出版社2015年版，第32、58页。在此基础上，本书从国家法与习惯法的互动视阈，探讨乡土法杰的权威获取和角色扮演及其在"三治融合"乡村治理体系中的角色转换。

　　党的十八大以来，培育并发扬乡贤文化、发挥新乡贤在乡村治理中的作用成为国家顶层设计中的重要组成部分。如何发挥新乡贤的治村功能，从而为乡村振兴注入本土性的治理资源成为社会各界关注并探讨的热点话题。学者们就新乡贤的道德引领、带头致富、社会矛盾化解和弥补村干部治理缺位等积极功能已达成基本共识，但也注意到新乡贤的异化会对乡村治理造成消极影响。对此，一些学者指出，要警惕个别新乡贤出现道德滑坡①，要防止一些新乡贤异化为"官乡贤""富乡贤"②，因此主张对新乡贤加强监督和制约。也有些学者指出，当前乡村治理中普遍存在着"窄化"或"泛化"乡贤功能的情况③，要清醒地认识到新乡贤不是万能的④。总之，这些观点强调要正确认识新乡贤，发挥他们在乡村治理中的积极功能并规避他们可能造成的消极影响。

　　乡土法杰作为法治型新乡贤，符合新乡贤的群体特征以及治村功能的双重性。在乡村治理的现代化进程中，一些乡土法杰在村庄纠纷解决中会面临认同紊乱、知识不足、权威旁落等难题，也难以完全摆脱人的"自利"本性并完全克服人性的弱点和缺点。对此，有学者提出隐忧：通过乡土法杰来解决纠纷，究竟"只是一种接续传统并将终结于社会转型期的特有现象，还是代表着未来乡村社会纠纷解决的基本路向？"同时，又指出乡土法杰能否成为解决乡村社会纠纷的合格人选是决定性因素。⑤事实上，乡土法杰能否与时俱进以满足乡村纠纷解决的需求是内因，乡村社会的制约

---

①　参见张露露、任中平：《乡村治理视阈下现代乡贤培育和发展探讨》，《广州大学学报（社会科学版）》2016年第8期。

②　黄文记：《"三治"结合乡村治理体系中新乡贤的作用研究》，《西南民族大学学报（人文社会科学版）》2021年第1期。

③　参见赵秀玲：《乡贤重塑与乡村善治》，《东吴学术》2019年第1期。

④　参见王杰：《新乡贤是传统乡贤的现代回归吗？——基于新乡贤与传统乡贤治村的比较分析》，《西北农林科技大学学报（社会科学版）》2020年第6期。

⑤　参见魏小强：《为什么是乡土法杰——乡村纠纷解决担纲者的主体条件和地位分析》，《民间法》2015年第2期。

和监督机制是否健全是外因。只有内因和外因共同发挥作用，才能对乡土法杰实现有效的规制和引导，促使乡土法杰在乡村治理中发挥积极作用。

总而言之，不能因为乡土法杰存在异化的可能就全盘否定他们的社会价值。在乡村地域中，只要乡土法杰不出现明显的道德滑坡甚至沦为违法乱纪分子，村民们一般都在心理上倾向于寻求乡土法杰来帮忙。特别是在传统权威日趋式微的今天，通过内外两个方面的有效规制和引导，乡土法杰这一承载着传统优秀文化基因的内生型本土人才，是可以在当前的法治乡村建设和乡村治理中充分发挥他们的正向功能的。

第四节　新乡贤参与乡村治理的完善路径

乡村振兴战略是事关实现中华民族伟大复兴中国梦的基础性工程。我国要全面建设社会主义现代化国家并实现中华民族伟大复兴，最艰巨最繁重的任务依然在农村。这就需要将新乡贤这类在乡村社会中具有广泛而又深厚乡土基础的精英人才吸纳进来，以助力全面推进乡村振兴。新乡贤参与乡村治理在各地的社会实践中探索出了丰富多样的活动形式，取得了显著的社会成效。但不容忽视的是，新乡贤在参与乡村治理的过程中也面临着一些现实难题，制约着新乡贤治村效能的发挥和进一步提升。本节对这些问题进行系统梳理，找出富有针对性的解决对策，以期进一步完善新乡贤参与乡村治理的过程和机制，为全面推进乡村振兴打下更加坚实的人才基础。

（一）明晰多元主体关系，为新乡贤参与乡村治理创建有序秩序

每一种政治现象和治理行为的背后都蕴藏着复杂的关系网络。新乡贤参与乡村治理的过程，也是对乡村社会各类主体间的关系进行改变和调整的过程。

　　首先，从新乡贤与"村两委"的互动过程来看，在一些地区的农村实践中存在着"村两委"和新乡贤之间的关系错位现象。它具体体现为作为党政体制外的新乡贤与村"两委"之间在处理具体的乡村治理事务时存在主从倒置和谋断关系紊乱等问题。通常来说，新乡贤如果不能通过选拔或竞选等渠道进入村"两委"，一般会以个人或组织的形式活跃在乡村社会领域中。游离在体制以外的新乡贤，通常会在两个关键点对村"两委"施加影响：一是在主从关系方面，乡村振兴的领导力量应是党支部，新乡贤在乡村治理中应发挥辅助功能。但在实然状态中，新乡贤与村"两委"之间存在着强弱力量的对比。在调研中发现，个别乡贤基于自身丰富的资源和人脉优势来干预村"两委"的正常工作。一些新乡贤组织的"宗族化""自由化"也会在乡村地域中形成新的权威核心，从而对"村两委"的政治权威形成冲击和挑战。特别是在村庄"一把手"党性不纯、能力不足以及农村基层党组织软弱涣散的条件下，新乡贤组织对村"两委"的权威侵蚀甚至将后者架空的态势将会更加明显。二是在谋断关系方面，村干部的"断"与新乡贤的"谋"是应然状态。但是，角色定位模糊、权责不明晰等问题会引发新乡贤与村干部谋断关系的紊乱。新乡贤参与村庄治理可以为村"两委"提供智力支持和资源供给，但一旦出现村"两委"对新乡贤的过度依赖，就很容易诱发新乡贤与村干部的观点碰撞甚至出现新乡贤"越位"决策等现象，从而削弱村"两委"在乡村治理中的决策效力。

　　其次，从新乡贤和普通村民的互动关系来看，新乡贤属于乡村精英群体，个别村庄存在着乡村精英妨碍普通村民民主权利实现的问题。熊彼特说，民主方法就是那种为作出政治决定而实行的制度安排，在这种安排中，某些人通过争取人民选票取得作决定的权力。① 通常来讲，新乡贤群

---

① 参见［美］约瑟夫·熊彼特：《资本主义、社会主义与民主》，吴良健译，商务印书馆1999年版，第395—396页。

体在乡村地域中与普通村民群体相比，是在经济收入、知识储备、人脉资源和社会阅历等方面更具优势的治理主体。与新乡贤群体相比，我国农村普遍存在着农民文化程度不高和自身素质有待提高等问题。由于自身的劣势地位和所占社会资源的相对匮乏，村民不仅是相对弱势的经济群体，而且其政治诉求也常常得不到充分表达，甚至有些人在政治生活中是缺乏理性并被边缘化的。这使他们不能完全正确理解政策意图并参与村庄公共事务，因而不能充分参与村庄政治决策。特别是在当前部分农村地区村民民主参与率普遍不高、村民自治运作效能较低的情况下，在特定情境中新乡贤参与乡村治理是对普通村民民主权利的一种替代，由此产生普通村民的民主权利不能得到有效实现和保障的问题。

针对以上两种突出问题，应从这两组关系入手，推动新乡贤与其他治理主体之间形成协作关系，并明晰各主体间的权责关系。

一是正确处理新乡贤与村"两委"之间的关系。在当前的农村基层党组织建设中，农村党支部通过"新乡贤进支部""功能型虚拟党支部"以及"党建＋新乡贤"等不同形式来吸聚新乡贤，是基层党组织强化政治功能并拓展社会建构功能的重要方式。这种方式主要通过新乡贤参与乡村治理过程来吸纳更多的人才资源和社会资本，目的是以进入党政体制内的新乡贤来建强党组织，并发挥体制外新乡贤的治理补位功能。基层党建吸聚新乡贤是党链接社会的重要方式。这内在需要党社关系是互动互促式的合作，而非极端自由状态下的对立与替代。因此，当新乡贤作为体制外力量参与乡村治理时，必须厘清村"两委"与新乡贤之间的角色和权责关系。首先，要始终确保党的基层组织是乡村治理的领导核心。坚持党的全面领导，确保党在农村工作中能够总揽全局、协调各方，以保证农村改革发展沿着正确的方向前进，这是党管农村工作必须遵循的基本原则。体制外新乡贤在乡村振兴中发挥着辅助功能，与基层党组织是从属与主导的关系，因此不能出现越位现象。其次，基层党组织与体制外新乡贤在村庄公共事务管理中是"断"与"谋"的关系。前者是最终决策者,后者是参谋者。因此,要谨防新乡贤在村"两委"决策过程中出现逾越或排斥行为,着力发挥新乡贤在乡村振兴中的"智库"功能。这两个方面是正确处理新乡贤与村"两委"之间关系的关键控制点。

二是在基层民主实践中要谨防出现新乡贤妨碍普通村民实现民主权利的现象。乡村治理是多元共治的治理格局,在村庄政治舞台上,新乡贤群体与普通村民群体是两个不同的村治主体。对于村民自治制度而言,2022 年《村民委员会组织法(修订草案征求意见稿)》第二十条规定:"年满十八周岁的村民,不分民族、种族、性别、职业、家庭出身、宗教信仰、教育程度、财产状况、居住期限,都有选举权和被选举权;但是,依照法律被剥夺政治权利的人除外。"因此,符合条件的村民是村民自治的主体。新乡贤群体在村民自治活动中,要以维护并增进全体村民的根本利益为原则来开展乡村治理活动,而不是以相对优势和强势的地位代替村民行使自治权利,这样才能确保新乡贤参与乡村治理在良性的轨道运行。而对于由新乡贤组成的新型社会组织而言,比如乡贤理事会、乡贤参事会或乡贤评理堂等,也要正确处理新乡贤组织与普通村民之间的关系。这类组织不是乡贤群体组成的服务自我的封闭型社会团体,而要以真正服务于广大村民、助力全面推进乡村振兴为目标来开展活动。如此,才能实现新乡贤群体和村民群体在乡村治理事务中的同向同行,持续增强广大村民自我管理、自我服务、自我教育和自我监督的实效。

(二)完善乡贤返乡机制,为新乡贤参与乡村治理增加利益联结

新乡贤参与乡村治理从新乡贤群体来讲,涉及以下两个重要问题:

一是新乡贤的"返场"问题。新时代新征程基层党建吸聚新乡贤的实质是"人才下乡",因此新乡贤的返场问题是基层党建吸聚新乡贤需要考量的现实问题。新乡贤治村是在我国乡村社会面临治理危机,亟须挖掘传

统优秀治理资源的背景下进入全社会的视野的。从人的因素来看，新乡贤并不是传统乡绅的复活，而是传统乡绅在现代社会中的新生。从环境要素来看，新乡贤"返场"的"场"已经发生了结构性变化，即乡土社会已经从费孝通先生语下的传统"熟人社会"演变为当前的"半熟人社会"①甚至是"陌生人社会"②。尤其是在我国中西部部分地区"空心化"的社会背景下，村民流动性增加、乡村异质性加大、村庄公共性弱化、传统文化约束力日趋下降，在这种条件下该如何有效促进新乡贤的"返场"？此外，从当前国家的政策导向、学界呼吁和社会期待来看，全社会的主流观点是希望新乡贤能够参与到乡村振兴的方方面面中来，在乡村地域的政治、经济、文化、社会和生态环境等诸多方面发挥积极作用。新乡贤被寄予厚望来参与乡村振兴。

二是新乡贤与乡村社会的利益相关度有待提高的问题。首先，个别乡贤参与家乡建设的热情较低。"乌鸦反哺，狐死首丘"的根文化和"光耀门楣，荣归故里"的家族遗训是乡贤反哺的心理渊源。然而，乡土文化不断遭到侵蚀渐渐消弭着一些人脑海中的寻根意识和奉献精神。个别乡贤对待家乡建设漠不关心、无动于衷。因此，若仅仅依赖情感维系来倡导新乡贤参与乡村治理，常常显得单薄无力。其次，新乡贤参与乡村治理的动机来源比较单一。现实中，吸引新乡贤参与乡村治理的措施侧重于精神激励。但是，英国经济学家亚当·斯密（Adam Smith）的"经济人"（economic man）（"理性—经济人"）假设指出："人的本性是追求私利的，是以利己为原则的"③。因此，单靠精神激励，而不采取多样化的激励方式，将难以满足不同人的多样化需要，如经济报酬、尊重和自我实现等。再次，新乡贤在参与乡村治理的过程中，还面临着缺乏地方政策支持、缺少地方财政

---

① 贺雪峰：《半熟人社会》，《开放时代》2002 年第 1 期。

② 莫智源：《"陌生人社会"调解名实结合的必然性》，《杭州商学院学报》2003 年第 2 期。

③ 罗珉：《管理学原理》，科学出版社 2009 年版，第 31 页。

支持、难以融入基层组织等问题，会造成他们的基本权利和合法利益得不到有效保障。这不仅会打击新乡贤参与乡村治理的积极性，也难以为农村留住人才。因此，如何强化新乡贤的利益相关，在此基础上维护他们的合法权益，是进一步激发新乡贤参与乡村治理积极性需要考虑的现实问题。

针对以上两个关键问题，提出以下改进思路：

一是健全新乡贤人才流入机制。2014年以来，党和国家的多个文件都提到新乡贤和乡贤文化，为新乡贤的"返场"提供了有力的政策支持。学者们也从历史比较的视野来总结新乡贤与传统乡贤存在的异同，致力于为新乡贤的返场提供理论指导。① 结合当前的社会实践，基层党建吸聚新乡贤的关键是要健全新乡贤人才的流入机制。首先，在政策扶持上，各地基层政府可以结合当地特色，因地制宜地制定多样化的人才吸引政策，通过招商引资、定点邀请、创新基层治理形式等方式来为新乡贤返乡提供物质奖励和精神激励，增强新乡贤"返场"的获得感和荣誉感。其次，在培育机制上，新乡贤返乡与本土新乡贤的培育需要双管齐下。基层政府不仅要注意返乡新乡贤的培育工作，也可以聘请离场新乡贤来担任乡村后备人才培育导师，使其定期返乡开展培训活动，从而培养新一代德才兼备的新乡贤人才。再次，在人才使用上，利用基层人大和政协的参政议政平台，增加新乡贤参与基层政务的渠道，发挥学者型新乡贤在乡村治理中的"新型智库"功能。同时，进一步优化新乡贤社会组织，为新乡贤参与乡村治理打造优良的参与平台。最后，在人才保障上，基层政府要尤其注意因人而异，量力而行，使新乡贤在他们各自的能力和资源可控范围内发挥治理效能，谨防基层民众对新乡贤进行"道德绑架"或"污名化"，从而为新乡贤的"流入"以及"留得住"创造优良的乡土社会环境。

---

① 参见王杰：《新乡贤是传统乡贤的现代回归吗？——基于新乡贤与传统乡贤治村的比较分析》，《西北农林科技大学学报（社会科学版）》2020年第6期。

二是强化实际利益关切，激活新乡贤培育和发展的动力源泉。利益是人类行为的原动力，因此强化利益相关是新乡贤培育和发展的动力基础。首先，新乡贤不是无根的浮萍，故土是其精神的归宿。要倡导"爱故乡"，强化他们的精神利益共生。对此，可以开展多种多样的活动，例如中欧校友爱心联盟的"i20——让故乡年轻"公益晚会、"e农计划"等，推动那些徘徊于外界评价与内心找寻之间的新乡贤选择返乡创业，投身于乡村治理和乡村振兴事业。其次，如何让愿意过农村生活的人能够回归田野，这需要土地产权交易的确定性以及士绅精神的复兴。对此，有研究者认为，土地产权激励是一个最重要最有效的激励机制，要创造一个精英双向流动机制，即鼓励农民向城市流动和鼓励城市人流向农村，关键在于农村土地产权的明晰化，要通过土地产权激励鼓励城市精英流向乡村社会。[1] 这种通过有效的农村土地制度安排来强化新乡贤利益关切的做法值得肯定。最后，要切实尊重并保障新乡贤的合法权益。坚持普惠性政策与扶持性政策相结合，可以通过降低返乡创业门槛、加大财政支持力度、强化返乡创业金融服务、完善返乡创业园支持政策、规范市场运行、实行新乡贤挂职"村干部"和乡镇长助理等措施来进一步推动乡贤下乡。

（三）健全制度规范体系，为新乡贤参与乡村治理提供有力保障

新乡贤在乡村治理中的异化问题和绩效考核问题，是健全新乡贤制度规范体系的两个重点工作：

一是个别新乡贤在乡村治理中的"异化"问题。新乡贤对乡村治理所起的作用具有双重性，即新乡贤既能在乡村治理中发挥积极功能，也会在

---

① 参见林文勋:《历史与现实:中国传统社会变迁启示录》,人民出版社2010年版,第86—91页。

特定条件下异化为乡匪村霸。回溯历史，近代以来，随着乡贤或乡绅力量继替的制度保障发生历史性断裂，乡间正绅、良绅无以存续，所以造成劣绅、豪绅充斥乡村社会之局面。① 这些劣绅、豪绅追逐个人私利，在乡村治理活动中发挥了消极作用。在当前的乡村社会中，首先，不能单纯依靠新乡贤的个人自觉来期待获得理想的乡村治理效果。这是因为，并不是所有的新乡贤都能完全排除自利倾向，个别人也可能会以村干部的角色获取灰色甚至非法的利益。正如有学者指出的，人们理想中的"乡贤"尚未到来。② 特别是新乡贤所具有的权威力量一旦与宗族势力相结合，就很容易诱发假公济私、破坏民主等行为。新乡贤与普通村民的强弱力量不均衡，也会使部分村民徘徊于村庄权力体系的边缘地带，使他们难以有效地参与乡村治理。其次，一些地区积极倡导新乡贤返乡，但是配套的监督制度尚未同步建立，从而导致一些新乡贤产生异化现象。例如，广东省湛江市马六良村的乡贤梁某，返乡并出资带领村民进行新农村建设，但因没有严格落实财务公开制度以及"什么都是他一人说了算"，被村民指为"土皇帝"并遭到举报，该村随后也变成了一个"烂摊子"。可见，缺乏有效的监督约束是新乡贤异化的关键诱因，也直接降低了新乡贤参与乡村治理的实际效果。

二是缺乏绩效考核机制的问题。新乡贤参与乡村治理的实践成效从目前来看大多还停留在感性的判断和定性的考评层面，还有待探索更加细化和深入的制度体系和工作体系。例如在实践中，为了考核改革实效，云浮建立了"新型考核机制"和"十步工作法"，但前者主要是针对乡镇干部进行考核，后者针对乡村的执行效果进行评价，还缺乏专门针对乡贤理事会进行绩效考核的制度和机制。缺乏科学的绩效考核机制，既不能客观衡

---

① 参见王先明：《"新乡贤"与核心价值观的践行》，《光明日报》2014 年 8 月 20 日。
② 参见陈柏峰：《富人治村的类型与机制研究》，《北京社会科学》2016 年第 9 期。

量新乡贤参与乡村治理的实际成效，也会留下权力寻租空间，从而诱发一些新乡贤发生异化并作出侵害乡村公共利益的行为。此外，如何更加精准地监督新乡贤组织的资金使用、公正地评价它的执行效果、测量基层群众对新乡贤及其组织的支持率等，都还缺乏相关的量化考核办法。因此，如何针对新乡贤和新乡贤组织来制定考核原则、设置考核指标、采取考核手段、实行考核方法、制定考核主体，并严格执行和落实考核制度等，是一系列值得深入思考的问题。

针对以上两点问题，需要重点解决新乡贤存在的"异化"风险并健全绩效考核制度和机制。

首先，健全新乡贤人才的制度规范。新乡贤的异化源自人的自利本性以及制度供给不健全。新制度经济学认为，人都有机会主义倾向，即随机应变、投机取巧、为自己谋取最大利益，也就是人具有追求成本外在化、收益内在化的本性。在缺乏制度规范和约束的情况下，新乡贤的人治特征会更加凸显。因此，要防止新乡贤异化，就必须构建一套完善的制度规范来遏制新乡贤的自利本性。一是强化对新乡贤的法治引导，破除其人治思维的束缚。要通过搭建一个德法相得益彰的乡村治理框架，来找到传统德治资源和乡村依法治理的最佳平衡点。二是通过挖掘典型事迹、树立道德楷模等活动的开展来抑制新乡贤本性中的自利倾向，由此激发并强化他们的公益心。三是健全新乡贤的评选制度。在实践中，四川省南充市高坪区在"十佳新乡贤"的评选活动中，专门成立考核遴选小组，通过近一年的入户访谈了解、走访核实、初步审定以及严格审查程序，才最终确定评选结果。这既是评选，也是变相考核，以考核促激励的方式来发挥新乡贤在乡村治理中的正向功能。四是完善新乡贤的监督制约制度；在上述马六良村的典型案例中，村务监督小组形同虚设是导致新乡贤异化的制度因素，而群众的及时举报制止了新乡贤的违纪行为。因此，村级监督制度和群众民主监督制度的有效落实，能够对新乡贤参与乡村治理进行有效的规范和制约。总之，通过法治引导、考核激励和监督制约等措施来健全新乡贤参与乡村治理的制度规范，能够有效应对新乡贤的"异化"问题。

其次，建立多维度的绩效考核体系。这关系到制定乡贤理事会绩效考评的原则、指标、手段、方法和主体等方面。在实践中，2022年中共陕西省委农村工作领导小组和（省委实施乡村振兴战略领导小组）办公室为充分发挥乡贤资源在助力乡村振兴中的优势作用，专门印发《关于进一步发挥乡贤作用助力乡村振兴的指导意见》，对新乡贤参与乡村治理的工作内容和组织保障作出明确的规定，这是一种有益的制度探索。在具体推进中，可以建立多维的绩效考核体系来对新乡村的治理效能进行评估。例如，一是就绩效考评的原则来说，要秉承"公平、公正和公开"的原则。二是就考核指标来说，它的设定必须符合SMART原则，即"明确的、可量化的、可实现的、现实的、有时限的"原则，具体来说可以设置乡风村风、文明规范、公共服务、环境整洁、财务透明、村民满意结果等多个指标来评价新乡贤参与乡村治理的效果。三是就考评手段来说，采用定性和定量相结合的考核办法，增强考评的科学合理性。采用阶段性和长期性考评相结合的办法，来有效防止新乡贤的短期治理行为。四是就考评方法来说，除了可以运用目标考评法和要素评定法以外，还可以采用360度绩效考核办法，实行平衡积分卡的考评办法，采用关键绩效指标的考评方法等。五是就考评主体来说，"基层政府往往将注意力聚焦于上级政府的评价，而不是当地民众的感受"①。因此，在做到党政组织考核的同时，也需要将群众的支持度和满意度纳入新乡贤参与乡村治理的绩效考评体系。

---

① 李庆英：《毛泽东晚年"大民主"思想的政治学剖析》，《湖北行政学院学报》2002年第6期。

（四）实现稳步持续发展，为新乡贤参与乡村治理注入持久活力

从整体性治理和长远发展的角度看，在新时代新征程中，新乡贤参与乡村治理在组织整合和可持续发展等方面存在问题。

一方面，组织整合问题。新乡贤的活动组织包括村"两委"这样的正式组织和乡贤理事会、乡贤评理堂等类似的非正式组织。美国学者巴纳德认为组织的本质是一个协作系统。因此，在乡村组织内部和组织之间实现良好的沟通和协作，以实现多元整合，是当前乡村治理现实对新乡贤提出的客观要求。然而在乡村治理中，一是新乡贤活动的分散性不利于多元整合。在缺乏专门的乡贤社会组织的村庄，新乡贤不仅分散于各种类型的乡村组织中，而且难以通过共同的组织目标、良好的沟通和协作的意愿，在咨询、决策、反馈等治理环节中形成合意，这制约着他们在公益活动、排解纠纷、兴修水利工程、维持村庄稳定等乡村公益事业中自身能力的有效发挥。二是组织载体的"碎片化"制约着多元合作的效能。建立新乡贤参与乡村治理的组织载体，不能是简单地为设立而设立，而是要能够与乡村现有组织进行有机整合，实现优势互补。如果缺乏整体的规划并忽视组织之间的联动性，就有可能会造成乡村各类组织庞杂混乱，也难以实现组织间的多元一致。乡村治理困局之所以会产生，"最直接的原因是我们没有建构起一个与当前乡村社会重大变化相适应的治理体系和治理结构"[1]。可见，如何科学地建立与乡村治理需要相适配的乡贤组织体系，提升各类治理组织之间的协作效率，是提升新乡贤参与乡村治理效果需要考虑的现实问题。

另一方面，可持续发展问题。新乡贤参与乡村治理是我国社会各界共同关注的热点话题。新乡贤的热议以及新乡贤参与乡村治理的热潮与

---

[1] 李建兴：《乡村变革与乡贤治理的回归》，《浙江社会科学》2015 年第 7 期。

我国的政策导向和党政部门的推动密不可分。但根据笔者的实地调研情况，一些地区的新乡贤参与乡村治理存在着可持续发展的问题，局部地区还出现了新乡贤参与乡村治理的中断情况。另有学者以我国中部村庄为例来追踪观察新乡贤参与乡村振兴的实践历程，同样也发现新乡贤参与乡村治理面临着可持续发展困境。① 从我国改革创新的规律来看，一些新的改革举措之所以会"昙花一现"，一方面是与现在的干部选任制有关。原改革者调离后，创新实验也随之消弭。前任因创新实验获益，而后任不大可能再从其中获取有效的政治资源和有益于个人发展的砝码。② 一旦继任者对新乡贤的相关实践创新不感兴趣或者说施政重点转移，那么就很容易引发新乡贤参与乡村治理的可持续发展问题。另一方面是维持或进行政治革新与开展常规工作相比，对基层干部提出了更高的治理要求。作为一种政府导向型制度创新，新乡贤参与乡村治理有赖于地方政府的强力推动。一旦缺乏政府的号召和推动，相关的实践创新步伐就会放缓甚至停滞。此外，这种由政府和政策驱动的实践创新，与发挥群众首创精神而进行的实践创新有很大差异，因此也会因为缺乏基层群众的支持而陷入可持续发展困境。

对此，要着力从总体性治理和可持续发展的角度推动新乡贤参与乡村治理的良序持久发展。

一是采用总体性治理思路推动新乡贤深入参与乡村治理。首先，要正确处理农村基层党组织的领导与乡贤自治的关系。由实践可知，乡贤理事会、乡贤评理堂等社会自治组织，是农村基层党组织在发挥自身政治核心和战斗堡垒作用的前提下，动员社会力量有序参与乡村治理的产物。因此，乡贤自治要始终将坚持农村基层党组织的领导作为根本遵循，在此基

---

① 参见王振兴、李云新：《新乡贤参与乡村振兴的可持续困境——以我国中部 WL 村为例》，《云南农业大学学报（社会科学）》2023 年第 5 期。

② 参见江宁：《基层改革"人走政息"谁之过》，《学习时报》2010 年 5 月 20 日。

础上发挥农村基层党组织和新乡贤组织之间的联动优势。其次，以新乡贤扮演的多重角色来链接不同类型的乡村组织。在一些村庄中，乡贤评理员不仅充当评理员、调解员角色，也扮演着监督员、宣传员、服务员等角色，因此，要注重发挥新乡贤在乡村治理中的多重角色，将其作为"组织联结者"来促进不同类型组织之间的协同和整合。这提示我们不能就新乡贤个人而看个人，或就新乡贤组织而看新乡贤组织，需要在乡村治理结构和治理体系的整体视阈下全面把握新乡贤的多重角色和多种功能。由此，在系统论和整体性的视角下，发挥新乡贤在乡村治理中与其他治理要素之间的协作和联动效应，从而稳步提高新乡贤参与乡村治理的效能。

二是以群众利益为导向推动新乡贤参与乡村治理的可持续发展。研究发现：新乡贤参与意愿走低、参与事项日渐减少，且未能取得持续性的积极影响是可持续困境的基本表征，究其原因，新乡贤群体对参与乡村治理的认知存在偏差、与村庄缺乏稳定紧密的关联纽带是导致可持续困境的主体性因素；新乡贤参与缺乏基层政府、村"两委"及村民的支持和肯定，是导致可持续困境的情境性因素。[①] 对此，要通过精准施策来解除新乡贤持续参与乡村治理的各类制约因素。其中最根本的是要从基层群众和基层干部两个群体着手：一方面，要更加注重农村群众的利益诉求，把农村群众的需求作为发展着眼点，真正做到服务广大村民。乡贤理事会在作出服务决策之前要进行民意调查，在实行中要注重民意反馈，在实行后要注重总结经验和教训，以此来提高新乡贤参与乡村治理的实际运行效果。另一方面，政府要充分了解新乡贤和广大群众具有的自身利益诉求，并且扶助新乡贤参与乡村治理的长远发展。基层干部要逐步摆脱"唯指标马首是瞻"的桎梏，注重新乡贤创新机制的长效性。同时，后任领导要正确看待前任

---

① 参见王振兴、李云新：《新乡贤参与乡村振兴的可持续困境——以我国中部 WL 村为例》，《云南农业大学学报（社会科学）》2023 年第 5 期。

的新乡贤等相关改革成果，适当调整与自己的工作思路之间的关系，使两者优势互补，实现整合式发展，由此为新乡贤参与乡村治理提供持续的政府推动力。从另一个角度看，政策的连续性也能有效避免虎头蛇尾的工作作风以及由此造成的资源浪费，同时也让基层干部有路可循，村民免受折腾之苦。好的新政需要以持续性的战略眼光来看待并坚持，否则，再完美的政策也会在随意变动中丧失它应有的治理效应。

第五章　乡村生态环境治理

乡村生态环境治理是乡村迈向善治并全面实现乡村振兴的重要组成部分，也是我国生态环境治理体系和治理能力现代化的基础环节。本章围绕"乡村生态环境治理"议题，从乡村生态环境治理的基本内涵、发展历程和多重价值，历史延续性视角下生态环境治理的形态变迁及其当代启示，我国乡村生态环境治理的浙江实践和四川实践，以及全面推进乡村振兴进程中乡村生态环境治理的优化路径四个部分进行具体分析。

第一节　乡村生态环境治理的概念、发展历程和价值

乡村生态环境治理是乡村治理体系和治理能力现代化的重要内容。"中国式现代化"赋予了乡村生态环境治理以新的特征和内容。在新时代背景下，既要精准把握乡村生态环境治理的基本内涵，也需要全面了解它所经历的发展过程以及具有的多重时代价值。

（一）乡村生态环境治理的基本内涵

乡村生态环境治理的基本内涵可以从两个层面进行理解：一是从词源学意义上来看，乡村生态环境治理包含"乡村""生态""环境"和"治理"四个词根。根据《现代汉语词典》的解释，"乡村"是指主要从事农

业、人口分布与城镇相比较为分散的地方；"生态"是指生物的生理特性和生活习性，也指生物在一定的自然环境下生存和发展的状态。"环境"意指周围的地方或周围的情况和条件。"治理"在我国当前的学术语境中是与"统治"不同的管理形态，更加强调多元主体之间的协作和共治。由此，乡村生态环境治理可以在本原意义上指乡村社会中的多元主体围绕自然环境的生存和发展状态以及周围的条件而展开协作和共同治理的过程。二是从人与自然的互动关系看，人与自然是生命共同体，两者之间的互动关系包含着人与自然、人与人以及人与社会之间的三重关系。从这个角度而言，乡村生态环境治理也可以延伸理解为多元主体在乡村生态环境事务中，以实现人与自然、人与人以及人与社会关系和谐共生为目标而展开的治理活动。

在国家治理进程中，乡村生态环境治理既属于生态环境治理的内容和范畴，也关乎乡村治理和国家治理的现代化进程。新时代我国全面深化改革的总目标是完善和发展中国特色社会主义制度，推进国家治理体系和治理能力现代化。这就要求作为国家治理和生态文明建设重要内容的乡村生态环境治理必须把体系化建设和现代化发展作为重点内容。

首先，就体系化建设来看，构建现代环境治理体系以不断满足人民群众日益增长的优美生态环境需要，是新时代以来党和国家应对严峻而又复杂的生态环境治理问题所提出的施政方针和具体策略。党的二十大报告再次强调指出要"健全现代环境治理体系"。目前，党委领导、政府主导、企业主体、社会组织和公众共同参与的现代环境治理体系已经成形并在实践中大规模铺开。这种体系化建设和发展态势要求乡村生态环境治理也必须实现基层党组织、乡镇政府以及乡村地域中的企业、社会组织和广大群众等治理主体间的协同与合作，由此才能在乡村生态环境治理这一国家治理和社会治理的重点领域中实现共建、共治和共享。因此，以广大村民获得更优美的生态环境需要为根本，构建并完善农村基层党组织领导的多元共治型治理体系，就构成了乡村生态环境治理体系化发展的重要内容。

其次，就现代化发展来看，党的二十大报告提出中国式现代化是人与自然和谐共生的现代化。现代化和现代化发展由此成为乡村生态环境治理的又一重要内容。关于生态治理现代化，有学者从治理理念的时代化、治理体系的科学化、治理技术的智能化、治理方式的合理化、治理功能的实效化五个维度对它进行初步界定，即生态治理现代化是指我国生态治理主体在党的生态治理新理念的指导下，积极构建科学的生态治理体系，运用现代化的智能技术，选取恰当的治理方式对我国存在的复杂生态问题进行系统治理，旨在实现人与自然和谐共生的现代化。① 这对理解乡村生态环境治理现代化的涵义具有重要启发意义。

根据这五个维度，乡村生态环境治理现代化的内容具体体现为：一是在治理理念上，它强调要以马克思主义生态观和习近平生态文明思想为根本指导，将"绿水青山就是金山银山""山水林田湖草是一个生命共同体"等新的生态环境治理理念融入到乡村治理过程中，对原有的乡村生态环境治理理念进行革新，从而更加科学地指导乡村生态环境治理的实践活动。二是在治理体系上，除了要建立科学化的现代环境治理体系，也要将科学化作为重要指标纳入到乡村生态环境治理体系的发展中。在科学指导下，将乡村生态环境治理的相关制度体系、法律体系、技术体系、村规民约体系和效能评估体系相联系，发挥整体联动的体系效应，由此对乡村社会中多元主体的生态环境行为进行更加有效的引导和规约。三是在治理技术上，在大数据和人工智能时代，技术智能化成为乡村生态环境治理的重要支撑力量。探索并运用"互联网+""大数据+""人工智能+"等多样化的科技手段和方式来进行乡村生态环境治理，由此为推动乡村领域中人

---

① 参见欧阳康、郭永珍：《论新时代中国生态治理现代化》，《江苏社会科学》2021年第6期。

与自然的和谐共生提供更加强有力的科技支撑。四是在治理方式上，在党建引领"三治融合"的框架下开展乡村生态环境治理，需要综合运用自治、法治和德治等治理方式。既可以通过三者中的单一手段来对乡村生态环境事务进行有效干预，也可以通过"自治＋德治""自治＋法治""德法并举""三治结合"等组合型的治理方式开展乡村生态环境治理活动。五是在治理功能上，治理有效成为乡村治理的首要指标，因此，乡村生态环境治理必须以有效的治理为目标导向。这就要求有关乡村生态环境治理的一切活动都必须围绕"效能提升"这一重点来开展。总之，治理理念的革新、治理体系的完善、治理技术的智能化、治理方式的多样化和治理效应最大化最优化都必须服务于不断满足基层群众对优美生态环境需要的治理目标。在此基础上，通过这五个维度的现代化发展来整体加快乡村生态环境治理的现代化进程。

（二）乡村生态环境治理的发展历程

自新中国成立以来，我国为应对不同时期的乡村生态环境问题而采取了不同的政策安排和应对策略。根据辩证唯物主义的质量互变规律，事物的发展和完善都需要经历一个特定的过程，乡村生态环境治理的体系完善和能力提升也不例外。回顾 70 多年来我国乡村生态环境治理的发展过程，可以将其划分为以下五个阶段：

1. 1949—1978 年：乡村生态环境治理的初始阶段

新中国成立初期，我国百废待兴，农村和城市都需要注入发展活力。发展经济以提升人民群众的物质生产生活水平是党和国家的施政重心，生态环境特别是农村地区的生态环境问题在很大程度上让位于经济发展。1956 年中共八大提出我国社会的主要矛盾是人民对于建立先进的工业国的要求同落后的农业国的现实之间的矛盾，具体采取的是"以农业支持工业、以农村支持城市"的发展战略。这使得农村成为生态环境污染的重要承载地，农村生态环境问题也开始逐步显现。

这一时期在中央层面还未形成专门的文件来治理乡村生态环境问题，但随着农村环境污染事件的接连暴发以及全球生态环境保护进程的加快，我国于 1973 年召开第一次全国环境保护会议并通过了《关于保护和改善环境的若干规定（试行）》，这在我国生态环境保护史上具有重要的标志性意义。1974 年国务院环境保护领导小组正式成立，开始对包括农村环境保护在内的相关问题进行专门管理。1976 年中央发布《关于环境保护的 10 年规划意见》《关于编制环境保护长远规划的通知》，明确提出要把生态环境纳入国民经济年度计划和长远规划。1978 年《中华人民共和国宪法》规定"国家保护环境和自然资源，防止污染和其他公害"，首次从宪法层面着手为农村环境等生态环境保护事务提供法律支撑。消除污染、保护环境逐渐成为农村生态环境治理的重心。总的来看，这一时期我国主要采用行政手段开展生态环境保护工作，乡村生态环境治理也还处于初始发展阶段。

2. 1979—1989 年：乡村生态环境治理的发展阶段

改革开放初期，以牺牲农村生态环境来换取经济增长依然是各地政府普遍沿用的发展模式。1981 年党的十一届六中全会提出我国社会的主要矛盾已经转变为人民日益增长的物质文化需要同落后的社会生产之间的矛盾。人民公社体制的解体和家庭联产承包责任制的实施，使乡村生态环境治理迎来了新的政治和经济发展环境。1983 年国务院出台了《关于加强乡镇、街道企业环境管理的决定》，同年召开的第二次全国环境保护会议正式把涉农环境保护确立为我国的一项基本政策，并把农村环境治理作为"三农"的重点工作之一。1985 年出台的《关于发展生态农业，加强农业生态环境保护工作的意见》要求要不断改善农业生态环境。1986 年"七五计划"明确指出"禁止城市向农村转移污染"。随后，1987 年开始实施的《乡镇企业环境管理规定》以及 1988 年试点推行的《乡镇企业排污许可证制度》，都成为国家重点整治农村生态环境污染的重要举措。特别是 1989 年《中华人民共和国环境保护法》的正式颁布实施，为我国农村环境污染治理和生态环境保护提供了基础性的法律依据和制度支撑。总的来看，这一时期党和国家对乡村生态环境问题日益重视，农业农村环境保护机构也不断完善，这使得乡村生态环境治理与第一个阶段相比走上了更高水平的制度化、法治化发展道路。

3. 1990—2002 年：乡村生态环境治理的强化阶段

在 20 世纪 90 年代初期，随着城镇化浪潮的掀起和工业化的快速发展，农村生态环境问题愈发凸显。这一时期，经济发展和生态环境保护之间的矛盾日益突出，本质上是人与自然关系的不断失衡。这种治理现实倒逼党和国家必须寻找新的治理思路和应对策略。1992 年，《中国 21 世纪议程——中国 21 世纪人口、环境与发展白皮书》提出要实现农业与农村的可持续发展。1993 年，我国第一个专门指导村镇规划的规范性文件《村庄和集镇规划建设管理条例》出台，提出要"加强绿化和村容镇貌、环境卫生建设"，首次将农村生活环境纳入农村生态环境的治理范畴。1995 年，《中国环境状况公报》首次把农村环境写入其中，并指出了环境污染向农村蔓延的趋势。1996 年我国《国民经济和社会发展"九五"计划和 2010 年远景目标纲要》把农业农村可持续发展作为重要的战略方针。1998 年国家环保局升格为国家环保总局，也使农村生态环境治理工作得到加强。1999 年，《国家环境保护总局关于加强农村生态环境保护工作的若干意见》出台，是我国首个针对农村环境保护的政策文本，也是中央直接保护农村生态环境的专门性文件。2001 年我国颁布了《畜禽养殖业污染物排放标准》，进一步对农村环境污染进行治理。总之，这一时期我国既注重行政手段，也开始加强经济手段和法制手段的运用来对农村生态环境问题进行综合治理。

4.2003—2012 年：乡村生态环境治理的升级阶段

新世纪初期，农村生活污染、农业面源污染和改善农村环境质量成为党和国家开展农村环境保护的施策重点。2005 年，党的十六届五中全会首次提出建设"社会主义新农村"，并且自这一年开始中央一号文件提出"推进村镇综合整治""加强村庄规划""建立和完善生态补偿机制"等内容，标志着党和国家对农村生态环境治理的重视程度进一步提高。2006 年，国家环保总局制定出台了《国家级生态村建设标准（试行）》，开始创建生态村。2007 年，我国出台《关于开展生态补偿试点工作的指导意见》，提出全面推进农村生态补偿工作试点。2008 年，中央财政首次设立农村环境保护专项资金。2009 年下发《关于实行"以奖促治"加快解决突出农村环境问题的实施方案》和《中央农村环境保护专项资金环境综合整治项目管理暂行办法》，重点解决制约农村环境可持续发展的突出问题并提供了大量的财政资金。数据显示，自 2008 年实施农村环境治理"以奖促治""以奖代补"政策后，2009 年至 2012 年，中央财政累计安排和投入农村环保资金达到 200 亿元。①2010 年出台了《全国农村环境连片整治工作指南（试行）》，2012 年开展了农村河道综合整治、农村改厕项目、农业面源污染防治等工作，以及农村土壤污染治理和修复等工作。总体来看，这一时期的治理措施与前三个阶段相比密度和强度都更大，有力地遏止并改善了农村环境污染的恶化局面，乡村生态环境治理效果日益向好。

5.2013 年至今：乡村生态环境治理的深化阶段

党的十八大以来，党和国家以前所未有的力度进行生态文明建设，并将其纳入"五位一体"总体布局。农村生态环境保护作为生态文明建设的重要组成部分，也步入了新的全面深化发展阶段。2013 年，中央一号文

---

① 参见苏静、冯思祺、王尔媚：《我国农村环境治理的历史变迁及政策脉络》，《黄河科技学院学报》2023 年第 7 期。

件提出"关于推进农村生态文明、建设美丽乡村的要求"。随后,《关于开展"美丽乡村"创建活动的意见》《关于改善农村人居环境的指导意见》《建立市场化、多元化生态保护补偿机制行动计划》等文件相继出台,分门别类地对农村生态环境进行治理。特别是 2014 年《中华人民共和国环境保护法》修订颁布实施,为新时代推进党领导的乡村生态环境治理工作奠定了更加坚实的法律基础。2015 年,中共中央、国务院专门印发《关于加快推进生态文明建设的意见》,以 9 个部分 35 条的内容对新时代具体开展生态文明建设工作作出重要部署。另外,2017 年以来,为满足人民群众日益增长的美好生态环境需要,我国将"改善农村人居环境""建设美丽宜居乡村"作为生态文明建设的重要抓手予以推进。2022 年党的二十大报告强调:"要推进美丽中国建设,坚持山水林田湖草沙一体化保护和系统治理。"作为美丽中国建设的基础环节,美丽乡村建设也进入到新的发展阶段。总的来看,党的十八大以来,我国关于生态文明建设的政策和制度更加体系化、系统化和精准化,乡村生态环境治理也由此进入到全面深化发展的历史新阶段。

(三)乡村生态环境治理的多重价值

在乡村治理体系和治理能力现代化进程中,乡村生态环境治理因其自身的定位和功能而具有多重意义和价值。乡村生态环境治理是习近平生态文明思想的具体展演,是我国传统生态观的延续和创新性发展,是建设美丽中国的基本路径和基础,也是全面推进乡村振兴的内容和要求。

1. 乡村生态环境治理是习近平生态文明思想的具体展演

习近平生态文明思想是习近平新时代中国特色社会主义思想的重要组成部分。从思想源流看,习近平生态文明思想是对马克思主义生态哲学的继承和创新。具体体现在,习近平生态文明思想将马克思主义关于人与自然、生产与生态的辩证统一关系原理同中国生态文明建设实践紧密结合,实现了马克思主义关于人与自然关系思想的与时俱进。① 乡村生态环境治理既是一个治理过程，也是一个实践场域。这一场域既是深入践行习近平生态文明思想的乡村地域，也是完整呈现人与自然关系等思想的鲜活场域。这一实践场域的独特性体现在：乡村生态环境的治理范围能否覆盖到村民关于优美生态环境需要的方方面面，其治理内容能否深刻融入广大村民的日常生活场景中，其治理成效能否得到广大村民和利益相关者的内心认同等，都将以直接面对和直接接触的方式影响到习近平生态文明思想的践行程度和落实效果。从这个角度看，乡村生态环境治理的过程，也是习近平生态文明思想的具体展演和深入人心的过程。

乡村生态环境治理对习近平生态文明思想的具体展现，要求至少要做到两个方面：一是要坚持人与自然和谐共生的绿色发展理念。正如恩格斯所告诫我们的："我们不要过分陶醉于我们人类对自然界的胜利。对于每一次这样的胜利，自然界都对我们进行报复。"② 这深刻揭示了人与自然之间的相互作用。这就需要深刻把握人与自然之间的辩证关系，将生态环境保护切实落实到每个村民的个人行为中，由此使乡村社会呈现出古人笔下"红红白白花临水，碧碧黄黄麦际天""回看深浦停舟处，芦荻花中一点灯"的人与自然和谐共生的美丽画卷。二是要将生产与生态的辩证统一关系贯穿到乡村的产业振兴和生态振兴过程中。这就需要在巩固拓展脱贫攻坚成果、促进村民共同富裕的过程中要始终牢记生态振兴，促进乡村产业振兴与生态振兴的同向同行，从而实现乡村经济发展和生态环境保护的辩证统一。

2. 乡村生态环境治理是传统生态观的延续和创新性发展

乡村生态环境治理是对我国传统优秀文化中的生态观念的延续和创新

---

① 参见习近平生态文明思想研究中心：《建设人与自然和谐共生现代化的行动指南》，《人民日报》2023 年 6 月 5 日。

② 《马克思恩格斯选集》第 3 卷，人民出版社 2012 年版，第 998 页。

性发展。从某种意义上讲，中华文明的发展史也是一部璀璨夺目的生态环境保护史。以水生态保护为例，水与中华文明的起源和绵延息息相关。中华先民逐水而徙、傍水而居，在黄河特别是中下游的大小支流流域留下了中华文明最早的踪迹。长江、黄河、珠江、海河、淮河、松花江、辽河和太湖八大流域共同浇灌了中华文明，使中华民族在亲水缘水中生生不息。在中华民族生生不息的发展过程中也形成了宝贵的传统生态观和史学典籍，这为当前我国的乡村生态环境治理提供了深厚的思想渊源和丰沛的文化滋养。

首先，乡村生态环境治理延续着传统生态文化的"和""合"观。中国传统文化追求"和"，也推崇"合"，强调人们之间的合作与互助，力求达到"天人合一"的哲学境界。在现代理论研究中，"和合"作为一种理论思维形态，是指自然、社会、人际、心灵、文明中诸多形相和无形相的相互冲突、融合，与在冲突、融合的动态变易过程中诸多形相和无形相和合为新结构方式、新事物、新生命的总和。① 可见，和合文化蕴含着避免冲突、崇尚和平与和谐等思想。乡村生态环境治理秉持着人与自然和谐共生的理念，既蕴含着传统"天人合一"的生态观念，也体现着人与自然之间的辩证统一关系，因此是对我国传统生态观的延续和创新性发展。

其次，乡村生态环境治理延续着传统生态文化的善治观。我国丰富的生态环境治理实践以及在此基础上形成的浩瀚的史学典籍，对广大民众的生态观念和社会心理产生着深刻的影响。例如，"上善若水""水以柔成""智者乐水""水至清则无鱼""水善利万物而不争"等质朴睿智的伦理观念和处世哲学既源自自然，而又超脱自然，由此塑造了中华民族特有

---

① 参见张立文：《和合学——21世纪文化战略的构想》，中国人民大学出版社2006年版，第58页。

的文化心理。这种"善""智"理念与当前我国乡村生态环境治理所追求的善治目标具有内在相通性，体现着对传统生态文化理念的延续。同时，这种"善""智"理念在新的时代背景下又增添了新的时代内涵。因此，以善治为导向的乡村生态环境治理是传统"善治观"在新的时代条件下的延续和发展。

3. 乡村生态环境治理是建设美丽中国的基本路径和基础

乡村生态环境治理是建设和美乡村的应有之义，也是建设美丽中国的基本路径和基础环节。2012年党的十八大报告提出要"努力建设美丽中国，实现中华民族永续发展"。"美丽中国"作为党的执政理念被首次提出。2022年党的二十大报告强调要"推进美丽中国建设"。在党和国家的部署下，全国各地也将建设美丽乡村作为践行美丽中国建设的重要途径而大力推进。在美丽乡村建设中，2023年中央一号文件又首次提出"和美乡村"建设。2024年中央一号文件指出要"绘就宜居宜业和美乡村新画卷"。两者虽然只有一字之差，但"和美乡村"其实是对"美丽乡村"的内涵和目标的进一步丰富和拓展。这是因为，宜居宜业和美乡村建设既强调村庄美丽，又强调内部和谐，使乡村总体呈现出内在祥和、外在美丽的美好图景。和美乡村建设由此成为进一步充实广大村民获得感、幸福感和安全感的新路径。

美丽乡村建设与和美乡村建设作为美丽中国建设的重要内容和基础部分，内在要求必须对乡村生态环境实现良善治理。结合当前各地的乡村治理实践，生态环境方面的事务涉及：一是对村庄进行整体的合理规划和改造，并且这种规划要以保留村庄的原生态景观和田园风景为基本前提，在此基础上增加乡村生态环境的经济价值和社会价值。二是把保护作为治理思路，对具有独特风貌的乡村生态资源进行重点保护和合理开发，实现保护基础上的生态资源有效利用。三是以可持续发展为导向开展生态环境治理工作，注重村庄绿色资源和生态环境的延续性和发展性。四是开展农村人居环境整治等专项治理活动，对重点地区的重点人群进行干预和引导，从而改善他们的生产和生活环境。这些事务既是乡村生态环境治理的对象，也是美丽乡村建设和和美乡村建设的基本内容。可见，乡村生态环境治理与美丽乡村建设、和美乡村建设具有目标一致性，乡村生态环境治理是推进美丽乡村建设的重要抓手，因而也是建设美丽中国的基本路径和基础。

4.乡村生态环境治理是全面推进乡村振兴的内容和要求

乡村生态环境治理是全面推进乡村振兴的内在要求。乡村振兴是党和国家为应对新时代的"三农"工作而作出的重大战略安排。2018年中共中央、国务院出台《关于实施乡村振兴战略的意见》，把"生态宜居"与产业兴旺、乡风文明、治理有效和生活富裕一起纳入乡村振兴战略的总要求。同时，提出乡村生态环境发展的三步走战略：到2020年，农村生态环境明显好转，农业生态服务能力进一步提高；到2035年，农村生态环境根本好转，美丽宜居乡村基本实现；到2050年，乡村全面振兴，农业强、农村美、农民富全面实现。可见，通过良善治理来构建生态宜居的美丽乡村，是全面推进乡村振兴的内容和要求。

全面推进乡村振兴要求推动生态振兴，乡村生态振兴离不开乡村生态环境的良好治理，基层党政干部又是乡村生态环境治理体系中最关键的行为主体。因此，全面推进乡村振兴的关键在于基层党政干部的环境治理能力。这要求基层党政部门要灵活运用马克思主义生态哲学和习近平生态文明思想蕴含的系统思维、重点思维、协同思维和战略思维等治理理念来推动乡村生态振兴。一是运用系统思维，实现山水林田湖草沙的统筹治理。唯物辩证法认为世界是相互联系的整体和相互作用的系统，系统观念也是党的基础性的思想和工作方法。基层党政干部需要有整体思路和系统观念，将生态系统视为一个生命共同体来开展治理活动。二是运用重点思维，加强对农村突出环境问题的有效治理。唯物辩证法的矛盾论强调解决问题的关键在于分清主次、抓住重点。这要求基层党政干部要抓住与广大村民利益最相关、最棘手的环境问题进行重点突破和优先治理，提高乡村生态环境治理的敏捷性和精准性。三是运用协同思维，这既要求基层党政部门、市场等相关主体要各自发挥生态环境治理功能，也要求他们发挥同频共振的协作效应。四是运用战略思维，统筹好各方面的关系。基层党政干部要注重把生态环境保护与其他的发展战略相联系，形成乡村生态和乡村领域内的政治、经济、社会和文化良性互动的发展格局。可见，乡村生态环境治理是全面推进乡村振兴的内容和要求，并且，只有不断提升基层党政干部的生态环境治理能力，才能更加稳健地全面推进乡村振兴。

第二节　历史延续性视角下生态环境治理的形态变迁与启示

　　生态环境治理是我国国家治理和生态文明建设的基本议题。历史政治学主张，"研究中国政治需要理解中国政治传统，把握中国历史的延续性以及中国政治的复杂性"。但长期以来"中国政治学乏于以长时段、大历史的历史观来分析源远流长的政治现象"。① 从时空连续发展的横轴看，中国几千年的政治传统恰为现代化进程中的国家治理提供了厚重而又丰沛的政治遗产。这提示我们有必要把某种治理现象的历史传统和既有经验纳入研究视野。基于此，在历史延续性的视角下，选取清代道光年间的西湖治理和当前我国推行的"湖长制"两个典型案例，探究我国生态环境治理形态的变迁及其当代启示。

---

① 赵吉、徐勇、杨阳等：《回归还是创新：历史政治学的共识与反思》，《探索与争鸣》2022 年第 8 期。

（一）官引民办：传统中国的生态环境治理形态

在明朝的江南地区，官方的水利管理体制是由一种叫作"治农官"或"水官"的官员以及里甲长所组成的。到了 15 世纪晚期，一种类似"里甲"的新型水利管理制度——"管理人征召制"[①] 逐步建立起来，并在 16 世纪取代了官方的水利管理制度。17 世纪上半叶，一种叫作"泥头"的半不合法集团利用管理人征召制的缺陷来实行承包制，从而包揽了大部分的水利工程。到了 17 世纪末，绅士逐渐参与到水利管理中，并于 19 世纪取代县衙胥吏和官佐充当了新的水利组织者，由此形成了绅士管理制。[②] 下面就以清代道光年间的西湖自主管理体制为例[③]，来探讨传统中国湖域社会水资源治理过程中官员、绅商、胥吏和民众各自扮演的角色及其互动关系。

西湖是"官湖"，地方政府一直沿用"官支官办"的方式来进行治理，即由巡抚和郡守等地方官员担负管理职责，浚湖工程的经费也来自官方和公家。但到了清代嘉庆年间，国家因财政紧缺已无力维持这种治理局面。到了道光年间，西湖已有 10 多年未得到有效治理，面临的自然淤塞和人为垦殖问题愈发严重。值此情境，1824 年，时任浙江巡抚帅承瀛即将离任时捐献了 4 万两商捐银（即盐商捐献的银两），把它作为西湖的疏浚经费。当地政府为了更好地利用这笔专款，决定采用"发商生息"[④] 的方式向杭州、嘉兴和湖州三地的典商发放贷款，但因嘉兴和湖州两地的典商不愿认领而遭到失败。在这种情况下，浙江巡抚指示当地一位有名望的董事

---

① "管理人征召制"是指通过招募富裕平民担任"圩长""围长""塘长"，但这些管理人都不属于官绅阶级成员。
② 参见 ［美］施坚雅主编：《中华帝国晚期的城市》，叶光庭等译，中华书局 2000 年版，第 536—553 页。
③ 该案例资料来自民国《杭州府志》卷五三"水利一"，转引自 ［日］森田明：《清代水利与区域社会》，雷国山译，山东画报出版社 2008 年版，第 34—56 页。
④ "发商生息"是指把捐银借贷给盐商，收取利息。

商人王锡以及盐商集团的甲商等人来动员各地商人，以便确定资金使用方案而早日开浚西湖。这样，在巡抚刘彬士的积极指导下，经过钱栻等杭州籍绅宦团体及盐业四所（杭州、松江、嘉兴、绍兴）属下的商业行会的协商，终于于 1829 年建成了西湖自主管理体制。

西湖自主管理体制通过公议选出 1 名董事，2 名副董事，选举普济堂董事王锡担任首位董事来总揽浚湖事务。该组织的核心由以杭州有势力的绅士钱栻为首的 10 多人组成，他们与盐业四所的商人代表商定把发商生息的所得款作为西湖浚湖的专款，并规定每年正月在苏白二公祠将全年收支进行结算，然后向社会公布。在工程管理中，他们规定除严寒酷暑外，每年农历 2—5 月、8—11 月两次招募民工开浚西湖，每天招募 300—400 人，并选择"勤能"的人充当夫头来管理其他人员。为了保证开浚工程的顺利进行，董事还邀请杭州府经历和钱塘县县丞担任弹压官。他们每天开工前先鼓舞一下工人们的士气，并协助董事解决工程作业中的纠纷问题。这种体制建立的初衷是为了杜绝原来"官支官办"中存在的经费来源不明等弊端，也意在排除书吏（胥吏）的干预和腐败行为。然而事实上，胥吏仍然通过虚报工程估价等途径侵吞了不少浚湖经费，在日常管理中还与地保互相勾结，向一些乡民索取好处，对这些乡民开垦湖田、损毁堤坝、踞湖养鸭等违规行为采取默认和放任的态度。最终，西湖自主管理体制因地方盐政崩溃造成的发商生息中止而不得不停滞。

从上述案例可以看出，地方官员、绅商、胥吏和民众在西湖治理过程中各自扮演了不同的角色。首先，地方官员是浚湖事业的引导者、监督者和仲裁者。浙江巡抚在西湖自主管理体制的形成过程中发挥了引导作用，在第一次由政府名义发商生息失败后，通过有名望的绅商的媒介作用促成了绅商群体的合作，进而建立了西湖自主管理体制。这实际上将西湖既有的官办模式转变成了民间的自主管理模式。但需要指出的是，这种自主管理体制并不是现代意义上所说的独立的民主自治体，而是在"官引官督"

条件下形成的辅助性治理团体。在自主体制的运营中，杭州府经历和钱塘县县丞在不干预日常管理的情况下，鼓舞民工士气，并裁判纠纷案件。因此，地方官员主要发挥了引导督励和诉讼判决的功能。其次，绅商是主导者。从两次发商生息的过程可以看出，在国家财政紧缺的情况下，绅商群体对西湖治理事务的支持与否直接关乎浚湖事业能否顺利开展。以王锡、钱杕为代表的绅商，利用自身名望和雄厚财力来动员、组织商人群体，最终促成了西湖自主管理体制的建立。在体制运行中，董事由公议选举产生并对绅商群体负责，承担浚湖事业的全部责任，在处理纠纷事件以外的日常事务中实现自主管理。他们停止发商生息也直接导致西湖治理事务的中断。可见，绅商群体是西湖浚湖事业的实际领导者。最后，胥吏和民众是参与者。胥吏作为体制外的基层管理人员，寄生于堤役来榨取不正当利益，这在清代江南的水利徭役中非常普遍，后果也相当严重。[①] 他们在西湖浚湖事业中实质上是一类"私利型"参与者。那些向胥吏、地保行贿以保全非法湖田利益的乡民，与胥吏同属"私利型"参与者。那些劳动在浚湖工作一线的乡民，虽然本意旨在赚取生活费用，但他们的行为整体上对于西湖的治理是有益无害的。

综上可知，在以西湖为代表的湖域型水利社会中，地方政府、绅商、胥吏和民众在水资源治理过程中的行为作用力和作用效果不尽相同。一是就作用力大小来看，地方政府和绅商是主导力量。在国家财政充盈时地方政府的领导力通常大于绅商，水资源治理一般采用"官引官办"的方式，而在国家财政短缺时地方政府倾向于将水资源治理等公共事务委托给绅商群体，采用"官引绅办"的协助性治理方式。胥吏和民众的参与力量总体来看相对较弱，一般都处于从属地位。二是就作用效果来看，地方政府、

---

① 《清国行政法》第六卷第四辑第二章第二节"租税"，转引自［日］森田明：《清代水利与区域社会》，雷国山译，山东画报出版社 2008 年版，第 116 页。

绅商以及出工乡民的行为对于西湖浚治事业有利无害，而胥吏、地保以及另一些乡民的谋私行为对西湖治理是无益的。由此可见，在传统中国湖域型水利社会中，水资源治理形成了"官绅主导、乡民有限参与"的多元主体互动格局，各个主体因其行为表现不尽相同而使水利社会呈现出一幅纷繁多样的治理图景。

（二）"官引官办 + 公众参与"：现代中国的生态环境治理形态

新中国成立70多年来，我国逐步建立了水委会等各级水利管理组织。国家水利治理的触角成功深入到乡村社会领域，也极大地改变了地方社会的传统水利秩序。这种由国家政治权力支配的水利管理体制的全面介入，使原来依靠传统惯例而解决的主干流、上下游、左右岸等矛盾问题直接聚焦于国家行政管理领域。各级政府尤其是基层政府需要直接面对并应对来自基层社会的各种水利矛盾，由此遭遇着治理能力不足的现实挑战。特别是进入新世纪以来，以"太湖蓝藻事件"为代表的重大水污染事件相继暴发，进一步促使全社会努力寻找水污染防治的良谋善策。江苏无锡在治理太湖的过程中逐步探索出了一种新的治水形式——河长制。在推行"河长制"的过程中国家又开始实施"湖长制"，并把它作为"河长制"的重要补充。这里结合"湖长制"的相关做法来进行具体分析：

1. 调整了纵向部门间的治水关系

湖长制在国家纵向部门间治水关系上的突破，主要体现在它实现了分级定责和分区定责。受计划经济体制的影响，我国不同层级的政府在机构设置、职能和职责上高度统一，表现为"上下对口，左右对齐"的"职责同构"模式。① 这种模式导致同一部门的上下级之间权责边界模糊，在水

---

① 参见朱光磊、张志红：《"职责同构"批判》，《北京大学学报（哲学社会科学版）》2005年第1期。

资源治理中难以实现分级定责。同时，某一地区的水污染防治工作主要由涉水部门来负责，而地方主官主要担负领导责任。因此，当出现水污染事件时，地方主官可以把治水责任推卸给涉水部门的上级领导部门，由此引发相互推诿、扯皮的现象。对此，湖长制一方面建立以"党政领导负责制"为核心的省、市、县、乡四级湖长体系，明确规定"湖泊最高层级的湖长是第一负责人，对湖泊的管理保护负总责"，从而明晰了各级党政领导干部的治水之责。另一方面，它实行属地管理、网格化管理以及湖泊岸线分区管理，采用"一事一办""一湖（河）一档"等方式实现了分区定责，还把湖（河）的治理效果作为各级党政干部执政能力的综合考评依据，由此进一步强化了地方主官的治水责任。

2. 重构了横向部门间的治水关系

湖长制重构了部门之间的横向治水关系，有助于解决原有的跨部门难协作、跨流域难合作的水资源治理难题。一方面，它打破了"九龙治水"的困局。我国先前的水污染防治涉及环保、水利、国土、农业、发改、卫生以及住建等多个部门，实际上把综合性的水利治理事务分割给了不同部门，造成了诸如"环保不下水、水利不上岸"的治理"碎片化"问题。"湖长制"把各级党政领导干部作为水资源治理的第一负责人，由地方主官对各个涉水部门进行统筹管理。这种做法打破了多个部门间的壁垒，促进了各个部门各司其职、各担其责。另一方面，在水资源跨界治理中，湖长制对跨市或跨县湖泊实行由其上级党政领导干部担任负责人的方式来实现跨域协作。它还要求设置流域管理机构、建立沟通协商机制，以强化流域规划和约束，着力发挥这些组织在跨流域治理中的协调、指导和监督功能。例如2018年底，江苏和浙江两省又推出太湖治理的"升级版"——建立了国内首个跨省湖长协商协作机制，并制定了《太湖湖长协商协作机制规则》，旨在加强太湖沿湖地区间、河湖长间的协调联动，统筹推进流域间的综治、管理、保护，协调解决跨区域、跨部门的重大问题①，有效地推动了跨域水资源治理的协商与合作。

3. 带动了社会公众的共同参与

在全面推行"湖（河）长制"的进程中，在党委政府的强力带动下，社会公众以及各类组织也积极参与到水资源治理的行动中。多个地区已经把四级湖长体系拓展为"省、市、县、乡、村（社区）"五级湖长治理体系，建立五级领导责任制，把广大农村（社区）也纳入到湖泊河流治理的集体行动中来。我国全面建立湖长制的任务已于2018年底完成，当时全国共明确省市县乡四级河长已达30多万名、四级湖长2.4万名。此外，还设立了村级河长93万多名、村级湖长3.3万名。②除了村级湖长，一些地区还把普通村民、社会志愿者、民间团体等社会力量引入到湖泊河流的管理保护行动中。例如，广东省湛江市倡导广大村民建立绿色生活理念、自觉主动转变生活方式，各镇村把河湖保洁纳入到"清洁家园"管护体系，社会志愿者和民间河长团体也积极投身各项环保公益活动。此外，山东省出台《山东省水污染防治条例》，对企业事业单位和其他生产经营者应当承担的水污染防治主体责任作出了更加明细的规定。由此，在各级党政领导的支持带动下，通过企业、民间河长、志愿组织、广大村民等多元主体的共同努力来凝聚全社会保护生态环境的集体行动。

综上可知，党和国家相继印发的《关于全面推行河长制的意见》和《关于在湖泊实施湖长制的指导意见》两份文件，已经为我国水资源治理提供了更加完善的制度保障，也重构了以河流、湖泊为中心并延伸出的区域性社会合作关系。在水资源治理过程中，湖长制对部门间纵向和横向的关系进行了调整，使各级部门的治理责任更加明晰，推动了跨域部门间的协商共治，也带动了企业、志愿组织、村民等多元主体的参与合作，由此形成了

---

① 参见《太湖推出湖长制升级版：建立国内首个跨省湖长协作机制》，《无锡日报》2018年11月15日。

② 参见水利部：《推行河长制湖长制守护河湖健康》，《人民日报》2019年2月20日。

"党委领导、政府主导、企业主体、社会公众共同参与"的水资源治理格局。

（三）从传统到现代：我国生态环境治理的形态变迁

在历史延续性的视野下，从传统到现代，我国几千年的政治传统表现出巨大的历史惯性。当前，以湖长制、河长制为代表的政府治理创新似乎都能在深邃悠久的历史里找到相似的身影，但又在新的时代背景下展现出新的特征。

1. 传统中国纵横治理结构的延续与深化

我国当前水资源治理等公共事务的治理结构是对传统纵横治理结构的延续与深化。一是从纵向治理结构来看，国家公共行政事务（含水资源治理）按照"中央（朝廷）→省→市（知府）→县（县衙）"的次序逐级分配到基层政府一级。基层政府既是"传统中央集权的专制体制和地方自治的民主体制打交涉的关键"①，也是公共行政事务从官僚体制扩散到广袤基层社会的关键，因此在水资源治理等公共事务中扮演着非常重要的角色。与帝制中国相比，当代中国的基层行政权力已经从"县级"纵深到了乡镇乃至村（社区）一级，由此拉长了水资源治理的行政管理链条。二是从横向治理结构来看，传统中国的基层政府把士绅、宗族以及民间组织作为重要的纽带来联系起地方社会的水利治理合力，而当代中国把企业、民间河长、志愿组织、广大村民带动起来以凝聚多元主体的合作力量，两者的内在意涵是相通的，都是为了调动社会资源来实现地方社会水资源的有效治理。因此，当代中国的"湖长制"其实是对传统中国水资源纵横治理结构的延续和深化。

2. 国家行政权力由"名"到"实"的演变

"名"与"实"即象征性权力与实际权力是理解中国国家治理逻辑的

---

① 费孝通：《乡土中国　生育制度　乡土重建》，商务印书馆 2011 年版，第 381 页。

一对重要概念。① 在"委托方—管理方—代理方"②的理论视野中，中央政府（朝廷）作为水资源治理事务的委托方而拥有国家权威。它将部分治理权威授权给省、市级政府（管理方），而基层政府作为代理方来落实上级政府指派的各种水利管理任务。因此，处于国家行政权力末端的基层政府，在民众的眼中通常也代表着国家的治理权威。正是由于明清时期国家财政的紧缺以及官僚体制的松弛，才使"官引民办""官督民修"成为这一时期水资源管理的一种普遍方式。③ 在西湖治理中，地方政府通过让渡治水主导权给绅商群体，使西湖治理由最初的"官引官办"转变为"官引民办"形式。地方官员仅以引导和监督等有限介入的途径来维持国家意志的存在，使国家行政权力更多成为一种象征性权力。但是，在现代全面推行"湖长制"的社会背景下，国家尤其是基层政府在财政和官僚体制的支持下，在水污染防治中综合表现出引导、主导、监督、协调等多种功能。基层政府对水利治理过程实现了全面介入，也在责任倒逼机制下有力地贯彻国家的水资源治理意志，因而当前的国家行政权力已经由传统的象征性权力转换为一种实质性权力。

3. 水资源治理系统从"闭合"转为"开放"

传统中国是一个由大一统的官僚政治、地主经济和儒家正统学说构成的"超稳定结构"④，这种超稳定性在基层社会里的一个具体表现就是水资源治理系统的明显闭合性。地方大型水利工程建设的领导权集中在官员和

---

① 参见周雪光：《从"黄宗羲定律"到帝国的逻辑：中国国家治理逻辑的历史线索》，《开放时代》2014 年第 4 期。

② 周雪光、练宏：《中国政府的治理模式：一个"控制权"理论》，《社会学研究》2012 年第 5 期。

③ 参见张建民：《试论中国传统社会晚期的农田水利——以长江流域为中心》，《中国农史》1994 年第 2 期。

④ 金观涛、刘青峰：《兴盛与危机：论中国社会超稳定结构》，法律出版社 2011 年版，第 219 页。

地方士绅群体，而乡村地域的水资源治理主导权则集中在宗族和乡绅手中。规模庞大的乡民群体大多因交通不便、信息闭塞等原因无法实现有效参与，仅能通过"出工"等有限方式参与到水资源治理中。因此，这是一个由"官绅或宗族主导、民众有限参与"所组成的大型闭合性水利治理系统，其实质是有自治而无民主。现代社会已不再是闭合型的小农社会，尤其是在当前的大数据和人工智能时代，水资源治理系统因信息技术发达、监督方式多样化而更加开放。例如在"湖长制"治理模式中，可以利用卫星遥感、无人机、视频监控等技术来对湖泊变化情况实行动态监测，通过湖长公示牌、湖长公告、微信公众号、湖长 App、社会监督员等多种方式来加强社会监督。在这种情况下，多元主体能够通过多种媒介来实现对话沟通，公民能够与政府进行"面对面"的互动交流来实现民主监督。因此，在现代交通便利、信息技术发达的条件下，水资源治理早已打破了传统社会的封闭空间，转向了更为开放的广阔领域。

4. 多元主体关系从"松散"走向"聚合"

在水资源治理等公共行政事务中，多元主体之间的关系从传统的"松散型统合"走向现代的"聚合型合作"。这种转变主要在于地方官员、绅商、胥吏以及民众的行为发生了很大的改变。其一，湖（河）长制其实是一种责任倒逼机制。水资源紧缺以及污染严重的社会现实，倒逼各级官员必须全面贯彻落实国家的各项水利监管制度，问责力度日益加大，官僚体制不再松弛。其二，绅商转变为现代的商人群体。企业已不再是传统中国水资源治理的辅助性团体，而是作为当代水污染防治的主体。它们面临着"治污还是生存"的严峻考验，因此在内外双重压力的驱动下必须实现企业用水的达标排放。其三，传统"流动的官固守的吏"[①]的

---

① 崔晶：《从"地方公务委让"到"地方合作治理"——中国地方政府公共事务治理的逻辑演变》，《华中师范大学学报（人文社会科学版）》2015 年第 4 期。

用人体制往往造成"百官者虚名，而柄国者吏胥"①的事实。现代社会通过公务员考试、事业单位招聘等多种途径招募人才，使类似于传统胥吏阶层的人员实现了分流。他们的行为在多种监督方式的作用下表现得更加规范。其四，现代公民的民主意识和参与能力也得到了极大的提升。他们不再是传统中国治水过程中被边缘化了的群体，而是实际参与到水资源治理过程中的关键主体。因此，在党政强有力的领导下以及生态环境保护的共同目标导向下，多元主体之间的关系已经从传统的"松散"走向了现代的"聚合"。

（四）我国生态环境治理形态变迁对乡村生态振兴的有益启示

多元主体合作共治已经成为我国基层治理和乡村生态环境治理的基本路径。当前，我国的乡村生态环境治理及其效能提升，可以从历史经验中找到诸多有益启示，至少有三点：

其一，要充分发挥各类精英的联结作用，由此把生态环境治理等公共事务由行政体制内顺利铺展到广袤的乡村社会空间中。例如，绅商在清代道光时期的西湖浚治事业中成为地方政府和广大乡民的重要桥梁，利用自我群体的人力、物力和财力推动着西湖自主管理体制的顺利运行。在时空变换中，传统的绅商、乡绅以及宗族人士已转化为今天的商人、乡贤以及家族精英群体，他们是经济精英、文化精英和社会精英的代表。因此，地方政府尤其是乡镇政府需注重利用这些中坚力量，通过他们的联结作用把广大村民吸纳到乡村生态环境事务的治理过程中。

其二，要培植公益型而非私利型的社会群体来实现乡村生态环境的良善治理。在明清时期的治水工程中，可以看到胥吏阶层以及部分乡民的谋私行为对国家体制和水利工程造成的实质性破坏。胥吏的谋私行为在"官

---

① （清）顾炎武著，陈垣校注：《日知录校注》，安徽大学出版社 2007 年版，第 470 页。

支官办"的西湖治理旧体制以及"官引民办"的西湖自主管理新体制中都发挥着消极的治水功能。他们对浚湖经费的侵吞以及对乡民破坏堤坝等行为的纵容都直接或间接阻碍了西湖浚治事业的正常开展。因此，在如今的乡村生态环境治理过程中，如何引导广大村民形成关爱、珍惜并保护乡村生态环境的优良风尚，并培育公益型而非谋私型的治理群体，是当下及未来的工作重点之一。

其三，乡村生态环境要实现良善治理，必须实行"官民共治"。明清时期江南地区的水利管理体制大体上经历了官方水利管理制、管理人征召制、泥头承包制和绅士管理制的演变过程，呈现出或官治或民治的水资源管理图景。官与民的共同无力也造成西湖自主管理体制的最终停滞。因此，当前的乡村生态环境治理必须沿着"官民共治"的治理逻辑有序运行。虽然当前社会公众的参与度与传统时代乡民群体相比有了很大的提升，但构建"党委领导、政府主导、企业主体、社会组织和公众共同参与"的现代环境治理体系，并提升多元主体间的协同效率和合作效能，依然是乡村生态环境治理的重点和难点之一。因此，当下及未来，要更加注重激发多元主体的治水活力，提升"官民共治"的协作效能，以持续优化乡村生态环境治理的效果，从而更好地实现乡村生态振兴。

第三节　乡村生态环境治理的创新实践：
以浙江和四川为例

乡村生态环境治理既需要从历史传统和治理经验中汲取力量，也需要各地以创新为导向持续推动治理形式的突破和变革。当前我国有关乡村生态环境治理的生动实践，正是各地在变革的时代条件下不断突破既有治理形式的结果。从全国范围看，浙江和四川两省的美丽乡村建设具有很强的示范带动效应，是我国提升乡村生态环境治理效能的两大成功的经验样板。在此，选取两省四地的典型案例，透视新时代我国的乡村生态环境治理实践，从中找寻可资借鉴的经验做法和有益启示。

（一）乡村生态环境治理实践创新的背景

我国乡村生态环境治理的实践创新是在特定的时代背景和社会条件下产生的。从生态环境的问题属性看，生态环境既是关系到党的宗旨使命的重大政治问题，也是关系到国计民生的重大社会问题。一方面，当前我国的生态环境治理正值关键期、攻坚期和窗口期的"三期叠加"情境，整体上看，我国的生态环境治理效能正在持续提升，但还需要更加稳固。为此，党和国家将建设"美丽中国"作为生态环境持续增效的重要战略安排，并明确了时间表，即确保到2035年，生态环境质量实现根本好转，美丽中国目标基本实现。到本世纪中叶，人与自然和谐共生，生态环境领域国家治理体系和治理能力现代化全面实现，建成美丽中国。同时，也规划了包括构建生态文明体系在内的具体实施路线图。另一方面，在生态环境治理重心上，党和国家强调要把"解决突出生态环境问题作为民生优先领域"，这些问题通常是涉及基层群众最关心、最直接、最现实且反映最强烈、最集中的空气、水质、土壤等方面的利益问题。同时，新时代持续提升基层群众的生态安全感也需要对生态环境事务进行有效的风险治理和预防治理。总的来看，我国生态环境治理时间紧、任务重、难度大，可以说，新时代新征程比历史上任何一个时期都更加需要各级党政干部直面问题、迎难而上、创造性地开展生态环境治理工作。

党的二十大报告强调："坚持创新在我国现代化建设全局中的核心地位。"这要求我们要主动运用创新性思维来面对并处理生态环境治理难题。创新性思维，就是要用超越陈规、因时制宜的思维方式对待我们遇到的困难和问题，提出有独到见解、有显著效益的工作思路和解决方案。① 围绕着"如何提升乡村生态环境治理效能"这一重要课题，全国各地创造性地开展工作并探索出了丰富多样的实践创新形式。其中，浙江和四川两省在深入践行习近平生态文明思想和建设"美丽中国""全面推进乡村振兴"中各自走出了一条颇具特色的乡村生态环境治理创新之路，也收获了良好的实践成效。

浙江是中国美丽乡村建设的先发地，也是"绿水青山就是金山银山"（"两山"论）的提出地。2003 年，浙江"千村示范、万村整治"工程（以下简称"千万工程"）由时任浙江省委书记习近平同志亲自谋划、亲自调研并亲自推动，开启了浙江美丽乡村建设的步伐。20 多年来，"千万工程"成为践行"两山论"理念、推进农村人居环境整治行之有效的、得到实践检验的成功经验。2019 年，中共中央办公厅、国务院办公厅转发了《中央农办、农业农村部、国家发展改革委关于深入学习浙江"千村示范、万村整治"工程经验扎实推进农村人居环境整治工作的报告》，全面深入总结浙江省 15 年推动"千万工程"的坚守与实践经验。2024 年，学习运用"千村示范、万村整治"工程经验又被写入中央一号文件。浙江美丽乡村建设的重要经验之一是不断强化制度供给。据不完全统计，浙江省、市、县三级政府共出台 100 多项制度，包括：《关于深入实施"千村示范、万村整治"工程的意见》《村庄整治规划编制内容和深度的指导意见》《传统村落保护发展规划编制导则》《高水平推进农村人居环境提升三年行动方案（2018—2020 年）》《美丽乡村标准化示范村建设实施方案》《美丽乡村建设考核指标及验收办法》《美丽宜居示范村创建验收办法》等，其中 2014 年发布的《美丽乡村建设规范》，是全国首个美丽乡村建设的省级地方标准。这些文

---

① 参见曾益新：《如何养成创新思维——学习习近平总书记关于创新思维的重要论述》，《学习时报》2023 年 2 月 8 日。

件为浙江美丽乡村建设提供了全方位、立体化的制度支撑体系。在数字智能时代，浙江又开始积极探索数字智能技术赋能乡村治理的实践路径，例如杭州市建德市的"建村钉"敞开乡村数字治理大门，宁波市象山县"搭建线上'村民说事'畅通群众议事协商渠道"以及德清县"数字乡村一张图"等有益做法。总而言之，浙江的创新实践对于改善农村人居环境、建设美丽乡村具有重要的启发意义，也是全面推进乡村振兴的可供借鉴的绝佳经验样板。

四川地处长江黄河上游、成渝双城经济圈之中，巴蜀古国文化底蕴深厚。党的十八大以来，四川以习近平生态文明思想为根本遵循和行动指南，从制度建设和实践创新等维度大力推进"美丽四川·宜居乡村"建设。一是从制度架构上看，该省已经编制并出台《四川省农村人居环境整治三年行动实施方案》《四川省厕所革命实施方案（2017—2020 年）》《四川省农村人居环境整治导则（试行）》《"美丽四川·宜居乡村"建设五年行动方案（2021—2025）》等文件，为乡村生态环境治理提供了更加完善的制度规范并作出了具体部署。特别是，2021 年 9 月，《眉山市农村人居环境治理条例》出台实施，这是四川省第一部地方性农村人居环境治理条例。2022 年 8 月，四川省委、省政府印发《美丽四川建设战略规划纲要（2022—2035 年）》，使四川成为我国西部地区首个出台美丽中国建设地方实践规划纲要的省份。同时，这份文件也是该省第一部中长期美丽中国建设地方实践的规划纲要，已经成为指导全省各地加快美丽四川建设地方实践的规划指南和科学指引。二是在实践创新中，四川通过生态环境部批准创建"国家生态文明建设示范区"，评选"绿水青山就是金山银山"实践创新基地，征集"绿水青山就是金山银山"实践模式与典型案例以及"美丽四川·宜居乡村"实践案例等系列活动，助力实现天更蓝、地更绿、水更清的美丽中国四川篇章。2023 年 7 月，习近平总书记在四川考察，要求充分调动广大人民群众的积极性、主动性和创造性，进一步巩固发展新时代生态文明建设成果，这为四川全面落实"美丽中国"建设重大部署增添了新动力。当前，四川的"美丽中国"建设活动正在筑牢长江黄河上游生态屏障上持续发力。与浙江的"美丽乡村"建设一样，四川的美丽乡村行动也是中国式现代化进程中生态文明建设的一个缩影。接下来我们选取浙江和四川两省在美丽乡村建设中的典型案例进行共性归纳分析。

（二）乡村生态环境治理的浙江"美丽乡村建设"实践

浙江的美丽乡村建设是观察我国乡村生态环境治理实践的地方典范，根据公开资料显示，本书选取安吉"美丽乡村建设"和德清"数字赋能乡村美丽生态"两个生动案例来透视乡村生态环境治理的浙江实践。

1. 安吉：美丽乡村建设

安吉是"绿水青山就是金山银山"生态文明理念的诞生地，也是中国美丽乡村建设的发源地。系统梳理安吉的经验可以发现，该县的美丽乡村建设的核心做法有以下三个：

一是注重顶层设计。安吉县将美丽乡村建设作为全县"三农"工作和经济社会发展的总抓手和总载体，围绕美丽乡村建设出台一系列的配套措施。在总体规划上，制定《安吉县建设"中国美丽乡村"行动纲要》《安吉县"中国美丽乡村"建设总体规划》等，对全县所有的行政村建设美丽乡村进行整体部署和安排。在组织领导上，专门成立"新农村建设领导小组"，由县委书记任组长，县长为副组长，副书记专职抓美丽乡村建设工作，三十多个职能部门为成员单位，办公室设在农办，并赋予该领导小组以牵头、协调和督察推进等职能。此外，在资金投入上，由县财政专门提供美丽乡村建设的资金政策保障支持。

二是制定制度规范。总体规划为美丽乡村建设确立方向，相关的制度规范为建设美丽乡村提供具体的实施路径和制度保障。在主体认定上，以村为主体，实行"村事村办"，充分赋权村党支部和村委会，推动"责、权、利"同步下沉。特别强调村民是村庄建设的主人，实行"民事民议、民事民管、民事民办"。在考核制度上，制定《安吉县美丽乡村建设考核办法》，专门设置考核指标进行标准化管理。在帮扶制度上，实行联村制度和捆绑考核。在具体创建中，采用资源整合、树立典型和以奖代补等多种措施，循序渐进地推进美丽乡村建设。

三是加强队伍建设。普遍推行"党建促乡建，乡建带党建"治理模式，重点培养村级干部。通过选拔乡村优秀人才、请回各类能人等方式来选优配强村支书，发挥"村支书强则村强"的头雁效应。

总的来看，安吉县重点在规划、制度和人才三个方面精准发力，其中，总体规划和制度安排为建设美丽乡村提供了行动指南和具体路径，人才则为美丽乡村建设注入了能动性力量。事实证明，安吉正是通过科学规划、完善制度以及吸纳优秀人才担任村支书，并把村支书培养成乡村生态环境治理的行家里手，才实现了美丽乡村建设这一系统工程的稳步推进并获得了良好成效。

2.德清：数智赋能乡村美丽生态

在美丽乡村建设中，德清县将数字乡村建设与生态环境相结合，探索出一条数字赋能乡村生态环境治理的新路径。其主要做法有：

一是变革治理思路，将智治融入"三治结合"治理体系。在改革思路上，推动乡村的生产、生活和生态向网络化、数字化和智能化方向发展变革。在村庄治理中，以数字化技术为基础，将乡村规划、乡村经营、乡村环境等板块以可视化模式呈现，通过构建数字化平台为实现"自治、共治、他治、民治、智治"提供助力，以数字赋能撬动乡村生态环境的良善治理。

二是依托数智技术，创新乡村生态环境治理模式。引入智能设备并对接"一室四平台"系统，形成三维实景图，实时感知全村领域内的生产、生活、生态"三生同步"的动态详情。以村庄垃圾治理为例，为村庄所有环卫工人配备"一键通"设备，在垃圾清运车上安装 GPS 定位装置，即时上传工人的作业数据，在数字地图上实时呈现每位工人的工作编号、位置坐标和作业轨迹。在垃圾分类收集工作中，运用智慧化监管体系，通过设置垃圾桶电子标签、为收集人员配备手持扫码器、建立厨余垃圾积分管理制度等措施，为收集人员绩效考核及积分兑换提供评判依据。

三是搭建数智化平台，构建闭环式民生服务链条。构建集"智慧旅游管理""智慧安防""智慧安全监管""智慧乡村治理"等功能于一体的乡村数字化治理平台，及时解决村民关注的生态环境治理等问题。同步打造"我德清"数字生活服务应用，向村民提供生态、生活和生产等各类智慧服务。此外，倡导"随手拍""随心问"，建立问题建议"收集—提交—办理—反馈"的闭环处理机制，形成乡村生态环境等公共事务处理的全流程数字化管理闭环。

总而言之，德清县探索数字智能技术赋能乡村生态环境治理的创新路径，以数智化引领村庄绿色发展，以绿色化带动乡村数字化发展，致力于推动乡村数字化、绿色化的相互融合与相互促进，在实践中产生了"1+1>2"的协同治理效应。

（三）乡村生态环境治理的"美丽四川·宜居乡村"建设实践

"美丽四川·宜居乡村"是四川省结合本地实际，为深入贯彻落实党和国家全面推进乡村振兴和建设美丽中国，扎实做好农村生态文明建设而采取的重要措施，在实践中涌现出一些可供借鉴的新做法，以蒲江县和凉山州的相关做法为例来具体呈现四川"美丽乡村"的建设经验。

1. 蒲江：以城乡融合"微改革"建设宜居宜业和美乡村

近年来，成都市蒲江县探索城乡融合发展体制机制，紧紧抓住西来镇铁牛村①作为成都首批 25 个未来公园社区试点的重要机遇，围绕未来乡村公园建设，立足生态资源禀赋、田园产业根基和社区治理基础，探索建设宜居宜业和美乡村的新路径，主要做法有：

首先，突出特色，规划引领。一是明晰发展定位。运用生态美学观来进行乡村规划和设计，确立打造"天府·新林盘聚落""城乡共创、社群共生、生态共融、幸福共享"的发展定位，明晰"以城乡融合助力乡村振兴"的发展路径。二是实施系统规划。编制《铁牛村田园生活度假社区规划》《天府·新林盘聚落——铁牛未来乡村公园社区规划方案》等文件，致力于打造集生产、生活、度假于一体的聚落式田园生活度假社区。三是聚力特色发展。有效发挥原生态村庄的特色优势，着力推动乡村生态资源的价值转化。

其次，改革赋能，创新机制。一是探索生态产品的价值实现机制。聚焦渔果产业提升，开展水质优化提升工程，加强与新村民②团队的合作，建成有机种植示范区和都市现代农业体验地。二是创新多方共赢利益联结机制。联结新村民集体经济、老村民集体经济、新老村民联合集体经济、候鸟"新村民"集体经济、国有经济等五大乡村经济主体，共同打造生态农业产业、乡土美学文创、田园文旅度假三大园区。三是建立新产业新业态融合发展机制。充分挖掘果园、水域、绿道等各类资源的新价值，推动由单一传统农业向一二三产业联动发展的模式转化。

最后，深度融合，共建共享。一是打造美丽宜居场景。依托农村集体建设用地整理项目，形成"青山绿道蓝网"的乡村生态公园格局。二是创

---

① 2023 年 10 月 21 日，笔者指导的调研团队赴铁牛村进行田野调研，参与本次调研的有付冉冉、张佳妮、张文、侯佳伟、郭科骏、谌睿，均为西南交通大学 2023 级硕士研究生。
② "新村民"，是指到乡村长期从事创业生活的、来自全国各地的城市居民，与"老村民"相对应，"老村民"是指传统意义上的本村村民。

造社区生活融合。坚持"政府引导、村集体主导、社会组织协同、多元市场主体参与"的思路,打造集社交、生活、服务于一体的融合发展型新社区。三是创新社区治理机制。充分发挥村党组织的战斗堡垒作用,选优配强村"两委"班子,探索新老村民协商共建机制,激发乡村生态环境治理新活力。

总之,蒲江县以城乡融合"微改革"为创新思路,通过多措并举来建设宜居宜业和美乡村,使铁牛村在践行"美丽四川·宜居乡村"行动中获得了良好的乡村生态环境治理效能。2022年,铁牛村先后获评"四川省乡村旅游重点村""四川省乡村振兴示范村""四川省乡村文化振兴样板村"和"四川省'金熊猫'奖先进集体"。

2.凉山:农村人居环境集中整治

根据公开资料显示,为集中彻底整治农村人居环境"脏乱差"等问题,凉山州委、州政府于2023年6月专门出台《凉山州"美丽乡村"行动工作方案》,倡导乡村生态文明新风尚,塑造民族地区乡村新风貌,主要有三大措施:

一是抓重点,集中整治村庄环境卫生。采用"试点推进、集中整治、巩固提升"的方式,对全州304个乡镇(街道)、2377个村(社区)开展全覆盖式的自查和整改,鼓励广大村民积极参与环境卫生保护活动。每月开展州、县、乡三级"美丽乡村"行动专项评比,并将专项评比结果纳入到凉山州"乡村振兴"的实绩考核。同时,对农村基础设施短板开展大排查,围绕垃圾处理体系、污水处理体系、农村厕所革命等事项,建立农村基础设施补短项目清单,统筹多方面的资金推动农村人居环境的整改提升。此外,凉山州还举办移风易俗文艺巡演和短视频大赛等活动,加大移风易俗的宣传力度和社会监督力度。

二是找问题,开展常态化的暗访督导。组建"三农"重点工作暗访督导组,并实行常态化的督导检查。通过"日通报、周曝光、月拉练"等方式，推进美丽乡村行动执行落实。同时，每周召开视频调度会议，将暗访组查出的"不作为、慢作为、乱作为"等突出问题和典型事例进行曝光，要求相关责任人作出深刻检讨和整改措施。此外，每月选取美丽乡村行动重点工作总体进度滞后的 2 至 3 个县（市），由凉山州委或州政府分管领导亲自召开现场会，带领各相关部门和施工单位一起剖析原因并找出针对性的解决办法，明确整改时限，督促整改落实并适时开展回访。

三是看变化，同心同力建设美丽乡村。乡镇领导干部带队进村入户开展全面自查，边查、边督、边改、边宣传，促使乡村地域从公路沿线到河道边沟，从各个村组到房前屋后都实现"面貌一新"。对环境卫生脏乱差的村民进行重点思想动员和资金支持，切实改善他们的日常生活环境。

公开数据显示，截至 2023 年 9 月 6 日，凉山全州已投入 2023 年度各级财政衔接资金 4.6 亿元，实施农村基础设施设备补短项目 143 个。凉山州通过集中攻坚和大力整治，大力提升了农村人居环境治理的实效。

（四）浙川两省美丽乡村建设对乡村生态环境治理的启示意义

浙江和四川的美丽乡村建设虽然具体的制度安排和实施路径有所不同，但都以习近平生态文明思想为根本遵循，以推进美丽中国建设和全面实现乡村振兴为战略目标，从根本上都是为了不断满足人民群众日益增长的美好生态环境需要。浙江安吉的美丽乡村建设和德清的数字赋能乡村美丽生态创新实践，以及四川蒲江的以城乡融合"微改革"建设宜居宜业和美乡村、凉山彝族自治州的农村人居环境集中整治，都是我国"绿水青山就是金山银山"生态文明理念的生动而又真实的鲜活实践。这些创新实践是中国式现代化进程中生态文明建设的美好缩影，也是马克思主义世界观和方法论在中国治理场景中的灵活运用和具体呈现。这些有益的实践探索蕴含的发展理念、工作方法和推进机制，对我国进一步开展乡村生态环境治理活动以及持续提升乡村生态环境治理效能具有重要的启发性意义：

一是要创新有为。在新时代新征程中，乡村生态环境治理面临的重重现实障碍，以及它在国家治理体系和治理能力现代化中的重要地位和多重价值，内在要求各地党政部门特别是农村基层干部要具备很强的变革意识和创新能力。浙江和四川两省的美丽乡村建设行动之所以能获得成功，一个很重要的原因即在于各级党政领导干部特别是农村基层干部锐意创新、主动作为。这启发我们在乡村生态环境治理中，要首先从思想上破除经验主义、本本主义、形式主义和躺平心理等不良观念的束缚，精准把握乡村生态环境工作的发展规律和特点，以应时而为、迎难而上的精神风貌迎接乡村生态环境治理面临的新问题和新挑战，以主动作为、开拓进取的工作姿态不断推动乡村生态环境治理工作的变革和创新。

二是要因地制宜。浙江地处我国东南沿海，长江三角洲南翼，是我国岛屿最多的省份，也是全国第一个从省级层面出台并实施生态补偿机制的省份。四川地处我国西南地区和长江黄河的上游，是长江经济带发展、黄河生态保护和高质量发展以及成渝地区双城经济圈建设三大战略重要支撑区，在国家生态安全和高质量发展中具有独特的战略地位。两省在贯彻落实党和国家关于生态文明建设的"相同之规"的前提下，又都结合本省的不同实际探索出了差异化的乡村生态环境治理路径。这提示我们，因地制宜不只是一种治理观念，更是一种治理方法。乡村生态环境治理必须立足于乡村本土实际，在此基础上查摆问题、找准需求并采取富有针对性的治理策略，这才是真正体现实事求是精神并符合科学发展规律的治理之道。起点决定路径和过程，只有首先符合乡土实际的治理方案才有可能在后续的环节中得到执行落实，才能进而推动构建人与自然和谐共生的美好乡村社会。

三是要重点突破。从工作重心看，浙江和四川两省四地的创新案例都具有不同的工作重点。其中，浙江省安吉县将美丽乡村建设作为全县"三农"工作的总抓手，着力在规划、制度和人才三个环节进行过程控制，以推动美丽乡村建设的稳步推进。四川省蒲江县的重点在于城乡融合下的乡村发展要突出特色，将建设乡村公园作为和美乡村建设的重要突破口；四川省凉山州聚焦的是集中整治农村人居环境"脏乱差"问题，着力通过查摆问题、暗查督导、跟进整改等措施来加快宜居宜业美丽乡村的建设进程。而浙江省德清县的关注点与上述三地都不同，他们的创新特色在于紧扣大数据和人工智能时代的脉搏，重点在现代环境治理体系的"科技支撑"方面寻求突破，并找到一条数智赋能乡村生态环境治理的新路径。由此可见，各地围绕着不同的工作重心进行重点突破，既有助于攻克各自在乡村生态环境治理中面临的现实难题，也能有效避免自身在乡村生态环境治理创新中走上同质化的变革之路。

四是要系统治理。从整体的规划和构思看，浙江和四川两省的创新实践，并不仅仅就"美丽乡村建设"而建设"美丽乡村"，就"生态环境治理"而治理"生态环境"，而是将系统观念和统筹思维渗透到乡村生态环境治理的全过程。例如，浙江省安吉县从顶层设计、制度规范和队伍建设三个核心环节入手，将生态文明建设与基层制度体系完善和乡村人才发展结合起来形成治理集群，是一种整体治理观。浙江省德清县探寻数字智能技术赋能乡村生态环境治理的创新路径，将美丽乡村建设与数字乡村建设有机结合起来，是一种战略联动观。四川省蒲江县以城乡融合发展体制机制为改革重点，秉持的是一种城乡统筹发展观。四川省凉山州把美丽乡村建设与村庄移风易俗和文化建设相联系，在推动生态振兴的同时以良好的外部效应推动文化振兴，因此是一种联合共建观。这些观念是系统治理观的具体体现和鲜活演绎，这提示我们要有意识地把乡村生态环境治理与乡村社会发展的其他战略安排紧密结合起来，由此通过诸要素之间的联动共振来收获效果更好、辐射更广、影响更深远的政策效应。

第四节 全面推进乡村振兴中乡村生态 环境治理的优化路径

乡村生态环境治理是实现乡村生态振兴的内在要求，也是全面推进乡村振兴的重要途径。当前，我国部分地区的乡村生态环境治理还存在着村民参与缺失、多元主体协同率不高、村规民约不完善以及数智赋能条件不足等突出问题。在迈向乡村善治的过程中，需要着重从这四个方面入手来对症施策，从而持续优化新时代新征程乡村生态环境治理的实践效能。

（一）复归村民主体，提高农户环保参与的意愿和能力

村民主体性缺失是部分地区乡村生态环境治理中存在的主要问题。以四川宜居乡村建设为例，部分村民的环保主体性缺位，有的是因为自身的环保积极性和主动性不高，有的是因为村民难以改变长期以来的随手丢垃圾等不良的行为习惯，也有部分村民是因为缺乏直接有效的参与机制，由此导致他们在乡村生态环境治理中的缺位，进而降低了农户与基层党政部门等多元主体之间的合作效能。但对环保缺位的农户进行深度访谈发现，很难把村民在村庄生态环境治理中的低参与行为简单归因于他们具有低环保意识，这是因为，有部分具有较强环保意识的村民在村庄环境保护活动中依然表现出了较低的参与度。这使村民在乡村生态环境治理中呈现出"高意愿与低行为"两相背离的反常状态。①2022 年有项研究结果表明，农户参与生态环境治理的现状总体呈现出"意强行

---

① 参见张露露、任中平：《集体行动逻辑视角下的农村环境治理研究》，《山西大同大学学报（社会科学版）》2016 年第 4 期。

弱"特征。① 这再次印证了我们的发现和判断。因此，要持续提升乡村生态环境治理的有效性，关键在于复归村民的主体性。而复归村民的主体性，既需要持续增强村民的生态环境保护意识，也需要推动村民的高环保意识与高参与行为相一致。

从奥尔森的集体行动理论② 视角看，部分村民在乡村生态环境治理中陷入集体行动困境，是导致他们"意强行弱"的重要原因。对于村民而言，乡村生态环境是与每个人生存和发展休戚相关的公共物品。正是乡村生态环境具有的公共物品属性，很容易诱发村民在环保活动中产生"搭便车"行为。以一个村庄（共 2000 人）的丢垃圾事件为例，在村庄没有垃圾存放点等公共基础设施的情况下，一个村民为保护环境而牺牲了乱丢垃圾的便利性，假设他为此所付出的成本为 A，那么，根据集体行动理论的等价条件，他的行为带来的集体利益即村庄环境得到保护的收益也是 A。但是，他作为个人，在村民集体中平均所获得的收益却为 A/2000。而其他村民，无论是否乱丢垃圾，也同样能够获得 A/2000 的收益，这就是"搭便车"行为产生的原理。因此，这会在很大程度上打击该村民保护生态环境的积极性，甚至使他重新选择乱丢垃圾。这就解释了一个普通村民为什么会在具备较高环保意识的情况下依然会出现低环保行为。当该村民的心理倾向和行为选择成为村庄"主流"，就会导致乡村生态环境治理的集体行动失败。

要促成村民生态环境保护的集体行动，就需要在深刻把握村民的行为逻辑的基础上综合施策。有研究表明：参与意识、效益感知对农户参与生态环境治理意愿的影响较大，农户参与意愿对参与行为产生间接影响，并

---

① 参见董存霞、姚娟、胡继然、李倩娜：《农户参与生态环境治理行为研究——以新疆昌吉市为例》，《中国农业资源与区划》2023 年第 10 期。

② 参见［美］曼瑟尔·奥尔森：《集体行动的逻辑》，陈郁、郭宇峰、李崇新译，格致出版社、上海三联书店、上海人民出版社 2014 年版，第 2—3 页。

且政策环境在农户参与意愿与参与行为之间的影响关系具有显著的强化作用。① 这提示我们要从提高村民环保参与意识、增加村民环保参与效能感和优化政策环境等方面入手，以增强村民的环保参与意愿并提升他们的环保参与度。

首先，通过宣传教育来持续增强村民的生态环境保护意识。这里有两个关键控制点：一是要以动态发展的眼光看问题。村民的生态环境保护意识是变化的，并且在新时代普遍追求与以往相比更优质更美好的生态环境，因此宣传教育要紧跟时代的步伐并精准把握村民需求的变化，更加契合村民的环保心理需求，由此提升基层环保工作的宣传效果。二是宣传教育要注重强调每个村民的积极环保行为对整个村庄所能带来的正向外部效应，由此引导村民突破个人利益私域，将环保意识投向村庄"公"和"共"的领域。通过宣传引导，使村民改变仅仅追求个人私利的"理性算计"模式，从而有效规避村民产生"搭便车"行为。在深刻把握这两个关键控制点的基础上，基层党政部门可以通过开展生态环境保护公益活动和知识讲座等，将习近平生态文明思想的核心要义和时代价值，中华民族传统生态观以及当前我国美丽中国建设和"和美乡村"建设、生态振兴的重大意义等相关内容进行大力宣传，营造良好的乡村生态环境保护氛围。此外，还可以通过农业技能培训和环保大训练等活动，加深广大村民对"绿水青山就是金山银山"环保理念的认知，从而更有效地凝聚起村民在乡村生态环境治理中的集体行动。

其次，采用选择性激励来提升村民参与生态环境保护的获得感。"选择性激励"是奥尔森为克服"搭便车"行为而设计的一种动力机制。全体村民是一个具有"选择性激励"性质的群体，采用选择性激励要求要

---

① 参见董存霞、姚娟、胡继然、李倩娜：《农户参与生态环境治理行为研究——以新疆昌吉市为例》，《中国农业资源与区划》2023年第10期。

对村民群体进行区别对待。按照村民行为对乡村生态环境治理的影响效果，可以把村民划分为环境保护者、中立者和环境破坏者三类。对于环境保护者，采取正向激励方法如分红、奖金等物质性激励和鼓励、晋升等精神性激励，由此增加他们维护环保权利的主动性以及由此所获利益的效能感和自我价值实现感。相反，对于环境破坏者，要以负向激励为主，例如采取罚款、惩处、不良行为曝光等方式对他们进行引导和规制。负向激励可以使环境破坏者产生相应的权益剥夺感和尊严丧失感，由此来引导他们在未来的乡村生态环境治理活动中提高环保意识并自觉抵制破坏环境的行为。对于中立者而言，根据推拉理论，环境保护者的正向反馈机制以"拉力"带动他们趋向保护环境，环境破坏者的负向反馈机制则以"推力"驱动他们向环境保护者学习。两股力量共同发挥作用以及村民之间的群体效应，有助于促使中立者转变为环境保护者。可见，通过选择性激励有助于凝聚起乡村生态环境治理的集体行动。

最后，持续优化乡风文明，为村民提高环保意识和参与度营造良好的社会环境。如前所述，选择性激励的秘诀是在村民群体中引入差异化竞争策略，把村民划分为不同的小群体并区别对待，由此形成群体性的生态环境保护行为。与之不同，文化激励是另一种有效的激励方式，其精髓是通过统一性的文化规约力量来促成村民环境保护的集体行动。乡风文明正是文化激励的重要方式，通过大力弘扬社会主义核心价值观，在乡村社会厚培文明乡风、良好家风和淳朴民风，在此基础上营造良好的生态文明建设氛围。在乡风文明中，加强对村民的创新、协调、绿色、开放、共享等新发展理念的培养，增强村民的规范、互惠、信任等环保合作意识，引导村民形成绿色生产和绿色消费的观念等，由此为村民参与乡村生态环境治理营造优良的社会环境。

（二）促进多元共治，提升乡村生态环境协同治理效率

多元共治是现代环境治理体系的鲜明特征，也是乡村生态环境治理的内在要求。多元共治的核心在于多元主体的协同合作，目标是实现乡村生态环境事务的共建、共治和共享。因此，有效的生态环境治理必然要求协同思维和合作思维在村庄环保事务中的全程运用。协同合作既是乡村生态环境具有的公共物品属性所决定的，也是提高乡村生态环境治理效率所要求的。然而，当前我国部分乡村地区还存在着突出的乡村生态环境协同治理难的问题。

协同治理难、合作治理效率低在乡村生态环境治理中具体表现在：一是跨部门统筹乏力。以"美丽四川·宜居乡村"建设为例，在调研中发现，在一些地区，由于宜居乡村建设分属于不同的部门，因而存在着跨部门之间关于乡村生态环境治理的"碎片化"问题。为了应对协作难题，这些地区已经普遍建立了联席会议制度进行统筹管理。但从组织学角度看，联席会议是一种基于工作关系而组成的较为松散的联结体。这种因工作任务而发起并临时组建的会议形式具有很强的非正式组织特征，很难像政府等正式组织那样具有高稳定性和强权威性。一旦牵头部门统筹不力，联合办公常常会沦为"多头办公"，各部门之间很难开展有效的沟通和合作。二是基层政府和企业的协同率低。企业在乡村生态环境治理中的参与动力不足，根源在于企业实际上是"分利集团"。也就是说，它们在乡村社会中并不把"保护生态环境、防止环境破坏"作为首要目标，而是以追求自身经济利益最大化为目标。因此，在由企业和其他主体共同参与的乡村生态环境治理活动中，企业的"搭便车"行为再次上演。这种行为逻辑导致企业与基层政府等主体之间的协作治理效率不高。三是基层政府和乡村社会组织的协作率低。这主要体现在社会组织在乡村生态环境治理中的参与度不高。当前我国的美丽乡村建设和乡村生态保护主要依靠党政部门

的推动，社会资本缺乏并且社会力量较弱的问题普遍存在。单靠政府主导和财政支持，很难实现基层政府与社会组织在乡村生态环境事务中的协作共治。

针对这些问题，要促进多元共治，提升乡村生态环境治理的协同效率，由此推动乡村生态环境的良善治理。

首先，加强跨部门跨区域间的协同合作。建立联防、联控、联治机制是强化跨区域跨部门协同的重要举措。在实践中，成都市金堂县生态环境局于 2023 年探索建立联防联控联治机制共护跨界河流，该县的主要做法有：一是构建跨界河长的共治模式。与周边 7 个区（市）县河长办签订府际协议，共同管护从县至乡的边界不清、责任不明的河道。二是强化生态环境保护合作交流机制。与青白江生态环境局签订合作协议，在完善两地工作交流机制、加强生态环境污染共治、建立环境管理联动机制、推动宣教培训合作交流等方面达成合作意向。三是完善跨区域联合执法机制。与中江县签订联合执法合作方案，建立跨区域联合执法机制、跨区域环境污染信访投诉协调处理机制、跨区域环境应急事件联动机制，提高打击各类涉水违法行为的有效性。这些举措从流域生态环境治理的全局性和系统性角度出发，与单纯依靠联席会议制度进行治理相比，更有助于打破地方政府间各自为政的碎片化治理状态，从而促成跨区域跨部门之间的协同合作。

其次，加强基层政府和企业之间的协同合作。一是要更加注重发挥市场机制的作用，防止企业异化为分利集团。在具体实施中，可以运用经济政策推动绿色产业发展，从生态环境保护财政政策、绿色税制改革、环境治理收费政策、生态补偿机制和绿色金融政策创新等方面着手，进一步发挥市场机制在乡村生态环境保护中的积极功能。二是基层政府需加强引导、管理和监督。例如，遵循市场规律，建立以利益导向为核心的生态环境保护激励机制，引导企业主动参与乡村生态环境治理行动。同时，确保排污企业、村镇企业承担相应的生态环境治理成本，建立落后产能的强制退出机制，加强对市场主体参与乡村生态环境治理的社会监督等，由此提升企业在乡村生态环境治理中的参与度。三是企业作为关键的行动者，必须具有较强的环境保护意识。企业要秉持绿色生态理念，及时查找并解决生产过程中的环境污染等问题，主动提高在乡村生态环境治理中的参与率。总之，通过以上综合措施来提高基层政府和企业之间在乡村生态环境治理中的协作效率。

最后，加强基层政府与乡村社会组织之间的协同合作。环境保护类社会组织具备价值中立性、非营利性和专业技术优势，是农村环境治理的重要参与方。[1] 在地方财政压力和治理压力过大、村民环境支付意愿较低的情况下，引导社会组织参与乡村生态环境治理，是提高乡村社会多元共治效能的重要途径。对此，一是基层政府要建立有效的利益联结机制，厘清社会组织的权责边界并构建多元主体对话协商的制度和平台，为环保类社会组织创造良好的参与条件和政策保障。二是基层政府要关注社会组织参与乡村生态环境治理的近期成效和长远发展。通过成本核算和政府购买等形式扶持社会自治的环保项目正常运转，为社会组织参与乡村环保事业提供必要的资金支持和人文关怀。三是基层政府要注重挖掘乡贤等本土性的治理人才并建立常态化的沟通交流机制，通过乡贤建立的环保类社会组织，吸纳社会资本并鼓励多方力量参与到乡村生态环境治理过程中，由此提高基层政府和乡村社会组织之间的协作效能。

（三）完善村规民约，健全乡村生态环境治理制度规范

村规民约是乡村生态环境治理的重要制度规范。村规民约既贯彻落实

---

[1]　参见陆万军、张乃文：《激励社会力量参与农村环境治理》，《中国社会科学报》2023年3月1日。

国家法律法规所要求的生态环境保护任务，又承载着全体村民的环保愿望和诉求。从制度性质来看，村规民约是全体村民根据本村实际，为维护村庄秩序、公共道德、民风习俗和精神文明建设等内容而依法制定的规章制度，用来约束并规范全体村民的行为。因此，村规民约是全体村民共同制定的一种乡村公约。从法律效力来看，村规民约是村民会议根据《中华人民共和国村民委员会组织法》授权而制定的，因此具有一定范围内的法律效力。村规民约的作用对象是全体村民及其在村民自治活动中的公共行为。目前，以村规民约为代表的乡村社会非正式规则，已经与党和国家的各项相关法律法规和工作条例等正式规则一起构成了村民自治制度体系和工作体系的重要组成部分。可见，从制度体系来看，村规民约可以在塑造村民的环保意识、鼓励环境保护行为和规制环境破坏行为等方面发挥重要的功能。

根据田野调研情况，我国的村规民约在部分农村的乡村生态环境治理实践中还难以充分发挥制度规范效能。主要表现在：

一是村规民约的制定程序不合规。村规民约的制定主体是全体村民。然而，在一些村庄中，村民参与不足和民意收集不充分，导致村规民约的制定成为村民代表甚至个别村干部的事情。有研究指出，在对四川某县收集的 106 份村规民约整理后发现，在 95 份注明审议主体的村规民约中，有 30% 的村规民约以村民代表大会代替村民会议作为审议主体，明显不符合制定程序的合法性。[①] 这造成村规民约中有关村庄生态环境保护的条款，因缺乏村民的认可而难以执行和落实。

二是村规民约的部分内容流于形式。村规民约的独特性在于因地制宜，因此应是结合本村村民的思想意识和行为习惯而有针对性地制定的

---

① 参见李昶、徐嘉鑫：《四川省乡村生态环境基层治理的现状、问题与对策——基于86例村规民约的实证分析》，《乡村科技》2022 年第 7 期。

条约。但根据笔者在云南省大理白族自治州大理镇 C 村的调研，该村的村规民约共计 13 条，其中部分条款只是对国家相关要求的简单重复。例如，第二条提出要"努力将本村建设成为产业兴旺、生态宜居、乡风文明、治理有效、生活富裕的乡村"。虽然这体现着村庄对国家实施乡村振兴战略的积极响应，但类似的条款明显流于形式，缺乏具体的可操作性。

三是奖励性措施缺失，惩罚性措施模糊不清。在调研中，对部分村庄制定的村规民约进行归纳总结可以发现，全文的条款以提出要求、惩罚制裁为主，缺乏鼓励和奖励性措施，并且所采用的惩罚措施大多失之笼统。仍以上述 C 村的村规民约为例，它的第十三条规定，对违反上述规定（包括人居环境整治）的作如下处理：严重者向上级政府报告给予相应惩罚。究竟是怎么样的惩罚？答案是不得而知的。可见，这种表述只是定性的模糊性表达，难以起到真正的惩罚作用。

针对这些问题，在未来的乡村生态环境治理中，需要从以下三个方面着手来进一步完善村规民约。

首先，村规民约的制定要依法充分表达全体村民的意愿和诉求。这要求村规民约的制定程序要合法合规。从审议主体看，全体村民而非村干部或村民代表是村规民约的授权主体和责任主体。可见，只有充分表达民意并依法制定的村规民约，才能最大程度地在后续的实施环节减少执行阻力，切实发挥村规民约在人居环境整治等方面的引导和规约效能。一些村庄之所以会出现村干部或村民代表私自制定村规民约的情形，很大程度上是由于普通村民的参与意愿和参与渠道缺失。对此，要健全民主参与渠道和民意表达机制，例如利用数字化平台采集民意数据等方式来提高村民的参与度，由此确保村规民约的制定过程和制定程序具有合法性。

其次，增强村规民约相关条款的可操作性。结合环保条款来说，村规民约作为依法制定的乡村社会公约，要贯彻落实党和国家关于生态文明建设的各种精神指示和法律、制度的规定本属应然之举。因此，村规民约的内容设置应将重点放在结合村庄实际而制定具体可行的、可操作的条款方面。这要求在拟定条款时，要尽量减少政策宣传性的、口号性的、说教性的文字，增加明细化的、富有可操作性的环保条款，由此才能避免村规民约流于形式。此外，可以动员乡贤人士、法律志愿者等参与村规民约的制定过程，提高环保条款与国家法律法规的对接度，避免无效或违法条款的制定和公布。

最后，提高村规民约的执行力。对于类似 C 村这种"严重者向上级政府报告给予相应惩罚"的表述，既体现出村级层面有意向上级借势而加大对环境破坏行为震慑力度的心理倾向，也反映出村级层面还难以对村规民约的惩罚边界进行精准把握。对此，基层党政部门可以根据本地实际，在一定的范围内提供指导性意见，为村庄层面制定村规民约划定惩罚范围，可以在很大程度上避免村庄出现不敢制定或无法把控的现象，由此提高村规民约的惩罚精准性。同时，根据赫茨伯格的双因素理论，发挥保健因素和激励因素的双重作用，与仅使用单一因素相比能获得更优的管理效果。因此，在村规民约制定环保条款时，可以适当加入奖励性措施，将正向激励和负向惩罚相结合，将物质奖励和精神奖励相结合，由此提高村规民约的可接受度和执行力。

（四）加强数智赋能，筑牢乡村生态环境治理科技支撑

科技支撑是现代生态环境治理体系的重要内容。在大数据和人工智能时代，将数字乡村建设与美丽乡村建设、全面推进乡村振兴战略相结合，走数智赋能乡村生态环境治理之路已经是大势所趋。新一代数字智能技术对乡村社会的影响是全面而又深远的，具体体现在数字化智能化会对乡村时空关系、生产生活要素、人际交往方式和乡村治理形态等诸多方面产生

深刻的影响。在数智化浪潮中，乡村生态环境治理不仅需要掌握必备的数智化技术，也需要形成相应的数智化治理思维和观念认知，由此通过数智治理创新来再塑乡村生态环境治理的形态和方式。

数智赋能乡村生态环境治理在当前的乡村社会实践中还面临着一些现实问题，突出表现在两个方面：

一方面，数字鸿沟制约着乡村生态环境治理的数智化水平和程度。《中国互联网络发展状况统计报告》显示，截至2023年6月，我国城镇网民规模达7.77亿人，占网民整体的72.1%；农村网民规模达3.01亿人，占网民整体的27.9%①。这组数据反映出城乡居民之间存在着明显的数字鸿沟。特别是在广大偏远农村，数字智能技术应用缺失和数字基础设施缺乏，制约着数智赋能乡村生态环境治理的实际效果。

另一方面，一些基层干部的生态环境治理观念和治理方式还难以跟上数智化发展的时代步伐。当前，在对待数智赋能乡村生态环境治理的问题上，一些基层干部存在着两种思想误区：一种是数智迷茫，即他们对数智化发展浪潮反应迟钝，总认为"数智化时代还很遥远，现在谈数智赋能乡村生态环境治理还为时尚早"。同时，对数字智能技术缺乏清晰全面的了解，对数智赋能乡村生态环境治理具备的独特优势也缺乏必要的认知，由此导致他们的治理观念和治理方式还停留在传统时代的方式和方法上，甚至个别干部还依然停留在简单运用管控思维来处理乡村生态环境事务的思想状态中。另一种是数智迷信，即盲目崇拜数字智能技术，对数智赋能乡村生态环境治理的效果持过高预期，对数智技术的"双刃剑"特性缺乏了解。在这种不良观念的引导下，基层干部很容易在乡村生态环境治理中过度运用甚至完全依赖数字智能技术，而忽视数智技术存在的潜在风险。从自然辩证法的角度看，无论是数智迷茫还是数智迷信，都不利于数字智能

---

① 中国互联网络信息中心：《第52次中国互联网络发展状况统计报告》，第25—26页。

技术更好地赋能乡村生态环境治理。

在新时代新征程中，需要从基础条件和治理观念两个关键环节精准发力，进一步为数智赋能乡村生态环境治理筑牢科技支撑。

一方面，推动数字普惠，缩小城乡之间数智技术使用的差距。一是要加大对欠发达地区数字政府建设的支持力度，加强对农村地区技术、资金、人才等方面的支持，优化数字公共产品供给，持续扩大数字基础设施覆盖范围，由此解决数字技术发展的不平衡不充分问题。在此基础上，为数智赋能乡村生态环境治理创造必备的基础条件和良好的政策环境。二是加强对弱势村民在数智赋能乡村生态环境治理中的帮扶。我国60岁以上的老年人群和农村人群是主要的非网民群体，要重点保障这些特殊人群在乡村生态环境治理中的数字共享权利。同时，要注重尊重老人特别是80岁以上老人的数字使用意愿，避免为他们带来不必要的麻烦。在实践中，可以借鉴浙江省杭州市米市巷街道的"小区协商铃"做法，为老年人群及特殊人群开辟线下申请渠道，或在社工、网格长或协管员等人的帮扶下启用数字协商方式。采用类似的帮扶做法，切实保障农村特殊人群在数智赋能乡村生态环境治理中的权益。三是提高广大村民的数智技术使用能力。随着互联网、大数据、人工智能技术在乡村地域中的不断普及和深入，广大村民要注重提升自己在村庄生态环境事务中的信息获取和理性分析等各项能力。

另一方面，合理利用数字智能技术，为乡村生态环境治理筑牢科技支撑。在"数字中国建设"和"数字乡村建设"进程中，加强对偏远农村地区的重点扶持，缩小城乡数智化发展差距。同时，基层干部要在乡村生态环境治理中提高数智民主治理理念，充分认识到数字智能技术赋能乡村生态环境治理的优势和风险，将数字智能技术作为持续提升乡村生态环境治理有效性的新动力和新工具。这既需要基层干部避免陷入数智迷茫，也要注意规避数智迷信，以辩证、科学的态度正确认识数智赋能乡村生态环境治理的价值和局限。马克思主义认为，人具有主体性。在数智时代，当个人的真实生活被数智技术所营造的虚拟空间操纵时，个人的主体性将会被消解甚至走向灭亡。因此，在乡村生态环境治理中，数字智能技术要植入民主的理念和价值，以尊重广大村民的使用意愿并不断满足他们的优美生态环境需要为导向，才能使数字智能技术真正成为一种服务于民众的、不断满足广大村民美好生态生活需要的方式。

后　记

　　"博士毕业才是学术研究刚入门"，当我刚博士毕业踏上工作岗位的瞬间，读研时恩师的这句话便又再次响彻耳畔。这是善意的提醒，也是无形的鞭策。这使站在人生新起点上的我，决意用一种"满满的仪式感"来祭奠过往的岁月并开启新的学术生涯。于是，我萌生了把过去多年的点滴思考汇聚并糅合成专著的想法。但与读研读博时的情况不同，入职后"丰富多彩"的新生活"乱花渐欲迷人眼"，使我最初的这个想法竟一直湮没在时光的尘埃中长达三年之久。2023 年 5 月 5 日，我终于痛下决心要一改先前的慵懒和拖沓，将专著写作的事情提上日程。从当天联系人民出版社到 7 月 20 日签订合同后，我正式开启资料搜集和写作过程。

　　第一项工作便是收集读研读博以来写作的学术论文。当我打开邮箱，把时间倒回 2014 年 9 月并以此为起点进行论文检索时，我仿佛整个人一下子进入到幽暗深长的时空隧道中，那些原本以为早已模糊不清甚至完全被遗忘的过往，竟然瞬间如海潮般汹涌而又如此清晰地迎面扑来。当时光的指针从 2014 年不断转向 2017 年、2020 年、2023 年，我透过时间的帘幕看到了那战战兢兢、无所适从的初学者，看到了认真专注、渴盼早日顺利毕业的博一新生，看到了激情澎湃、对未来无限憧憬的新入职者，又看到了三年后皱纹乍现而又不忘初心的那枚高校青椒。当整体阅览近 30 篇已发表或未发表的学术论文时，我又看到了那个在硕导、博导和许多人关怀指导下不断成长的自己，感动的波纹在心湖中一圈圈荡漾开来，久久不能退去……接下来，第二项工作是对所有的论文进行合并和取舍，以便在选题单的基础上进一步厘清书稿的写作框架和理论逻辑。这些论文部分是我独自完成的，也有部分是与硕导任中平老师合写的。通过对资料进行系统整理，我最终决定以党建引领乡村治理、农村基层群众自治、脱贫攻坚与乡村振兴、新乡贤参与乡村治理和乡村生态环境治理五个部分为分析剖面，来构建全书的分析框架和逻辑关系。正式的写作从 2023 年 9 月 1 日到 10 月下旬，历时两个月，并形成了两版，进行了两次系统性的修改完善。10 月底，书稿终于交付出版社。拿着这份打印的不算太厚的书册，仿佛把过去近十年的努力都擎在手中。翻开来看，字里行间是刹那的灵感、激荡的思绪和流动的时光！真心希望人生的第一本书能够不负自己、不负时光，更不负师恩！

感谢我的硕导任中平老师！任老师是我的学术引路人，也是我的授业恩师！老师不仅有着雄厚广博的专业知识，更有着一生追求真善美的闪耀人格魅力！恩师是优秀的，而我这个学生却是"不合格"的。还记得读博时得知老师身体不适，我却一心埋头"故纸堆"没有回母校来看望他；也还记得老师在荣退前举办的最后一次国际性学术会议上还专门安排我发言，我却因为吝啬一点博士论文写作时间和路费而又没有回来，这两次都成了内心深处最大的遗憾！愚钝的我曾经认为，只有努力遇见更好的自己，才是回报师恩最好的方法。其实，珍惜与老师的每一次相聚，也同样是很重要的。回想与老师相处的每个瞬间，总是温暖而又幸福的！每次听到师弟师妹们说老师又提起我了，心中总是感激、感动和愧疚的复杂感情混合交织，无以名状……但我深知，无论是现在还是未来，老师都一定会一如既往地关心并帮助每个学生的成长！再次感谢恩师！感谢恩师点点滴滴的谆谆教诲！我将不忘师恩，砥砺前行！

感谢我的博导程同顺老师，程老师是我学术生涯中的又一位关键领路人！我将在以博士论文为基础写成的专著中对老师加以更多的描述。特别感谢程老师对我的悉心指导和教诲，没有程老师，就没有我今天的学习进步！在此，也特别感谢母校西华师范大学和南开大学的其他老师们对我的指导和帮助，他们是聂应德老师、李俊老师、尹学朋老师、李永洪老师，以及朱光磊老师、郭道久老师、常健老师、高永久老师等。还有马得勇老师、何包钢老师等也对我帮助很多，让我受益匪浅。此外，也特别感谢李俊老师对本书的慷慨资助和热心指导，谢谢李老师一直以来对我的提携和帮助！但因本人学术资历尚浅，在乡村治理研究中还有许多不足与缺失，还请学界前辈及各位同仁多多批评指正。

感谢人民出版社编辑刘志宏老师，不论是选题单的写作，还是书稿结构框架的完善和注意事项的提醒，刘老师都给予了非常热情而又悉心的指导和帮助！也特别感谢人民出版社其他编审老师的认真细致的工作！

感谢近十年给予我调研帮助的淳朴村民、奋战在一线的村干部和乡镇干部们，这本书也饱含着您们的辛勤付出和心血！感谢在写作过程中给予我更多时间保障的各位同事，团结友爱的团队是我的精神力量！感谢我的家人们和朋友们，总是无私地支持我追逐梦想！

最后，感谢美好的时光！

愿阳光明媚、一切安好！

张露露

2023 年 10 月 31 日

于西南交大九里南园